U0020488

行為經濟學之父

理查·塞勒 —— 著

譯 —— 高翠霜

RICHARD
H. THALER

贏家 的 詛咒

經典紀念版

THE
WINNER'S CURSE

Paradoxes and Anomalies of Economic Life

不理性的行為，如何影響決策？

經濟趨勢 39

贏家的詛咒：不理性的行為，如何影響決策？
（經典紀念版）

作　　　者	理查‧塞勒（Richard H. Thaler）
譯　　　者	高翠霜
責 任 編 輯	黃珮瑜、林博華
行 銷 業 務	劉順眾、顏宏紋、李君宜

發 行 人	涂玉雲
總 編 輯	林博華
出　　　版	經濟新潮社
	104台北市民生東路二段141號5樓
	電話：(02) 2500-7696　傳真：(02) 2500-1955
	經濟新潮社部落格：http://ecocite.pixnet.net
發　　　行	英屬蓋曼群島商家庭傳媒股份有限公司城邦分公司
	台北市中山區民生東路二段141號11樓
	客服服務專線：02-25007718；25007719
	24小時傳真專線：02-25001990；25001991
	服務時間：週一至週五上午09:30-12:00；下午13:30-17:00
	劃撥帳號：19863813；戶名：書虫股份有限公司
	讀者服務信箱：service@readingclub.com.tw
香港發行所	城邦（香港）出版集團有限公司
	香港灣仔駱克道193號東超商業中心1樓
	電話：852-2508 6231　傳真：852-2578 9337
	E-mail: hkcite@biznetvigator.com
馬新發行所	城邦（馬新）出版集團Cite(M) Sdn. Bhd. (458372 U)
	41, Jalan Radin Anum, Bandar Baru Sri Petaling,
	57000 Kuala Lumpur, Malaysia.
	電話：(603) 90563833　傳真：(603) 90576622
	E-mail: services@cite.my
印　　　刷	一展彩色製版有限公司
初 版 一 刷	2009年12月15日
二 版 一 刷	2023年6月1日

城邦讀書花園
www.cite.com.tw

ISBN：978-626-7195-32-1、978-626-7195-34-5 (EPUB)　　版權所有‧翻印必究

定價：480元

〈出版緣起〉
我們在商業性、全球化的世界中生活

經濟新潮社編輯部

　　跨入二十一世紀，放眼這個世界，不能不感到這是「全球化」及「商業力量無遠弗屆」的時代。隨著資訊科技的進步、網路的普及，我們可以輕鬆地和認識或不認識的朋友交流；同時，企業巨人在我們日常生活中所扮演的角色，也是日益重要，甚至不可或缺。

　　在這樣的背景下，我們可以說，無論是企業或個人，都面臨了巨大的挑戰與無限的機會。

　　本著「以人為本位，在商業性、全球化的世界中生活」為宗旨，我們成立了「經濟新潮社」，以探索未來的經營管理、經濟趨勢、投資理財為目標，使讀者能更快掌握時代的脈動，抓住最新的趨勢，並在全球化的世界裏，過更人性的生活。

　　之所以選擇「**經營管理—經濟趨勢—投資理財**」為主要目標，其實包含了我們的關注：「經營管理」是企業體（或非營利組織）的成長與永續之道；「投資理財」是個人的安身之道；而「經濟趨勢」則是會影響這兩者的變數。綜合來看，可以涵蓋我們所關注的「個人生活」和「組織生活」這兩個面向。

這也可以說明我們命名為「經濟新潮」的緣由——因為經濟狀況變化萬千，最終還是群眾心理的反映，離不開「人」的因素；這也是我們「以人為本位」的初衷。

手機廣告裏有一句名言：「科技始終來自人性。」我們倒期待「商業始終來自人性」，並努力在往後的編輯與出版的過程中實踐。

目錄

10 按注分彩投注市場

與威廉·辛巴(William Ziemba)合著

11 股票市場上的日曆效應

14 外匯

與肯尼斯・福盧特（Kenneth A. Froot）合著

15 結語

謝詞

　　寫這本書所需要的協助超過一般所需。書中的每一章都曾刊登於《經濟展望期刊》（*Journal of Economic Perspectives*）出版的「反常現象」（Anomalies）專刊中，我要特別謝謝該專刊的編輯卡爾‧夏皮洛（Carl Shapiro）及約瑟夫‧史帝格利茲（Joseph Stiglitz）邀我寫這個系列的專刊。（反常現象專刊的點子是我和哈爾‧菲利安〔Hal Varian〕在晚餐談話中醞釀出來的，之後哈爾將此建議轉給《經濟展望期刊》。）若沒有每季截稿的壓力，我絕無可能創作出這本書（詳見第八章）。卡爾與提摩西‧泰勒（Timothy Taylor）幫忙看過稿子、提出建議、編輯並大幅改善每篇文章。他們的建議都很有建設性，我常遵循採用。

　　有超過一半以上的專欄文章承蒙一個或更多的合著者幫忙。他們的名字會出現在目錄以及該章節的第一頁上。有共同作者的那幾章，大部分是我一個人不可能寫得出來的，而且如果我自己一個人來寫，不會寫得這麼好（或是這麼有趣）。在此我要強調每位共同作者都是正式的合夥人，我要求學術界人士想要引述本書中有共同作者的篇章時，請引用

原始的專欄文章或是在引述出處時，確定包含共同作者的名字。（已出版的專欄文章，其原始出處資料如後附）

　　一年寫四篇專欄要花許多時間，同時就如我們都知道的，時間就是金錢。我要感謝協和資本管理公司（Concord Capital Management）及羅素‧沙吉基金會（Russell Sage Foundation）提供經費，並感謝康乃爾大學強森管理研究所（Johnson Graduate School of Management）讓出這個時間。羅素‧沙吉基金會的總裁艾瑞克‧萬納（Eric Wanner）做了超越基金會總裁平常職責的事，他還擔任我這本書的經紀人。而湯姆‧戴克曼（Tom Dyckman）協調我在康乃爾大學的工作上一直都很幫忙，也很有彈性，但請不要告訴他這一點。

　　同時我也得到來自一些耐心友人的協助，他們熱心地幫我看了第一次（有時第二次及第三次）草稿。那些承擔特別多的有 Maya Bar-Hillel、Colin Camerer、Werner De Bondt、Pat Degraba、Bob Frank、Danny Kahneman、Ken Kasa、Jay Russo 以及 Tom Russell。他們在閱讀第二章之前都很樂意跟我合作。Dennis Regan、Charlotte Rosen 以及 Deborah Treisman 幫忙校稿並協助找出許多打字錯誤。最後，謝謝我在自由出版社（The Free Press）的編輯 Peter Dougherty，幫我將十三篇專欄文章變成一本書。

　　本書中的內容先前曾發表於《經濟展望期刊》上，獲得

「美國經濟學會」（American Economics Association）的許可做這次的重印。那些文章經過修正之後才放入這本書中。原始的參考文獻為：

Robyn M. Dawes and Richard H. Thaler (1988), "Cooperation," *Journal of Economic Perspectives*, Vol. 2, No. 3, pp.187-197;

Werner F. M. DeBondt and Richard H. Thaler (1989), "A Mean-Reverting Walk Down Wall Street," *Journal of Economic Perspectives*, Vol. 3, No. 1, pp.189-202;

Kenneth A. Froot and Richard H. Thaler (1990), "Foreign Exchange," *Journal of Economic Perspectives*, Vol. 4, No. 3, pp.179-192;

Daniel Kahneman, Jack L. Knetsch and Richard H. Thaler (1991), "The Endowment Effect, Loss Aversion, and Status Quo Bias," *Journal of Economic Perspectives*, Vol. 5, No. 1, pp.193-206;

Charles M. C. Lee, Andrei Shleifer and Richard H. Thaler (1990), "Closed-End Mutual Funds," *Journal of Economic Perspectives*, Vol. 4, No. 4, pp.153-164;

George Loewenstein and Richard H. Thaler (1989), "Intertemporal Choice," *Journal of Economic Perspectives*, Vol. 3, No. 4, pp.181-193;

Richard H. Thaler (1987), "The January Effect," *Journal of Economic Perspectives*, Vol. 1, No. 1, pp.197-201;

Richard H. Thaler (1987), "Seasonal Movements in Security Prices II: Weekend, Holiday, Turn of the Month, and Intraday Effects," *Journal of Economic Perspectives*, Vol. 1, No. 1, pp.197-201;

Richard H. Thaler (1988), "The Winner's Curse," *Journal of Economic Perspectives*, Vol. 2, No. 1, pp.191-202;

Richard H. Thaler (1988), "The Ultimatum Game," *Journal of Economic Perspectives*, Vol. 2, No. 4, pp.195-206;

Richard H. Thaler (1989), "Interindustry Wage Differentials," *Journal of Economic Perspectives*, Vol. 3, No.2, pp.181-193;

Richard H. Thaler (1990), "Saving, Fungibility, and Mental Accounts," *Journal of Economic Perspectives*, Vol. 4, No.1, pp.193-205;

Richard H. Thaler and William T. Ziemba (1988), "Parimutuel Betting Markets: Racetracks and Lotteries," *Journal of Economic Perspectives*, Vol. 2, No.2, pp.161-174;

Amos Tversky and Richard H. Thaler (1990), "Preference Reversals," *Journal of Economic Perspectives*, Vol. 4, No.2, pp.201-211.

第1章

前言

Introduction

你有位朋友是埃克美石油公司（Acme Oil）的總裁，他偶爾會打電話來問你一些問題，並徵詢你的意見。這次他的問題是有關競價投標的事。看來是有另一家石油公司破產了，被迫要出售一部分土地，那些地原先是為了要開採石油而購入的。其中有一塊地是埃克美有興趣的。直到不久前，估計只有三家公司會來競標這塊土地，而埃克美打算出價一千萬美元。但是現在他們得知，還有另外七家公司會來投標，總共是十家廠商參與投標。問題是，埃克美的出價應該要提高或降低？你會給予什麼樣的建議？

你會建議他提高還是降低出價？在這個問題中，大部分人的直覺是提高出價。畢竟，現在競標的人多了，如果你不提高出價，將會標不到這塊地。然而，大家常常忽略了另一項重要的考量因素。假設標案中每一位參與者的出價，都只會到比他們認為的土地價值略低一點的程度（留下一些獲利的空間）。當然，沒有人知道地底石油確實的數量：有些投標者會猜得過高，有些過低。為了推論的需要，我們假設投標者的估計平均來說是準確的。那麼，誰會贏得此次的標售案呢？得標者會是對於地底石油儲量估計得最樂觀的人，而這個人也很可能出價高於這塊土地的價值。這就是令人畏懼的「贏家的詛咒」（winner's curse）。在有許多競標者的標案中，得標者常常是輸家。避免「贏家的詛咒」的關鍵要素就是當投標人愈多時，出價要愈保守。雖然這可能看起來違反直覺，但這才是理性的。

這本書是關於經濟學的反常現象（anomalies），贏家的詛咒即是一例。反常現象是與理論不一致的事實或是觀察。在此，理性出價建議我們，當投標人數增加時，出價要降低，然而大多數的人卻是提高出價。反常現象要成立，需要兩個要素：理論上做了明確的預測；以及事實牴觸這項預測的結果。在經濟學反常現象的案例中，兩個要素可能都很難獲得。我們不缺乏經濟理論，但理論經常無法產生確定的預測。如果我們對理論預測的結果沒有一致的同意，那麼我們就無法同意什麼是反常現象。在有些案例中，事實上經濟學家向來就主張有些理論是無法檢驗的，因為它們在定義上就是真的。例如，效用極大化（utility maximization）理論就被認為是同義反複（tautology），如果某人做了某事，無論看起有多奇怪，這必然是效用極大化，否則那個人就不會這麼做了。如果找不到一套資料可以反駁的話，這個理論的確就是無法檢驗的（事實上，這不是真正的理論，比較像是定義）。然而，雖然許多經濟學家苟安於他們的理論擺明就是無法反駁，但其他的經濟學家則一直忙著設計精巧的測試來做驗證。在經濟學上，有一項自然定律顯然永遠成立：有試驗就會有反常現象存在。

何謂經濟理論？所有的經濟分析應用，無論是廠商理論、財務市場或是消費者選擇，都使用相同的人類行為基本假設。兩項關鍵的假設為「理性」（rationality）及「自利」（self-interest）：假設人類要為自己盡可能地獲取最多，而且假設人類會想出最佳的方法去達到這個目標。的確，一個經濟學家花了一年的時間找出一個麻煩問題的新解答，例如在失業時找工作的最適（optimal）方法，則這個經濟學家會心滿意足地假設那些失業者已經解決了這個問題，並且按照這個方法去找工作。經濟學家必須很努力才能分析解決的問題，卻假設其他的人能以直覺解決，這樣的假設反映出的謙虛或許值得讚揚，但似乎有點令人疑惑。當然還有另一個可能性是，人類就是會做錯。「認知錯誤」（cognitive error）的可能性顯然很重要，也就是賀伯特・西蒙（Herbert Simon）所稱的「有限的理性」（bounded rationality）。將人類的腦想像成一台個人電腦，它有很慢的處理器，且記憶系統既小又不可靠。我不知道你的情況如何，但是在我兩耳之間的這台個人電腦，有著比我想像還要多的磁碟問題。

另一個經濟理論的信念，「自利」，又是如何呢？人們究竟有多自私？標準經濟模型的困境，以我居住的綺色佳（Ithaca）地區駕駛人的表現就可以說明。康乃爾大學後面有一條小溪，橫跨這條小溪的雙向道路，在河面上是以一座單線道的橋樑聯通。在每天交通繁忙的時刻，兩個方向都有數輛車等著過橋。情況如何呢？大多數時候，一個方向有四或五輛車通過後，再來的車輛會停下來，換另一個方向的幾輛車通過。這樣的交通規畫在紐約市就行不通了，同樣地在經濟模型中也行不通。在紐約市以這樣的規則運行的橋樑，實際上會變成單向道，行駛方向則是由歷史的偶然——第一輛抵達該橋樑的車輛的行駛方向來決定！在經濟模型中，都假設人們是比較像紐約客，而不是綺色佳的居民。這樣的假設是否有效呢？很幸運地，綺色佳的駕駛人所表現出的合作行為，並非獨一無二的。我們大多數人，即使是紐約客，也會做慈善捐款、清掃我們的露營營地、在餐館桌上留下小費——即使是我們不打算再度光臨的餐館。當然，我們之中有許多人也會不誠實報稅（反正政府只是在浪費納稅人的錢）、向保險公司請領保險給付時誇大損失（只是想拿回自付額而已）、在高爾夫球賽中作弊（如果沒有人在看，在八月採用冬天的規則）。我們不是純潔的聖人，也不是罪人──只是凡人而已。

不幸的是，並沒有太多凡人住在經濟模型的世界裏。例如，儲蓄行為最流行的經濟模型，生命週期假說（life-cycle hypothesis）的儲蓄決策過程中並未放入最重要的人為因素──自我控制。在這個模型中，如果你拿到一千美元的意外之財，理論預期你會全部存起來，因為你希望將這筆意外之財在有生之年平均花用。如果必須要以這樣的方式花用，誰還會想要意外之財呢！

我們凡人還做其他經濟學家認為是奇怪的事。看看這個例子：你拿到兩張超級盃的門票，在這個例子中，比賽剛好是在你居住的城市舉行。不只如此，出賽的還是你最喜歡的球隊！（如果你不是美式足球迷，請以其他能讓你感到興奮的比賽為例。）賽前一週，有人來找你，問你是否願意出售你的門票。你可以接受的最低賣價是多少（假設以任何價格出售門票都是合法的）？現在，換個方向，假設你沒有超級盃的門票，但是你有機會可以買到票，你願意支付的最高價格是多少？對大多數人而言，這兩個答案的差異至少差兩倍。典型的答案是，我不會以低於400美元的價格出售一張門票，但我不會付超過200美元買一張門票。這樣的行為對你而言可能是合理的，但是根據經濟理論，你這兩個答案應該幾乎相同才對，所以這種行為應該視為一個反常現象。這不是說做為「理性選擇」（rational choice）的理論或模型，理論本身有什麼錯誤。理性行為預測買與賣的價格要近乎相等。問題出在指定（prescribe）理性選擇和描述（describe）真實的選擇時，使用了相同的模型。如果人們不是永遠都是理性的，那我們對這兩個不同的任務，可能需要兩個不同的模型。

當然我絕非第一個批評經濟學在行為方面做了不符實際假設的人。那麼我所做的有什麼不同呢？要了解這裏所說的反常現象如何代表一種新型態的經濟評論，先對過去經濟理論的辯護做一番回顧將會有所幫助。最有名的理性模型辯護是1953年米爾頓・傅利曼（Milton Friedman）提出來的。傅利曼主張即使人們無法做經濟模型計算，他們的行為「宛如」他們能做這樣的計算。他以一位老練的撞球選手作比喻，這位選手並不懂物理學或是幾何學，但是每次推桿時就宛如他能運用這類知識。基本上，傅利曼的立場是，只要理論能夠做很好的預測，假設是否錯誤是無關緊要的。根據這個論調，這本書強調理論在實際上的預測。我發現，撇開假設不管，理論在預測的品質上是很脆弱的。

另一個辯護和傅利曼的辯護在精神上是一致的，它承認人們當然會犯錯，但是在解釋整體行為時這些個人的錯誤不是問題，只要這些錯誤的影響會彼此抵銷。不幸的是，這個辯護也同樣軟弱無力，因為被觀察到的許多脫離理性的選擇，是系統性的──錯誤偏向同一個方向。如果大多數人有向同一個方向犯錯的傾向，那麼假設他們為理性的理論，在預測他們的行為時也會犯錯。我的心理學家合作夥伴丹尼爾・卡尼曼（Daniel Kahneman）及阿莫斯・特佛斯基（Amos Tversky）所強調的這一點，使得對經濟學新的行為評論更堅實有力。

　　另一個方式的辯護是說，在人們有很強的誘因做最適選擇的市場裏，「不理性」（irrationality）或「利他主義」（altruism）不會對市場產生影響。在交易成本很小的金融市場，這個論述特別強烈。在金融市場中，如果你要重複做愚蠢的事，會有很多專業人士很樂意接收你的金錢。因為這個理由，金融市場被認為是所有市場中最「有效率的」。因為普遍認定金融市場的運作最有效率，我在這本書中對其特別關注，而令人驚訝地，我們發現金融市場充滿了反常現象。

　　但是為何要寫一本全是反常現象的書呢？我認為有兩個理由要將這些反常現象全放在一起。第一，要單獨地評估實證事實是不可能的。一個反常現象只是新鮮好玩，但是十三個反常現象則可能反映了一種模式。科學思想家湯瑪斯・孔恩（Thomas Kuhn）評論道：「發現，是始自對反常現象的察覺，也就是，體認到自然（nature）有時不明所以地違反了典範（paradigm）對於一般科學現象的預期結果。」在這本書中，我希望達到這個第一步──察覺反常現象。也許在這一點上，我們可以開始看到新的、修正的經濟理論版本會發展出來。新的理論會保留個人會嘗試盡其所能的部分，但這些個人也有仁慈和合作的人性優點，同時他們儲存及處理資訊的能力也是有限的。

第2章

合作

Cooperation

你有時會想起「快樂特攻隊」短劇[1]（Monty Python's sketch）中的一幕。有兩個角色，一個是約翰‧克里斯（John Cleese）飾演的銀行家，另一個是泰瑞‧強斯（Terry Jones）飾演的福特先生。福特先生正拿著錫杯做慈善募款。

本文係與羅賓‧道斯（Robyn M. Dawes）合著

編按：羅賓‧道斯（Robyn M. Dawes, 1936- ）為美國心理學家，密西根大學數學心理學博士。現為卡內基美隆大學社會與決策科學系的心理學名譽教授。

1 這場短劇得到授權出自 *The Complete Monty Python's Flying Circus: All the Words, Vol. 2* (New York: Pantheon Books, 1989), pp.92-94.（譯注：Monty Python's Flying Circus 簡稱 Monty Pythons 是英國著名的喜劇表演團體，於1970年代起在英國BBC電視台製作了一連串的短篇喜劇影集　sketch comedy：約1-10分鐘的短喜劇　，在台譯名有「快樂特攻隊」也有「蒙蒂派森的飛行馬戲團」或「蒙蒂蟒蛇」。）

銀行家：你好！我是個商業銀行家。

福特：你好，您的大名是……

銀行家：呃……我突然想不起自己的名字，不過我是個
　　　　商業銀行家。

福特：了解。不知道您是否願意為孤兒院做些貢獻。
　　　（一邊搖晃著他的錫杯）

銀行家：我不想太早露出底牌，但在我們這裏很樂意開
　　　　發孤兒市場及所有相關事項……請問你大概想要多
　　　　少？

福特：這……呃……你是個有錢人。

銀行家：是的，我是有錢人，非常、非常、非常、非常
　　　　有錢。

福特：那麼，呃，一英鎊如何？

銀行家：一英鎊，我看看，請問這筆貸款要以什麼做擔
　　　　保呢？

福特：先生，這不是一筆貸款。

銀行家：什麼？

福特：這不是一筆貸款。

銀行家：嘎？

福特：我們會給你一面這個，先生。（他給他一面小旗
　　　子）

銀行家：這做為股份憑證是小了一點，是吧？聽著，我

　　想我最好交給法務部門處理，你可否星期五再來一
　　趟。

福特：嗯，必須這麼麻煩嗎？你能不能直接給我一英鎊
　　就好。

銀行家：可以，但是我不知道那是做什麼用的？

福特：是為了孤兒。

銀行家：做什麼呢？

福特：做為禮物。

銀行家：做為什麼？

福特：禮物。

銀行家：喔，禮物。

福特：是的。

銀行家：可以避稅。

福特：不是，不是，不是。

銀行家：不是？那麼，我非常抱歉我實在聽不懂，你可
　　否解釋你到底要做什麼呢？

福特：嗯，我要你給我一英鎊，然後我會去把這一英鎊
　　送給孤兒。

銀行家：然後？

福特：就是這樣了。

銀行家：不、不、不，我一點都不懂，我的意思是，我
　　不想看起來像個笨蛋一樣，但是這件事對我來說，

好像在整個交易過程中我損失了一英鎊。

福特：是的。

銀行家：是的！那我有什麼誘因要給你那一英鎊？

福特：誘因是——讓孤兒高興。

銀行家：（完全迷惑）高興？——你確定你沒有搞錯？

福特：是的，很多人都給我錢。

銀行家：嘎，這麼簡單？

福特：是的。

銀行家：那些人一定是病了。我想你不會給我一份列有
他們姓名和地址的清單吧？

福特：不會，我就是在街上走向他們請他們給我錢。

銀行家：我的天呀，這是這麼多年來我所聽過最令人興
奮的新點子！這麼簡單，這麼聰明！如果你這個點
子不值一英鎊，我不知道還有什麼是值錢的。（他
從福特手上拿過錫杯）

福特：喔，謝謝你，先生。

銀行家：這裏唯一的問題是，在我給你一英鎊之前，你
就告訴我這個點子了。這可不是做生意的方式。

福特：這樣不是嗎？

銀行家：不是的，恐怕不是的。所以，嗯，你走吧！
（他拉動控制桿，打開福特腳下的地板，福特尖叫
著落入陷阱中。）很高興和你做生意。

　　許多經濟分析——其實是所有的賽局理論——都是從一項假設開始的，就是假設人們兼具理性與自私。著名的囚犯兩難分析（prisoner's dilemma，Rapoport and Chammah, 1965）即為一例。囚犯的兩難賽局，具備如下的架構：賽局中的兩個對手必須同時且祕密地各自選擇策略。在傳統的故事中，兩個對手是共同犯下罪行，而被分開囚禁的犯人。如果兩人都保持沉默（合作，cooperation），兩人都會被判處輕罪，坐牢一年。如果只有一人認罪且同意作證指控對方（背叛，defection），這人將可獲得自由，而另一人將被判十年徒刑。如果兩人都認罪，他們都會被處以五年徒刑。這個賽局有趣在於認罪是優勢策略（dominant strategy）——無論另一方怎麼做，認罪都是比較划算的。如果A認罪，而B不認罪，則認罪的A可以獲得自由，而不是坐牢一年。換個角度來看，如果B也認罪，則A認罪的結果是五年徒刑，而不是十年徒刑。因此，基於理性與自利的假設，可以預測以這個架構進行賽局的人，都會選擇背叛。這是假設人們都夠聰明，能夠計算出背叛是優勢策略，而且假設人們對於其他對手的下場毫不關心；尤有甚者，假設他們不會對未能做「正確的事」感到良心不安。

　　另一個類似的分析，應用在經濟學家稱作「公共財」（public goods）的分析上。公共財具有以下兩項特質：（1）一旦將這項財貨提供給一個人，就無須額外的成本即可提供給其他所有人；（2）很難防止不付費的人使用這項財貨。公共財的傳統例子是國防。即使你沒納稅，仍可以受到國防武力的保護。另一個例子是公共廣播電台及電視。即使你沒捐款，仍然可以收聽和收看。同樣地，經濟理論預測在面對公共財的問題時，人們會「搭便車」（free ride），也就是，即使他們享受收聽公共電台節目的樂趣，也不會做任何捐款，因為沒有（自私的）理由這麼做。（公共財理論的現代論述，請見 Bergstrom, Blume, and Varian, 1986）

從理性自私的假設所推導出來的預測，卻在許多我們熟悉的案例中有不同的結果。實際上，公共電視成功地從收看觀眾那裏募集到足夠的資金，能夠持續播出。即使不是大多數人，也有許多人會捐款給聯合勸募（United Way）及其他慈善機構。而當你到離家很遠的餐廳吃飯，即使是將來可能不會再去，大多數的顧客還是會給餐廳侍者小費。在總統大選中，即使單獨一張選票會改變選舉結果的機會非常渺小，人們也還是會去投票。就如同傑克‧赫許萊佛（Jack Hirshleifer, 1985, p.55）所做的結論：「在分析上令人不安（雖然從人性的角度是令人愉悅的）的事實仍是：從最原始到最先進的社會，發生合作的情況是多於那些只採取利己的現實策略的情況。」但是，為什麼會這樣？

在本章及下一章，我們將檢視實驗室裏的實驗所顯示的證據，來看看在人們何時及為何會合作這個問題上，我們學

到了什麼。這一章要討論的是在公共財的提供上,合作與搭
便車的重要案例。

單次測試的公共財實驗

要探討人們為什麼會合作,必須要檢視單回合及多回合
兩種情境。例如,是否在每個人反覆地彼此互動發現合作的
利益後,才會演化出合作的策略?一個典型的公共財實驗使
用以下的程序。一群受測主體(通常是大學生)被帶到實
驗室中,每個團體的人數不同,但是實驗通常有4到10名
主體。給予每個主體一筆金錢,譬如是5美元。這錢可以留
著帶回家,也可以將一部分或全部投資在公共財,這通常
稱為「團體交流」(group exchange)。n名參與者投資在團
體交流的總金額乘以因子k就是投資報酬(k大於1但小於
n)。投資報酬會平均分配給所有的團體成員。因此,當整
個團體的金錢資源因每筆捐贈而增加時(因為k大於1),每
個個人在每筆捐贈中可以分得的份額將小於她或他投資的金
額(因為k小於n)。舉一個具體的例子,假設k=2及n=4,
如果每個人都捐獻他的5美元給公共財,結果每個人將可
得到10美元。這是獨特的柏瑞圖效率配置(Pareto efficient
allocation):沒有其他更好的方案可以提高每個人的福利
了。另一方面,任何一位不做任何捐贈的個人都會福利更

好，因為一位參與者捐贈5美元，換得的只有2.5美元的收益，而剩下的收益（7.5美元）則由其他參與者獲得。在這個賽局中，理性、自私的策略是自己不做任何捐贈，並希望其他參與者去投資團體交流。如果有一位參與者不捐贈，而所有其他人都捐贈5美元，最後，不捐贈的參與者會有12.5美元，而其他參與者每人7.5美元。這些條件就構成了有時被稱為「社交兩難」（social dilemma）的情況。

經濟理論對於這類賽局的結果做了什麼樣的預測呢？一種預測，稱為「強的搭便車假說」（strong free rider hypothesis），就是沒有人會捐錢給公共財。這當然是由自私理性模型預測出來的結果。一個比較不極端的預測，稱為「弱的搭便車假說」（weak free rider hypothesis），有些人會搭便車，但有些人則不會，產生了公共財的「次於最適的水準」（suboptimal level），雖然不必然是零。弱的搭便車假說顯然不會產生非常精確的預測結果。

單回合（只玩一次，one shot）公共財實驗的結果，對於強的搭便車假說沒有太多的支持。雖然不是每個人都會捐款，但確實有很多人在捐款，而公共財通常都會提供到最適數量的40%到60%。也就是，平均而言，受測主體捐贈手中籌碼的40%到60%給公共財。在馬威爾及艾梅斯（Marwell and Ames, 1981）的一項研究中，這些結果在許多條件下是成立的：對於第一次參與賽局或剛經歷過一次經驗的受測主

體；還有認為他們身處4人或80人團體中的受測主體；以及
以不同籌碼實驗的參與者，雖然在用最高籌碼的實驗中，
捐贈率會稍微降低。事實上，馬威爾及艾梅斯發現這個40%
到60%捐贈率只有一個顯著的例外，那次的受測主體是一
群威斯康辛大學經濟系的研究生，捐贈率下降到20%，導致
他們將論文題目命名為：「經濟學家搭便車：其他人呢？」
（Economists Free Ride: Does Anyone Else?）[2]（有趣的是，被
告知這項實驗的經濟學家們預測實驗的捐贈率平均為20%
──但那是對所有的參與者，不是只有他們的學生。）

多次測試的實驗

關於馬威爾及艾梅斯所觀察到的驚人的高程度合作，我
們很自然地想問，如果同樣的參與者重複幾次參與同樣的賽
局，會發生什麼結果。這個問題已經有經濟學家研究過了：
金及沃克（Kim and Walker, 1984）、伊薩克、沃克及湯瑪斯
（Isaac, Walker, and Thomas, 1984）、伊薩克、麥克丘及普拉
特（Isaac, McCue, and Plott, 1985）。這些論文的實驗設計和

---

2 這項結果未再出現過，因此應被視為是初步的結果。無論如何，我
  們很想知道經濟學家是否不同於其他人。在慈善捐贈方面，經濟學
  家這個群體是否少於其他類似的群體？在其他城鎮的餐館用餐時，
  他們是否比較不會給小費？

馬威爾及艾梅斯的設計類似，只是賽局通常要重複進行十次。這些論文中出現了兩個主要的結論。第一，在開始的回合，觀察到的合作比率，類似於馬威爾及艾梅斯所得到的合作比率。例如：在橫跨不同設計的九種不同的實驗中，伊薩克、麥克丘及普拉特獲得公共財53%捐贈率的結果。第二，在幾次重複後，發生合作大幅降低的情形。在五次測試後，對公共財的捐贈只剩下最適提供量的16%。伊薩克、沃克及湯瑪斯的實驗得到的結果，也是捐贈率愈來愈低，雖然下降的速度沒有那麼地突然[3]。

　　為什麼捐贈率會因重複實驗而下降呢？一個合理的推測為，受測主體在實驗過程中學習到了一些事情，導引他們採取搭便車這個優勢策略。也許受測主體在第一次測試時不了解這個賽局，但隨著重複測試的次數增加，學到了搭便車是優勢策略。然而，按照其他實驗的證據，這個解釋似乎是不太可能的。例如，在第一回合的測試中，所觀察到的合作率通常約為50%，即使是有經驗的受測主體也是如此，有經驗的受測主體是指曾經參加過其他多回合測試公共財實驗的主體（例如，伊薩克及沃克，即將出版）。安卓翁尼（Andreoni, 1987a）也曾直接用重做實驗這種簡單程序，

3　在捐贈給公共財會有高報酬的實驗中，最初的捐贈率為52%，到第十回合捐贈率降到32%。而捐贈報酬率低的實驗中，最初的捐贈率為40%，最後回合的捐贈率為8%。

探討這個學習假說。受測主體被告知將參與一場十回合的公共財賽局，在這十回合完成後，再告訴受測主體將與相同的對手，再玩另一場十回合的賽局。安卓翁尼在第一場的十回合，獲得與先前的研究者相同的結果：捐贈率是逐漸下降的。但是在第二場的實驗中，捐贈率回升到與第一場開頭回合的捐贈率差不多。（第二場實驗的第一回合捐贈率為44%，而第一場實驗的第一回合捐贈率為48%）。這樣的結果，似乎排除了是由於受測主體誤解這項賽局本質的任何解釋[4]。

互惠式利他主義

對於為何我們在實驗室內及實驗室之外會觀察到這麼高的合作程度，有一項目前相當流行的解釋，是將互惠式利他主義（reciprocal altruism）視為一種機制。這項解釋，大部分是由艾克索洛德（Axelrod, 1984）發展出來的，是基於觀察到人們有互惠的傾向──仁慈對待仁慈，合作對待合作，敵意對待敵意，以及背叛對待背叛。因此，當考慮到其他人對於自己的合作或背叛將來可能做出的回應時，搭便車可能在實際上是收穫較少的策略。合作的做法本身──或是身為

---

4 高茲及歐貝爾（Goetze and Orbell，即將出版）亦獲得類似的結論。

一個合作者的名聲——比較有可能獲得他人互惠式的合作回應，因此符合合作者的最終利益。

基於互惠式利他主義的原則，最系統性的策略是最先由阿納托‧拉波波特（Anatol Rapoport）提出的「一報還一報」（TIT-FOR-TAT）策略，在這個策略中，首先一位參與者由合作開始，然後選擇對方前一手的做法。這個解釋真正的力量在於，在反複式的社交兩難互動式電腦遊戲中，以及在分析上，都呈現出採取這種互惠式利他主義的個人或小團體，比起不採用這種策略的情況，「長期而言」在統計上傾向於得到較高的報酬。事實上，在兩場艾克索洛德設計的電腦競技中，由賽局理論家提出的各種策略，經過多次重複的捉對廝殺後，結果「一報還一報」在這種電腦競技中「勝出」。因為這類長期機率現象和「演進」（evolution）有關，意謂互惠型的人比起非互惠型的人，有更大的「內含式的合適性」（inclusive fitness）。因此，這樣的傾向有些遺傳根據，應該是適應社交世界演進而來的。

互惠式利他主義的一項意涵是，當你的對手在未來沒有互惠回饋的可能性時，例如在匿名或是只玩一次的互動狀況下，個人在兩難的情況下將會是不合作的。然而，我們即使在單回合實驗中，也觀察到有50%的合作率。所以，互惠式利他主義無法直接用來解釋上述的實驗結果。同時，在重複的兩難狀況下，當有超過兩個人以上的參與者時，要運用「一報還一報」策略，或是根據互惠式利他主義的其他策略，都有困難。如果一個群體中有些成員在第 t 回合選擇合作，而其他人選擇背叛，那麼想要採取「一報還一報」策略的參與者，在下一回合時應該怎麼做？

有一個相關的假說，似乎符合多回合實驗觀察到的捐贈率逐漸下降的現象，是由奎普斯、米爾葛姆、羅勃茲以及威爾森（Kreps, Milgrom, Roberts, and Wilson, 1982）提出的。他們研究有限次數回合的囚犯兩難賽局，如果兩位參與者是理性的，那麼兩人的優勢策略，是在每一回合都選擇背叛。雖然「一報還一報」策略在無限次數反複的囚犯兩難賽局（或是在有限回合之後賽局會結束的機率極小的賽局）中，已經顯示出是有效的，但是在已知結束點的賽局中，則是另一回事。在任何有限的賽局中，兩位參與者都知道，他們應該在最後一回合選擇背叛，所以在倒數第二回合就沒有理由選擇合作，以此倒推，合作從來都不會有利益。奎普斯等人的研究顯示出，如果你的對手是你認為不理性的人（亦即，在一個有限回合的賽局中也可能採取「一報還一報」），那麼，在賽局的前面階段選擇合作，可能是理性的行為（以誘導你不理性的對手也選擇合作）。由於公共財賽局也具備類似的架構，可以說參與者是按照奎普斯等人所解釋的方式理性地行動。然而，實驗的結果再一次否定掉這個解釋。即使是合作完全不符自私理性的單回合賽局或是多回合賽局的最後一回合，合作率從未降到零。

除此之外，安卓翁尼（1988）所設計的另一個實驗，也提供了反駁互惠式假說的其他證據。一群15位受測主體參與以每組5人的方式進行上述反複式實驗，另一群20位受測主體參與每組5人的同樣賽局，但是每個小組的成員每次都不同，同時受測主體不知道哪個回合會遇上其他19個人之中的哪4人。在這個條件下，合作不具有策略優勢，因為下回合的參與者實際上會是不認識的人。如果在這些實驗開始的幾個回合中觀察到有合作的情形，就可以排除掉是策略性的合作。安卓翁尼的確發現，在陌生人的情境中，合作率真的略高於參與者不變的情境。（這個效果雖然小，但是在統計上是顯著的。）

從這些實驗出現了一個結論，就是人們有合作的傾向，直到經驗告訴他們互動對象在占他們的便宜，才會停止。這個「合作規範」（norm of cooperation）在無限次數反複的賽局中，類似互惠式利他主義；但是，就如我們所見，這個行為在互惠式利他主義不適用的狀況下也會看到。羅勃·法蘭克（Robert Frank, 1987）對這類型行為提出了一項解釋。法蘭克的主張是，那些採取合作規範的人可以藉由誘發其他人的合作，以及吸引其他合作者的互動，來獲得好處。法蘭克論點的關鍵在於，一個人無法持續相當一段時間成功地假裝是合作者——就像一個人無法成功地讓別人相信太多的謊言一樣[5]。更進一步，因為合作者按照定義能夠彼此辨識，所以他們能夠選擇性地互動並排除背叛者。

利他主義

對於為何人們會在實驗室及真實世界中都採取合作策略，還有其他的解釋。其中之一是，人們會受到「以他人之樂為樂」（taking pleasure in other's pleasure）的驅使而行動。安卓翁尼將之命名為「純粹的利他主義」（pure altruism, 1987b），這項動力在亞當‧斯密的《道德情操論》（*The Theory of Moral Sentiments*, 1759；1976）中有生動的敘述：「無論假定人類有多自私，在人的天性中明顯有一些原則，會讓他對其他人的命運感到興趣，並認為給予別人幸福是必要的，雖然他除了看到別人幸福而覺得快樂之外別無所得。」如果把看到別人快樂而引起自身快樂也看成是「自私的」（根據這個一知半解的說法，利他主義在定義上是不可能的，因為人們從來就是會做他們「要」做的事），上述這段話捕捉到一個概念，就是人們不光是會受到自己的利益所驅動，也會受到他人的利益所驅動，因此，他們可能會有動

---

5 如同已故的參議員山姆‧爾文（Sam Ervin）所說：「說謊的麻煩在於你必須對所說過的話有完美的記憶。」沒有人能夠如此。記住真正發生過的事是比較容易的，雖然連這個也不容易。

機透過合作的行動，來做一些利的行為。假設這種純粹的利他主義是捐贈公共財的原因，會產生的一個問題是，這種捐贈無法純粹以其效果來解釋。如果可以，那麼政府對同樣標的物的捐贈，應該會「排擠」掉私人的捐贈，因為無論資金來自哪裏，結果都完全相同。這樣的排擠效果顯然一點也不完全。事實上，阿布拉姆及舒密茲（Abrams and Schmitz, 1978, 1984）及克拉特菲特（Clotfelter, 1985）的計量研究顯示，政府增加對這類活動的捐贈，只會造成私人捐贈減少5%到28%。

還有另一種類型的利他主義，也一直被用來做為解釋合作的假設，它指的是合作行為的本身，而非合作的結果。很明顯地，做對的事（好事、有榮譽的事……）是許多人的動力。這種行為有時被稱為「不純粹的利他主義」（impure altruism），它常被描述成是滿足良知，或滿足非工具性的道德命令。

在過去十年，羅賓‧道斯、約翰‧歐貝爾及阿方斯‧汎德克特（Robyn Dawes, John Orbell, and Alphons van de Kragt）的團隊一直在研究純粹與不純粹的利他主義，以及其他促使人們合作（或不合作）的原因。他們有一組實驗（道斯等人，1986）是要檢驗搭便車的動機。這些實驗的賽局有以下規則。給7個陌生人每人5元，如果有足夠的人將其籌碼捐贈給公共財（是3人或5人，依實驗而定），則這個群體中的每個人無論是否有做捐贈，都會各得10元的紅利。因此，如果有足夠的受測主體做了捐贈，在結束時，做了捐贈的人會有10元，而沒做捐贈的人會有15元。如果太少人捐贈，結束時，沒做捐贈的人會有5元，做了捐贈的人則沒有錢了。受測主體不可以彼此交談（這點在後續的實驗中已有修正）。在這種實驗中，可以找出兩個不做捐贈的理由。第一個，受測主體可能害怕他們做了捐贈，但沒有足夠的其他人做捐贈，所以他們的捐贈是無效的。這個背叛（搭便車）的動機稱為「恐懼」（fear）。第二個，受測主體可能希望有足夠的其他人會捐贈，並希望最後能有15元，而非10元。這個搭便車的動機稱為「貪婪」（greed）。恐懼與貪婪的相對重要性，則以操控賽局規則的方式來檢驗。在「沒有貪婪」的情況中，收益做了變動，如果捐贈人數足夠，則讓所有的受測者都得到10元（而不再是捐贈者10元，搭便車的人15元）。在「沒有恐懼」的情況中，給予捐贈者「退款保證」：如果受測者做了捐贈，但沒有足夠的其他人捐贈，捐贈者將可以拿回捐款。（但是如果捐贈人數夠多，最後公共財可以供應的話，則捐贈者將只有10元，而搭便車的人會有15元。）結果顯示，造成搭便車的因素裏，貪婪比恐懼重要。在標準的賽局中，捐贈率平均為51%。在沒有恐懼（會退款）的賽局中，捐贈率提高到58%，但是在沒有貪婪的賽局中，捐贈率為87%[6]。

另一個可能的解釋是，沒有貪婪的情況能產生穩定的均衡，而沒有恐懼的情況則不能。在沒有貪婪的情況中，如果受測者相信降低收益的機制可以促使其他人做捐贈，這將會強化他們做捐贈的動機，因為捐贈唯一的負面結果，只有在如果有足夠的人不捐贈時才會發生。相對地，在沒有恐懼的情況中，認為可退款的條件會鼓勵其他人做捐贈的受測者，自己會有想搭便車的誘惑，因此認為其他人也會受到同樣的誘惑，因此自己應該要做捐贈⋯⋯等等──無止盡的循環。

要在這些賽局中引導出合作行為最有力的方法之一，是允許受測者彼此交談。有個實驗是12個群體以上述的相同收益來進行賽局，但是允許受測者彼此討論。討論的效果非常驚人（汎德克特等人，1983）。每個群體在討論時段指定要合作的一個群體。分配決策最普遍使用的方式是抽籤，雖然也有看到用自願的方式。有個群體嘗試用個人之間的效用比較來決定相對的「需要」。無論使用何種方法，都有效。結果全部12個群體都能提供公共財，而其中3個群體有超過要求的受測者人數做了捐贈。這些結果與稍早的研究結果一致。被指定做為捐贈者的受測者，不能貪婪地指望用搭便車

---

6 請注意捐贈有可能是自私的理性，如果受測者認為他或她的捐贈是關鍵（也就是，正好M-1位其他人會捐贈）的機率大於50%時。然而，做捐贈的受測者常常不相信他們的捐贈是必要的。

的方式獲得更多,因為他們的捐贈(被認為)是能否獲得獎金的關鍵(除了3個群體例外,因為他們有超過要求人數的受測者做捐贈)。尤其是,如果相信被指定要做捐贈的其他人會被指定捐贈的機制所驅動,這樣的信念將會強化——而非削弱——每位被指定捐贈者的捐贈動機。

上述彼此討論的價值有一個可能的解釋,就是它「啟動」(trigger)道德考量,產生做「正確的事」的效用(也就是,不純粹的利他主義)。例如,艾爾斯特(Elster, 1986)認為在這類情況下,群體的討論產生關於群體行為的說理(很難主張自私),這樣的說理不只影響到聽的人,也影響到提出的人。為了測試這項假說,汎德克特等人在1986年進行一組新的實驗,在這組實驗中,發給7名受測者每人6元。他們可以保留這些錢或是捐給公共財,而這項公共財對群體中其他6名受測者的價值是12元。在這個例子中,保留那6元是優勢策略,因為這樣做的人可以擁有6元,以及從其他每一位捐獻者處獲得2元。

這14位受測者會在等候時先彼此見到面,但是不可以交談,然後以完全隨機的方式分成兩組。其中一組可以討論決策,另一組則不可討論。試驗者告訴其中一組12元會分給自己小組裏的其他六個人,而告訴另一組錢會給別組的六個人。因此,現在有四種情況——討論或不討論,還有錢是給自己小組或是給另一組。如果討論只是釐清個人的收益,在這些情況下,都應該不會提高合作率,因為搭便車是優勢策略。然而,如果討論會提高合作行為的效用,那麼無論錢是給自己的小組或是給其他組,討論都同樣有效——畢竟,以隨機抽籤的方式分的組,自己的小組或是其他組裏的人都是非常類似、難以區別的人(參與實驗的人,通常都是大學生或是社區裏較窮的成員)。

結果就很明顯了。在不能進行討論的情況下,只有大約30%的受測者會捐錢,而這些捐錢的人指出他們的動機是要「做正確的事」,與財務上的收益無關[7]。討論將合作率提升到70%,但是只有在受測者相信錢會給他們自己組的時候;否則通常合作率低於30%。的確,在這樣的群體中,常常會聽到評論說,「最佳的」可能結果是,自己小組的成員都保留他們的錢,而另一組的人去捐錢(再提醒一次,受測者是在實驗開始前十分鐘,以隨機方式分組)。

因此,群體認同(group identity)在避免採用優勢策略

---

7 在一個類似——但是是模擬的——單回合實驗中,霍夫斯戴特(Hofsteadter, 1983)發現在他那些顯赫的朋友中,有一個大致相同的合作率。大多數人背叛,但是有些人合作,是因為不純粹的利他主義。身為一位合作者,丹尼爾·丹納特教授(Daniel C. Dennett)說道:「我寧願當買布魯克林橋的那個人,也不願是賣掉它的人。同樣地,我寧願花靠合作得到的3美元,也不願花靠背叛得到的10美元。」(霍夫斯戴特稱這是在兩難狀況下選擇合作的「錯誤理由」;然而這是上述,以及類似的賽局中,在不能討論的情況下,選擇合作的受測者常常會給的理由。)

上，顯然是一項關鍵性因素。這個結果與以往關於「最小群體」（minimal group）典範的社會心理學研究是一致的（例如，塔菲爾及透納〔Tajfel and Turner, 1979〕；以及收在透納及吉爾斯〔Turner and Giles, 1981〕的論文），那些研究一再表明，比起十分鐘的討論，操控賽局規則更能大幅改變分配的決策。例如，一個「共同命運」的群體認同──群體成員的收益由丟銅板來決定──會引導受測者以增加合作率的方式嘗試去「補償」自己群體中的非合作者；而在認為非合作者是屬於其他群體時，則會降低合作率，即便涉及的人身分未知時亦然。（Kramer and Brewer, 1986）

在允許討論的群體中，人們很普遍地會承諾要捐贈。在第二個系列的實驗中，歐貝爾、道斯及汎德克特（Orbell, Dawes, and van de Kragt，即將出版）研究這些承諾在合作的產生上是否重要。也許人們是受到自己承諾的約束──或相信當其他人做了承諾，因為也會受到承諾的約束，所以如果他們做捐贈，將能獲得「滿意的」收益。研究的主要結果是，只有在每個群體成員都承諾要合作時，做承諾才會與合作有關聯。在這類大家都做了承諾的群體中，合作率遠高於其他群體。而在不是每個成員都做承諾的群體中，每個受測者合作或背叛的選擇，則無關於：(1) 受測者是否承諾要合作；(2) 承諾要合作的人數。結果，整個群體中承諾要合作的人數，與群體的合作率是沒有關聯的。如果全體承諾創造出或反映了群體認同的話，這些資料與群體認同的重要性是一致的。

評論

在環繞綺色佳的鄉間地區，農夫常常會將一些新鮮的農產品放在路邊的桌上。在桌上會有現金盒，希望顧客在拿走蔬菜時會將錢放入現金盒內。那些盒子只有一個小小的投入孔，所以錢只能放入，無法取出。同時這些盒子是固定在桌上的，無法輕易搬走。我們認為使用這個制度的農夫對於人性有很正確的理解。他們覺得會有足夠的人願意自助付錢買新鮮的玉米，所以值得將新鮮玉米放在那裏。農夫也知道如果那些錢可以輕易拿走，就會有人將錢拿走。

相對於這些農夫，經濟學家不是避開對人性做判斷，就是做了過分嚴格的假設。「搭便車問題」的存在是確定的事實。我們無法指望所有的人都會為了善的理由而自願捐贈，而任何自願制度都可能使得公共財供應不足（在外部性的情況下，則是公共之惡太多）。另一方面，強的搭便車預測明顯是錯的──不是每個人每次都搭便車。

全體搭便車和在全體用最適捐贈率做捐贈之間，是一個龐大的領域。要了解公共財議題裏出現的問題及其他兩難的情況，開始去探索一些經濟學通常忽略的課題是很重要的。

例如,什麼因素決定合作率?注意到合作與公共財的投資報酬之間有正相關,是很激勵人心的。群體透過合作取得愈多的收益,就會看到愈多的合作情形——合作的供給曲線向上傾斜。然而,關於討論所扮演的角色及群體認同的建立,研究結果就比較難併入傳統經濟分析中。(有一位嘗試這麼做的經濟學家提出,群體討論只會使受測者混淆到無法了解自己的最佳利益是當個背叛者。)

更一般地,我們需要小心檢視「自私的理性」在經濟模型中所扮演的角色。阿馬提亞・沈恩(Amartya Sen, 1977)描述總是自私理性的那些人為「理性的愚者」(rational fools),因為只根據自我收益所做的相互選擇,一定會造成對所有參與者都是次於最適的結果。也許我們需要多多研究「明智的合作者」(sensible cooperators)。

第3章

最後通牒賽局

The Ultimatum Game

有天夜裏很晚了，你的女兒瑪姬從就讀的大學打電話回來，徵詢你睿智的意見。她很少需要你的意見，但是每次她來問你時，都為時已晚。這次聽起來很有趣，她已經答應要參加一個研究實驗，是她們學校經濟系所做的實驗。實驗規則事先就解釋清楚，好讓受測者能夠仔細思考他們的選擇。實驗是關於兩個對手之間的議價，瑪姬扮演參與者1。開始時先給瑪姬10元，然後要求她將這筆錢分配給自己和另一名學生（參與者2），瑪姬不知道這名學生的身分。規則規定她必須提出一個數字給參與者2，然後參與者2可以接受這項提議，並拿到瑪姬所提出的金額，或是拒絕這項提議，然後兩人都拿不到錢。瑪姬問她明智的經濟學家老爸的問題是：她應該出價多少錢？

你支支吾吾地說必須去查一些研究文獻，才能提供建議。因此，第二天一早你立刻衝到圖書館去。結果，相關的理論出現在亞利爾・魯賓斯坦的一篇論文（Ariel Rubinstein, 1982；也見於史達爾〔Stahl, 1972〕）。你立刻注意到魯賓斯坦一開始就做了免責聲明：他所做的只是在雙方行為是理性的前提下，將議價情況中可能會發生的事做理論化的推理而已。他將這個問題與另外兩個問題區分開來：（1）實證的問題（positive question）──在實務上會達成的協議是什麼；（2）規範的問題（normative question）──公平的協議是什麼。

在讀過魯賓斯坦的論文，包括一開始的免責聲明之後，你理解到瑪姬所參與的簡單賽局，理論上的結果相當明顯。參與者1應該跟參與者2提出一分錢（0.01美元）的出價。參與者2會接受這個出價，因為一分錢總比沒錢好。然而，你現在開始了解到為何魯賓斯坦這麼謹慎。一分錢的出價似乎是個有風險的策略。如果參與者2將這麼少錢的出價視為侮辱，拒絕這個出價的成本對他來說只有一分錢。或許瑪姬應該提出高於一分錢的出價？但要高出多少呢？你會給她什麼樣的建議？

正在思索要如何跟瑪姬說的時候，你接到本地一位商人的來電，他想邀請你擔任諮詢顧問，這是比瑪姬徵詢你意見更少發生的事。那名商人在你居住的大學城擁有一間汽車旅館。有一件事困擾著他：就是一年之中總是有幾次，像是畢業典禮或是返校日的週末，旅館房間會有超額需求的情形。例如，在畢業典禮的期間，由於旅館房間不足，有些父母必須住到五十哩外的旅館。他的汽車旅館住一晚的價格通常是65美元，在鎮上的正常運作是維持這個價格，但是客人必須至少住三晚。他估計在畢業典禮的期間，一晚150美元的價格且維持至少住三晚的要求，可以很輕易地將全部的房間都住滿。然而，對於這樣做他覺得有些不妥，擔心被貼上「哄抬」的標籤，且認為這樣的標籤會損害他平日的生意。他說：「你是經濟學家，請告訴我應該怎麼做？」在思考這個問題的同時，你發現這和瑪姬的兩難有共同之處，你可能需要比經濟學理論更多的東西，才能對這兩位新「客戶」提供建議。但是那是什麼呢？

簡單最後通牒賽局

瑪姬所描述的賽局即為「最後通牒賽局」（ultimatum game）。首次用這個賽局進行實驗的是三位德國經濟學家古德、舒密伯格及舒瓦茲（Güth, Schmittberger, and Schwarze, 1982, GSS）。他們將42位經濟系學生的樣本分為兩組，一組扮演參與者1的角色（分配者）；另一組扮演參與者2的角色

（接受者）。每一個分配者要將c馬克的錢，分配給自己與接受者。如果提出的出價x被對方接受了，則分配者可獲得c-x馬克，而接受者可獲得x馬克。如果出價被拒絕，兩個人都拿不到錢。而待分配的籌碼c，規模在4馬克到10馬克之間變動。在一週後，同樣的受測者被找來再玩一次。

如果魯賓斯坦模型是個好的實證模型（不管他的免責聲明），那麼應該可以觀察到兩個結果：（1）分配者所提出的出價應該接近0；以及（2）接受者應該接受所有大於0的出價。實驗數據與這兩項預測均不符合。在第一次實驗中（受測者無經驗），最常出現的分法是50%（21個案例中有7個），而平均的出價是0.37c。在c為4馬克的情形，有兩個出價者的出價為0，其中之一被接受了[1]，另一個被拒絕。其他的出價至少有1馬克，而有個1.2馬克的出價遭到拒絕。

經過一個星期思考之後的第二次實驗，出價似乎不那麼大方了，但是仍然比一分錢大得多，平均出價是0.32c，只有兩個參與者的出價是平均分配。而少於1馬克的出價只有一個，遭到拒絕。有三個1馬克的出價，也被拒絕，還有一個3馬克的出價也被拒絕。所以21個出價中有5個是被拒絕的。

---

1 我們不能確定接受0馬克出價的接受者是搞錯、大方，或只是對於議價理論有深刻的理解。

　　分配者與接受者所採取的行為都與理論不符。然而,接受者的行為比較容易解釋。當接受者拒絕一個大於0的出價時,顯示他的效用函數中有非貨幣性的參數(用白話來說,表示他受到侮辱了)。拒絕一個0.1c的出價,意思是「我寧願犧牲0.1c,也不要接受我認為不公平的分配」。拒絕一個大於0但是不公平的出價,這種意願的限度將在稍後加以探討。分配者的行動可以用兩種動機中的一個(或兩者一起)來解釋:提出很大數字的分配者,不是愛好公平,就是(或同時)擔心不公平的出價會被(理性地或被誤解地)拒絕。進一步的實驗顯示出兩種解釋都有一些有效性。

　　GSS在下一個實驗中,用37個新的受測者研究接受者的行為。在這個研究中,告訴受測者他們會玩兩次賽局,一次是當分配者,一次當接受者。所有的賽局c都是7馬克。規則要求他們當分配者時就做分配,當他們扮演接受者時,要說明所能接受的最低出價是多少。(請注意這些是對真實狀況的回應,不是對假設性問題的答案)。在這個實驗中,分配者的回應比起先前實驗中所觀察到的,要大方得多了。平均出價是0.45c。更有趣的是,受測者做為接受者時的反應。除了兩名受測者外,全部都指出最低需求至少要1馬克,最低需求的中數(median)為2.5馬克。

　　卡尼曼、克尼區及塞勒(Kahneman, Knetsch, and Thaler, 1986b, KKT)做了兩個相關的實驗。第一個實驗在英屬哥倫比亞大學進行，重做 GSS 的研究是為了確定實驗的結果，是否是因受測者對實驗任務有所混淆而導致。以 c=10 加幣進行簡單最後通牒賽局。也詢問受測者在兩種角色中會怎麼做。實驗用兩個步驟以確定受測者了解實驗的本質。第一，詢問受測者兩個初步的診斷性問題。在參與研究的 137 名受測者中，有 22 人被除名，因為他們對這兩個問題都未能正確回答。第二，以一系列是非題表格對受測者提問，而不是要受測者直接陳述他們的最低需求。如果對方對你提出 0.5加幣的出價，你會接受或拒絕？以每次增加 50 分錢重複詢問這些問題。在三次不同的實驗中，最低可接受的出價，平均值在 2.0 加幣到 2.59 加幣之間變動，與 GSS 所得到的結果大致相當[2]。

第二次的 KKT 實驗研究兩個問題。第一，如果出價無法拒絕，分配者會不會公平；第二，受測者會不會犧牲金錢去懲罰對「其他人」不公平的分配者。第一個部分，要求康乃爾大學心理系的學生，將 20 元分配給自己跟班上另一位

---

2 這三次實驗以不同的學生群體當受測主體。在全部的案例中，都告訴他們實驗的夥伴是別班的人。分配者的出價與古德等人得到的結果類似，出價平均範圍在 4.21 到 4.76 元之間。有趣的是，最大方的出價是由心理系學生對另一班心理系學生提出的出價。心理系學生對商學系學生的出價則沒那麼大方，但是最不大方的出價是出現在商學系學生對心理系學生的出價。類似地，提出最低的最小可接受出價的，也是商學系的學生。

不知名的同學。只給他們兩個分配選擇：他們可以保留18元，給對手2元，或是他們可以平均分配，各得10元。（以這樣的籌碼，不可能有大樣本還能付錢給每個人，所以告訴受測者，將以隨機方式挑選八組學生實際付給金錢。）與先前的實驗不同的是，接受者不能拒絕分配者的出價。然而，出價仍是非常慷慨。161位受測者中有122人（76%）將20元平均分配。因此，在最後通牒賽局中所觀察到的慷慨出價，的確有部分可以用分配者愛好公平來解釋。

在完成研究的第一部分後，詢問相同的一批學生另一個問題。他們被告知將與兩位學生配對，這兩人是實驗第一部分時未被選上付給金錢的。其中一人已拿了18元（稱他為U，代表不平均分配），另一人已拿了10元（E，代表平均分配）。然後要求一名受測者在以下兩種方案之間做選擇。他可以拿走6元，給U6元；或是他可以拿走5元，給E5元。因此，這個問題可以看出，受測者是否願意少拿1元和之前慷慨的陌生人分錢，也不要多拿1元和之前貪婪的陌生人分錢。明顯的大多數，74%，選擇拿取較小的報酬，好跟E分錢。

兩階段議價賽局

GSS（1982, p.385）的結論是，賽局理論「在解釋最後

通牒賽局行為上的幫助不大」。為了賽局理論的毀譽存亡
（或至少是在敘述上的有效性），賽局理論家賓摩爾、薛克
德及蘇頓（Binmore, Shaked, and Sutton, 1985, BSS）進行了
一對實驗。他們修正GSS的設計，在議價賽局（bargaining
game）中增加了第二階段，並讓參與者透過連結的電腦互
相溝通。兩階段賽局開始時與以前一樣，參與者1扮演分配
者，參與者2扮演接受者，c為100便士。分配者提出x的
出價（自己保留c-x）。如果這項出價被拒絕了，那麼便進
入第二回合，參與者對換角色，而籌碼降到δc，折扣因子
δ在這個例子中是設定為0.25。第二回合是一個簡單最後通
牒賽局，c為25便士，而參與者2現在是分配者。透過簡單
的「後推歸納」（backward induction），可以得到這場賽局的
（子賽局完全）均衡（〔subgame perfect〕equilibrium）。如果
賽局進行到第二回合，那麼參與者2可以只出價1便士，留
給自己24便士。因此，參與者2在第一回合中會接受超過
24便士的任何出價，所以參與者1應該在第一回合出價25便
士。

　　這個賽局要進行兩次。第一次的賽局中，分配者的出
價，與先前實驗中所觀察到的相類似。典型的出價是50便
士，只有10%落在24到26便士之間。同時，第一回合的出
價有15%遭到拒絕（雖然理論預測賽局將不會進行到第二回
合）。在第二次的賽局中，邀請在第一次賽局中扮演參與者

2的人參加，這次是扮演參與者1的角色（未蒐集其假設對手的回應）。這次受測者的行為比較符合賽局理論。典型的出價只比均衡的25便士略低。作者的結論是，「一旦參與者完全了解賽局的架構後，策略性優勢的計算很輕易地就會取代」公平的考量（p.1180）。然而BSS的實驗，在如何解釋實驗結果方面，有三點引發質疑。

第一，受測者直到第一次賽局結束後，才被告知要再玩一次。如果受測者早知道這是個大家會輪流扮演參與者1的賽局，他們可能會覺得選擇均衡的0.75c可以使平均結果成為公平的分配。

第二，在進行實驗時，BSS採取了不尋常的步驟，告訴他們的受測者該怎麼做。尤其是，書面指示中包括了下列文句：「我們要你如何進行呢？**如果你盡量極大化你的獲利，那就將是幫我們的忙。**」在沒有控制組實驗的對照下，很難說這樣的指示可能會對結果有什麼樣的影響（雖然第一回合的結果與GSS所得到的相類似）。然而，在另一個類似的情況下，的確證明了指示會產生有力的影響。霍夫曼及斯畢則（Hoffman and Spitzer, 1982）做了一項實驗，非常類似最後通牒賽局。分配者（以丟銅板方式決定）可以在兩種結果之間做選擇：一個是分配者拿到12元的報酬，接受者則是拿不到錢；或是在兩位參與者同意下，他們自己分配14元。當然，理論預測參與者會同意分配14元，但分配者所得不可少於12元。結果，每一對參與者都同意平均分配14元，也就是每人7元。在霍夫曼及斯畢則（Hoffman and Spitzer, 1985）的第二篇論文，嘗試了解為何會發生這樣的結果。兩項控制變數交叉產生四種情況：（1）分配者的角色由丟銅板決定，或是玩一個簡單的賽局，勝者擔任分配者。（2）丟銅板或是簡單賽局的贏家，被告知他們「贏得」擔任分配者的權利；或是被告知他們「被指定」擔任分配者。以這兩種控制變數而言，第二種是比較有力的。賽局或是丟銅板，其間的差異並不顯著；但是被告知「贏得」分配權利的受測者拿走了明顯較多的錢。顯然我們需要對這類需求特質有進一步的研究。

第三，BSS所設計的兩階段賽局，與簡單最後通牒賽局有一個關鍵上的差異。25便士的均衡出價很明顯大於0。這表示與簡單最後通牒賽局相比，這裏的接受者拒絕均衡出價的成本會比較高，均衡出價是比較公平的。為了了解這些因素是否重要，古德及提亞茲（Güth and Tietz, 1987）以折扣因子0.1或0.9嘗試一個兩階段賽局。當δ為0.1時，均衡出價相當不公平，為0.10c。當δ為0.9時，均衡出價是0.90c（對自己很不公平！）。參與者角色互調進行兩次賽局[3]，籌碼

---

[3] 在這裏有一個額外規定，參與者2不得在拒絕出價之後又提出一個讓自己拿更少的出價，這樣的行為視同協議不成，兩個參與者都拿不到錢。因此當δ為0.1，如果參與者1提出大於0.1c的出價，這就

則為5馬克、15馬克或35馬克。

這些實驗的結果，並不支持BSS的「如果參與者有機會思考的話，理性會主宰一切」的結論。當δ為0.1時，從第一次到第二次的出價（偏離均衡出價）是增加的（從0.24c到0.33c）。當δ為0.9的情況下，第二次的平均出價也是增加了（從0.37c到0.49c），且朝向均衡值移動。橫跨兩次實驗及三種不同的c所得到的平均值，在δ為0.1時的平均出價為0.28c，δ為0.9時為0.43c。沒有一個是接近對應的均衡值0.1c及0.9c。不同的c也證實了實驗結果的穩定性。如果我們比較c是5馬克和c是35馬克的賽局，我們發現在δ為0.1時，出價只在一定程度上趨向均衡水準（從0.33c到0.24c），而在δ為0.9時，會略微偏離均衡（從0.36c到0.34c）。因此，提高籌碼在改善賽局理論的描述性價值上面，助益很小[4]。

相當於是最後通牒賽局，因為如果參與者2拒絕，就宣告了協議不成。後面會討論到的歐區及羅斯（Ochs and Roth, 1988）做的實驗，顯示出這條規定可能具有實際效力。

4 C為1000元，或是10萬元的最後通牒賽局，結果會是如何呢？我們都沒有研究經費可以進行這樣的實驗，所以我們只能用猜的。我自己的猜測是，接受者可接受的最低出價會隨著c增加而增加，但不是線性的關係。在c為10元時，最低可接受出價的中數約為0.2c。在c為1000元時，我猜想會降到0.05c到0.1c之間（50元到100元之間）。最低可接受出價可能也會隨著財富增加而增加，表示對抗不公平的出價為一種正常財。

多階段賽局

尼林、桑納森及司匹傑（Neelin, Sonnenschein, and Spiegel, 1987, NSS）對最後通牒賽局的分析有了後續的貢獻。他們的實驗中，受測者為普林斯頓大學中級個體經濟學班上的學生。受測者參與一系列的賽局，這些賽局有二到五回合不等的期間（事先宣布），而 c 為 5 元。參與者 1 在奇數回合出價，參與者 2 在偶數回合出價。如果最後一回合的出價被拒絕，則兩位參與者都拿不到錢。折扣率的變動設計成使均衡出價在第一回合永遠是（$1.25 + \epsilon$）元（或 1.26 元）。在兩回合賽局的第二回合，c 為 1.25 元；三回合賽局中 c 先降到 2.50 元，再降到 1.25 元；五回合賽局中，c 的值為 5.00元、1.70 元、0.58 元、0.20 元及 0.07 元[5]。受測者先參加一場練習賽（四回合），然後再依序參加二回合、三回合、五回合賽局，每場次的對手都是不同的匿名對手。受測者在每場賽局中維持同樣的角色。

NSS 設計背後的發想是，不同長度的賽局其結果可以拿

---

5 請注意導出第一回合均衡出價所必須的後推歸納法，用在三回合及五回合賽局時比較複雜。五回合賽局的分析：如果賽局到達第五回合時，參與者 1 為分配者，他給參與者 2 的出價是 0.01 元（按照假設，參與者 2 會接受），所以參與者 1 在這一回合能得到 0.06 元。這意味在第四回合，參與者 2 必須提供參與者 1 至少 0.06 元，自己保留 0.14 元，以此類推。

來比較，以避免結論是特定賽局專有的結果。在檢驗實驗結果時，大家很快就領悟到這項設計的價值。兩回合賽局中，賽局理論的預測結果非常好。在50名分配者中（NSS稱為「賣方」）有33名的出價在1.25元到1.50元之間（均衡值為1.26元）。這些結果與BSS實驗所得的結果類似。然而，在三回合的賽局中，結果則完全不同。50名參與者中，有28人提出以2.50元平分的出價。而有其他9人的出價與平分的出價差異在0.50元之內。請記住，這個賽局的均衡出價仍然是1.26元。

　　而五回合賽局則產生另一種型態的結果。最常出現（14人）的第一回合出價是1.70元，50人中有33人的出價落在1.50元到2.00元之間。NSS注意到，參與者1對參與者2的出價所採取的策略，似乎是第二回合要用的籌碼。但這是兩階段賽局，而非更長期間賽局的均衡出價。這樣的策略之所以會被採用，可能是因為參與者短視，只會一步一步地考慮，或只是保守，希望將對方（因為理性或是不理性的原因）可能拒絕的風險降到最低。

　　NSS進行第二次的實驗，受測者參與五回合賽局四次，所有的籌碼增為3倍（c為15元）。結果在本質上是不變的。70%的出價落在5.00元到5.10元的範圍內（第二回合的c為5.10元）。沒有任何出價是接近均衡的3.76元。同時也沒有任何學習的證據。也就是說，在四次實驗中，出價方面沒有明顯的趨勢。

到目前為止所做過的實驗中最有野心的一套實驗，來自歐區及羅斯（Ochs and Roth, 1988）。他們引入了以下的創新。第一，受測者依次進行十次議價賽局，所有的參數都維持不變（但是每次的對手都是不同人）[6]。這個特點可以測試受測者是否能靠著練習而成為夠格的經濟學家。第二，每個受測者各有不同的折扣率。讓參與者們針對100個單位（chips）的價值進行議價。每個賽局的第一回合，對雙方而言每一單位的價值都是0.30元（因此 c 為30元）。在第二回合，每一單位對參與者1的價值是 δ_1 乘以0.30元，對參與者2的價值為 δ_2 乘以0.30元。三回合賽局的第三回合，折扣率是二次方。兩種折扣率是大家都知道的共同知識（common knowledge），但是兩者不必然相等。有四種不同的（δ_1，δ_2）組合：（0.4, 0.4）、（0.6, 0.4）、（0.6, 0.6）及（0.4, 0.6）。這四種情況搭配不同期間（二回合或三回合），產生了4×2的實驗設計。

作者使用這個複雜的實驗設計來測試議價理論的兩個意涵：（1）參與者1的折扣因子應該只在三回合的賽局中有影響（經由後推歸納可以看出原因）。（2）保持折扣率不變，

---

6 受測者被告知在完成實驗後，會隨機選擇其中一個回合，根據那個回合的結果付給他們酬勞。

參與者2在三回合賽局應該比在二回合賽局中的收益少。
（這是事實，因為在三回合賽局中參與者1必須要第一個和
最後一個出價）。同時，理論對於不同的實驗組合中全部28
對兩兩相比的結果都做了預測。

　　這些實驗的結果，對於賽局理論的描述性價值並沒有太
多的支持，即使是最後回合的結果亦然。在八種不同實驗組
合中，理論只在其中的一種有解釋效力。在其他七種組合，
理論上的平均出價，都沒有落在實際平均值的兩個標準差之
內。同時，前文所提到的兩個額外預測，也失敗了。參與者
1的折扣率在不應該有影響的賽局中，卻關係重大；賽局的
長度應該關係重大的，卻沒有影響。理論解釋實驗資料的能
力，有一個簡單的衡量方式，歐區及羅斯將觀察到的平均出
價，對最後回合每種實驗組合的理論出價，進行迴歸分析。
這個迴歸式的相關係數 R^2 為0.065，而理論出價的係數與0
差距不到一個標準差。（譯注：表示理論預測值與實際值之間的相
關不大，且理論值對實際出價的影響近乎沒有。）

　　GSS及KKT之前的實驗發現，接受者會拒絕大於0但
是不公平的出價，歐區及羅斯也有相同的發現。在這些賽
局中，如果參與者只在乎金錢上的收益，那參與者2將不會
拒絕參與者1的最初出價，後來又在自己的出價中讓自己拿
得比較少。然而，歐區及羅斯發現，81%的參與者2的出價
中，參與者2要求的錢少於參與者1當初提給他的出價。受

測者的效用函數中有金錢以外的參數，這個結論在此可以獲得確認。

我們已經看到，賽局理論當作行為的實證模型是無法令人滿意的。同時在當作描述性工具上也是有所不足。在歐區及羅斯的實驗中，沒有一個受測者接近於使用賽局理論的策略，那些最接近這項策略的人，並不是收益最大的人。事實上，在八種實驗組合中有四種，（十次實驗裏）平均要求最高的參與者，其平均收益是「最低的」。

市場上的最後通牒

人們願意拒絕他們認為是不公平的分配，在經濟學上的意涵，是超越議價理論的。一個獨賣者（monopolist）（或獨買者〔monopsonist〕）設定了一個價格（或工資），即具有最後通牒的性質。正如在最後通牒賽局中的接受者，可能拒絕一個很小但是大於0的出價，買方也會忍住不買一個標價將消費者剩餘壓縮到極小的不公平交易。在一次高階主管教育課程中，兩組參與者被問到以下的問題。其中一組是收到以下有方括弧的版本，另一組是收到有括弧的版本。

在一個炎熱的午後，你躺在沙灘上，非常想喝冰的飲料。過去四個小時，你一直在想如果能來一瓶你最愛品

牌的冰啤酒，不知會有多享受。一個同伴起身去打電
話並提出要從附近唯一賣啤酒的地方（一間高檔的度
假飯店） 一間小而破爛的雜貨店 帶回一瓶。他說啤
酒可能會很貴，因此問你願意付多少錢。他說如果價格
低於或等於你說的價格，他就會買。但是如果高於你說
的價格，他就不買。你信任你的朋友，而且也不可能跟
（酒保） 店家 討價還價。你會告訴他多少價錢呢？
（Thaler, 1985）

　　請注意，這個情節是簡單最後通牒賽局，回答的人是接
受者的角色。高檔飯店版的回應中數為2.65美元，而雜貨店
版的中數為1.50美元。因為感受到成本的不同，一瓶啤酒要
價2.65美元在度假飯店似乎是合理的，但在一間破爛的雜貨
店則是「搶錢」。

　　一般而言，消費者可能不願意參加一個對方拿走大部分
剩餘的交易。這可能解釋了為何有些市場（例如，超級盃足
球賽入場券、週六夜鎮上最熱門餐館的座位預訂、布魯斯史
普林斯汀演唱會的門票等等）無法以賣方所訂的價格結清市
場（譯注：在市場結清價格〔均衡價格〕下，供給等於需求。而上述
市場中，賣方所訂的價格 官方價格 低於均衡價格，此時需求會超
過供給）。每當賣方與買方有持續關係存在，且市場結清價格
被認為是不公平地高的時候，賣方會有誘因將價格維持在均

衡價格之下，以保住未來的生意（譯注：亦即官方所訂的價格低於均衡價格，需求會大於供給，因此出現黑市，而黑市價格非常高也就反映出均衡價格非常高的事實）。（這些議題詳細的討論請見 Thaler, 1985; 及 Kahneman, Knetsch, and Thaler, 1986a）

評論

貝爾、瑞發及特佛斯基（Bell, Raiffa, and Tversky, 1988）認為在不確定情形下，區分三種決策理論會有所幫助。「規範性理論」（Normative theories）告訴我們一個理性的主體應該會做什麼。「描述性理論」（Descriptive theories）告訴我們經濟個體實際上的作為。「指示性理論」（Prescriptive theories）則是在面對我們自己認知上或是其他限制時，建議我們要如何作為。議價賽局的研究，指出我們需要一個類似以上三種理論的賽局理論。目前的賽局理論是規範性的理論，在自私與理性為共同知識的情形下，描繪出最適行為。而對人們的真實作為，建立良好的系統性闡述所需要的證據，是現在實驗研究正開始在尋找的。然而，在協助發展指示性（prescriptive）賽局理論上，我們的研究仍然很少。瑪姬問題的分析顯示出我們研究上的空白。為了解決所得最大化的出價，必須要能描繪出接受者的接受函數。對於每一個已提出的出價，接受者會拒絕的機率是多少呢？

在多階段賽局中，最適策略就更不清楚了。試想在NSS的五回合賽局，c為15元。在第二到第五回合，c值分別為5.10元、1.74元、0.60元及0.21元。那第一回合的最適出價是多少呢？此處有兩個重要的「指示性」賽局理論上的考慮：(1)什麼樣的出價是參與者2認為公平的？(2)參與者2了解這個賽局嗎？這兩個因素可能都很重要。為了對第二個因素所扮演的角色有點概念，我在康乃爾大學MBA層次的訂價及策略課程的期末考中安排了一個問題。這門課必須要修過中級個體經濟學，且學生在班上已經討論過賽局理論、後推歸納法及簡單最後通牒賽局。試卷上有八個問題，學生必須作答其中五題。我這個問題的一開始是描述NSS五回合賽局，告訴學生假設兩個參與者都是理性的，且兩人都希望在賽局中得到最多的錢。然後問學生：第一回合參與者1提出可為參與者2接受的最低出價是多少？

班上30個學生中，只有13人選擇回答這一題，只有9人的回答是正確的。這顯示出班上超過一半的學生不確定他們知道答案，而在認為知道答案的學生之中，有30%答錯。很明顯地，這不是一個不重要的問題，後推歸納法不是直覺上明顯的概念。為了要了解這個問題的重要性，試想有個參與者1考慮出價4元給參與者2。雖然參與者1可能知道這是大於參與者2如果拒絕的話所能夠得到的，但是如果參與者2認為他可以得到5.09元，他可能就會錯誤地拒絕了這個出價。

　　所以，如果瑪姬參與這個五回合賽局，在給她建議之前，我們會想知道她的對手有多聰明。他讀過賽局理論嗎？不要說後推歸納法了，他會減法嗎？更一般性的是，為了發展「指示性」賽局理論，認為理性及財富最大化為共同知識的假設必須要做修正。一個理性的、最大化財富的參與者，必須了解他的對手可能兩者都不是，因此必須對他的策略做適度的改變[7]。請注意，在發展指示性的賽局理論上，理論工作和實證工作兩者都必須要做。單單理論無法告訴我們，對手的效用函數中有哪些因素，以及要為他的理性劃定什麼樣的限制。

　　從這個研究很明顯地出現一個結論，就是公平的觀念在協議結果的決定上，扮演重要的角色。然而，對公平的關心[8]並不排除影響行為的其他因素，包括貪婪。在BSS的論

---

7 這類的分析在專業橋牌上是很普遍的。不像許多其他的競賽場合，橋牌比賽中，專家常常會碰到非專業的對手。在碰到弱手的場次，最適策略有部分是靠提供對手許多出錯的機會。

8 我們必須強調公平這個課題是很複雜的。公平的感受常常與經濟學家看來是自然的東西有差距。例如，卡尼曼、克尼區及塞勒（Kahneman, Knetsch, and Thaler, 1986a）發現大多數人相信排隊比市場公平，而亞瑞及巴希雷（Yaari and Bar-Hillel, 1984）發現當在做公平的判斷時，人們會把「需要」和「想要」做區別。公平的主張在協議中也是相當普遍的。當議價者因自私的理由使用公平的主張（「我認為我應該拿多一些，因為這樣才公平⋯⋯」），這樣的主張可以是有效的。（Roth, 1987）

文中，是將問題表達成兩種極端立場之間的對抗。他們將人區分為「公平人」（fairmen）以及「賽局人」（gamesmen），平均分配每樣東西的人被視為是「公平人」，而行為像是符合經濟理論，也就是自私且理性的，被視為是「賽局人」。我想這麼說應該是安全的，就是大多數人都不完全是任何一個極端觀點所描述的人。反而是，大多數人喜歡多一些錢甚於少一些錢，也喜歡被公平對待，而且喜歡公平對待他人。當這些目標互相衝突時，受測者會做某種程度的取捨[9]。行為顯然也有大部分是決定於情境和環境中其他微妙的情況。在一些實驗中，大部分的分配者選擇平均分配，而有其他的實驗，大多數又是選擇賽局理論式的分配。未來的研究應該探索會產生每一種行為的因素，而不是想要顯示一種行為或另一種行為具有優勢。

就像要將受測者描述成不是公平人就是賽局人，是過分簡化，硬要區分「硬的」和「軟的」面向也是一樣。經濟學家傾向於認為自己，以及他們模型中的個體，是有硬的心腸（還有頭、鼻子及四肢）。經濟人（homo economicus）通常被假設是關心財富多於公平及正義這類議題。相對地，許多

---

9 關於這點，在卡尼曼等人（Kahneman, Knetsch, and Thaler, 1986b）所做的實驗中，分配者只容許在兩種分配20元的方式中做選擇，18對2，或10對10。大多數選擇平均分配。然而，如果他們有中間分配的選項，像是12對8，可能許多人會選擇這個。

經濟學家認為其他社會科學的人（以及他們模型中的個體）是「軟弱者」（softies）。最後通牒賽局的研究證明了這樣簡易的分類是錯誤的。即使在被拒絕的風險不存在的情況下，也有選擇以50對50均分的「軟弱」傾向的分配者。然而，與經濟模型不一致的是，接受者的行為是明顯地強硬（hard-nosed）。事實上，他們對分配者說：「帶著你微不足道的出價滾一邊去吧！」

第4章

跨產業工資差異

Interindustry Wage Differentials

幾年前我們系上雇用了一位新的祕書。她很聰明又有效率，我們很高興能有這樣的祕書。但是讓我們很氣餒的是，才過了幾個月，鄰近城市的IBM公司的某部門錄用了她。她說，她列在IBM的備取名單上已經有一年之久，而且他們給她的薪資遠高於任何本地雇主，拒絕IBM是愚蠢的行為。我懷疑，她為IBM部門間的備忘錄打字的價值，真的比為我們打報告原稿和審稿報告的價值高那麼多嗎？還有，為什麼IBM會覺得支付高於行情的薪資是有利潤的？

個體經濟學中最重要的原理之一就是「單一價格定律」（law of one price）。這個概念是這樣的，如果市場運作良好，且沒有很大的交易成本或運輸成本，同樣的物品無法以兩種不同的價格出售，因為所有的買方都會到價格較低的市場去購買，而所有的賣方都會到較高價的市場出售。很快地，分歧的價格必會趨向一致。在一些市場中，像是金融市場，這樣的法則是很穩固的。在任何時刻，黃金的價格在全球各地的交易所都不會相差超過幾分錢。在商品市場，價格上則有大的差異（Pratt, Wise, and Zeckhauser, 1979），雖然有些差異可以用提供的服務不同來解釋。如果你在布魯明岱爾（Bloomingdales）百貨公司買一台食物處理機，你所消費到的氣氛多於你在大賣場K-mart購買。如果消費者願意為氣氛、禮節及充分告知的銷售協助付費的話，那麼不同的價格並不是反常現象。

然而，我前任祕書的例子暗示著，在勞動市場上可能存在嚴重違反單一價格定律的情形。的確，只要看一下報紙上徵人的分類廣告，或是人力仲介公司的名單，就能確定我祕書的故事絕非罕見。許多廠商的徵人廣告上，有些工作的性質看起來很類似，例如祕書、資料輸入員、「電話銷售代表」等，但是薪資的差異極大。從康乃爾大學MBA課程畢業的學生，常常接到從同樣的城市好幾家廠商所提供的工作機會，然而提供的薪資差異非常大。事實上，一位最近畢業的學生接到在紐約市的兩個相似的財務工作，提供的年薪差異達45,000美元！這麼大的差異似乎很明顯地違反了單一薪資定律。尤有甚者，這些偶發的資料創造的印象，已被更仔細的研究證實了。即使在（可衡量的）勞工品質是一樣的情況下，一些產業顯然比其他產業付出更高的薪資。這些跨產業的薪資差異，也適用於跨職業類別（如果一個產業中的某個職務的薪資較高，則該產業的所有職務也傾向於薪資較高），而且這是長期現象。為什麼呢？

一些事實

有一個簡單的方式，可以顯示出跨產業薪資差異的存在，以及衡量其重要性。選擇一套包含勞工特質及所得等良好資訊的大資料組，例如「當前人口調查」（Current Population Survey，CPS）。首先跑一條迴歸式，每個個人的工資率（取對數）放在等號左邊，然後一組個人特質的資料放在右邊，像是年齡、教育、職業類別、性別、種族、工會別、婚姻別、宗教等等。現在，在這個迴歸式裏加上產業虛擬變數，看結果會如何。

克魯格及桑默斯（Krueger and Summers, 1988）以及狄肯斯與卡茲（Dickens and Katz, 1987a）曾以「當前人口調查」進行上述演算。兩組作者都發現很大的產業效果（industry effects，產業工資與平均工資的差異數額，盡可能控制其他變數），大多數是高度顯著的。例如，克魯格及桑默斯發現1984年有下列的比例產業效果：礦業，正24%；汽車業，正24%；皮革業，負8%；石油，正38%；教育服務業，負19%（哀喲！），加權（以雇用人數）標準差是15%。狄肯斯與卡茲也獲得類似的結果，在工會會員勞工與非工會會員勞工的樣本上幾乎沒有差異。請注意，這些效果是在控制個人特質之後觀察到的。

　　跨產業的差異，並不是最近或是短暫的現象。斯利克特的研究（Slichter, 1950）發現1923年到1946年穩定的產業型態。這段期間他發現產業工資的等級相關（rank correlation，譯注：斯皮爾曼等級相關〔Spearman rank-order correlation〕適用於兩個變項都是次序變項的資料時，通常用來計算兩組等級之間一致的程度）為0.73。克魯格及桑默斯（Krueger and Summers, 1987, p.22）將1923年的型態與他們1984年的資料做比較，更新了這項分析。他們發現「1923年相對高工資的產業，像是汽車製造業，在1984年仍是高工資產業；而低工資產業，像是靴鞋製造業，在1984年仍是低工資產業。1984年產業工資與1923年產業工資的相關係數為0.56。這個相關程度因為產業定義的改變，及抽樣誤差，而可能會有低估的情形。我們認為這證明了：已經有一段非常長久的時間，薪資結構都維持相對穩定。」

　　產業工資型態也有國際間的普及性。克魯格及桑默斯1987年的研究提出了一個1982年十四個國家的製造業工資相關矩陣。其相關性是令人驚訝地高，尤其在已開發、資本主義的國家。例如，美國的產業薪資，與加拿大、法國、日本、德國、韓國、瑞典及英國等國的產業薪資,相關係數都超過0.80。美國薪資與波蘭及南斯拉夫的薪資之間的相關係數,分別為0.70和0.79。

關於跨產業薪資型態,最令人印象深刻的事實可能是跨職種類別的穩定性。卡茲和桑默斯(Katz and Summers,即將出版)計算了祕書、清潔工及管理階層的產業薪資差異。他們發現顯著的產業差異,所有勞工間的差異幅度大致相同。例如,礦業的祕書薪資大約高於平均值23%,而皮革業的祕書大約是低於平均值15%。找出職種類別薪資差異呈現一致性的原因,是產業薪資結構理論的一項關鍵任務。

可能的辯解

在將產業薪資差異認定是反常現象之前,有兩項簡單的解釋必須要先排除掉。第一,高薪資只是補償高工資產業中一些無法衡量、令人不悅工作條件的差異。例如,礦業的高工資當然有部分可以解釋是因為礦廠工作環境的不舒適與不安全。第二,高工資產業可能雇用較優的勞工。畢竟在「當前人口調查」中勞工品質的資料是稀少的。在轉向對這些課題做更詳細的分析前,應該要先指出不同職務別工資差異的一致性,否定了這兩個假說。一個產業可能因為技術的原因,想要在某些職務上雇用高品質的勞工,但是為什麼所有的職務都會薪資較高呢？同樣地，高薪產業中的某些職務可能工作條件很艱苦，但是為什麼這些產業中的祕書與管理階層也應該拿高薪呢？

補償差異無疑是產業薪資的一項重要決定因素（Rosen, 1986），但是這個假說明顯無法解釋上面所說的差異型態。為了檢定這類因素的重要性，克魯格及桑默斯（Krueger and Summers, 1988）嘗試在薪資估計等式中加入了一套十項工作特質變數，使用1977年「就業品質調查」（Quality of Employment Survey）資料。這些特質包括每週工作時數、班別（日班、夜班）、工作是否具危險性、工作條件的性質等。加上這些變數並沒有大幅改變所衡量到的跨產業工資差異。

辯駁補償性薪資假說的一項有力論點來自於辭職率的數據。如果高薪產業只是在補償工人討厭的工作條件，那麼沒有理由預期雇主會支付超過挽留這些員工所必要的薪資。可以用檢驗辭職率來檢定這一點。如果明顯高薪的產業真的支付了高薪資，那麼他們的員工應該不願意離職。事實上，研究人員發現，高薪產業真的有較低的離職率（Katz and Summers，即將出版；Akerlof, Rose, and Yellen，即將出版），顯示這些產業的員工覺得，他們的薪資高過他們的機會成本。

未觀察到的品質解釋是比較難評估的。克魯格及桑默斯（Krueger and Summers, 1988）使用兩種方法來研究這個議題。第一，他們對有勞工品質管制和沒有勞工品質管制的工資估計迴歸，做了比較。他們主張，不可測量的勞工品質可能與可測量的品質是有相關的。如果這個前提被接受，產業薪資的差異，就是因為不可測量的勞工品質上的差異造成的，那麼，薪資迴歸式加上勞工品質變數，應該會大幅降低產業薪資效果。然而，當他們在工資迴歸式增加了教育、年資及年齡（人力資本的粗略衡量指標）之後，產業薪資差異的標準差僅下降了1%。他們的結論是，「除非相信不可測量的勞工品質是遠比年齡、年資及教育來得重要，否則這項證據很難將跨產業薪資差異歸責於勞工品質上的差異。」不可觀察能力模型（unobserved ability model）的支持者，像是墨菲及塔波爾（Murphy and Topel, 1987）就接受前述引言的說法。他們主張，薪資方程式只解釋很小部分的變異，而大部分不可解釋的變異是因為不可觀察的能力。他們毫不讓步地主張，產業薪資差異與可觀察的能力指標是正相關，而且極有可能，不可觀察的品質是與可觀察的品質呈現正相關。

　　另一個研究不可觀察品質的方法，是去看那些轉到另一個產業去工作的人（因為品質維持不變）。執行這項任務比表面上看來要困難得多。有許多因「測量誤差」（measurement error）和「選擇性偏誤」（selectivity bias）引起的複雜問題。因為有些轉換產業的勞工，可能其中一個

（或甚至兩個）產業會被研究調查員歸類到錯誤的產業別，因此造成「測量誤差」。克魯格及桑默斯用其他來源的直接資料，試圖糾正這個分類錯誤的問題。而「選擇性偏誤」會出現，是因為從低薪產業轉換到高薪產業的勞工，有可能是比較優秀的勞工。「選擇性偏誤」被認為對估計差異是正的偏誤（相對於真的、經品質調整後的數值），因為觀察到的轉換者可能有不可測量的品質差異，而這些差異與產業薪資差異是正向相關的[1]。

　　充分了解這些潛在問題後，克魯格及桑默斯嘗試用1984年「當前人口調查」離職勞工的資料，來測量工資差異的程度。克魯格及桑默斯只用那些非自願離職的勞工資料，因此選擇性偏誤會降低，並且盡可能修正產業分類的錯誤。他們發現很強的產業效果，與簡單跨部門迴歸中發現的大小約略相同。他們的結論是，跨產業薪資差異不太可能用不可測量的勞工品質來解釋。吉本斯及卡茲（Gibbons and Katz, 1987）和布萊本及紐馬克（Blackburn and Neumark, 1987）的研究也獲得類似的結果。然而，墨菲及塔波爾（Murphy and Topel, 1987）使用不同的「當前人口調查」樣本，以及不同的程序去修正可能的分類錯誤，來估計轉換產業的勞工，最

1　然而，有一項因素是以相反方向作用的，就是一個低薪產業的勞工可能願意接受年資折扣計算，以爭取進入高薪產業。對這些轉換者而言，差異會是低估的。

初得到的只有這兩個產業薪資差異的約三分之一而已。他們引述這些結果來支持他們的看法，就是產業效果主要是因為不可觀察的品質。

這些相互矛盾的研究，使得不可觀察品質假說的評估變得很困難。然而，如果薪資型態確實能反映不可觀察的能力，那麼，認為產業薪資差異與其他能力指標（像是智力）是正向相關，似乎也合理。布萊本及紐馬克（Blackburn and Neumark, 1987）對此做了研究，使用「全國年輕男性長期追蹤研究」（National Longitudinal Study Young Men's Cohort）資料，該資料庫中有許多受訪者的智商測驗分數。他們發現在對一般可觀察的品質指標包括教育，做了控制之後，產業薪資及其工人的平均智商分數之間有負向的關係。當然，可能高薪產業所購買的勞工品質與智商無關，但是單就這項研究結果的表面來看，能力假說似乎遭到了嚴重的打擊。

哪些產業薪資高？為什麼？

為了揭開這些產業薪資型態的奧祕，研究人員找到四項產業特質，似乎可以與薪酬水準連結：廠商規模、利潤及獨占力、資本密度、工會密度。

有一個實證上的現象，與產業薪資差異一樣的強有力、一樣的反常，那就是大型企業支付的薪資高於小型企業。布

朗及梅道夫（Brown and Medoff, 即將出版）發現，工廠規模
與企業規模都對薪資有很重要的正向影響，即使在控制了勞
工特質及工作條件之後亦然。所以，在工廠平均規模較大的
產業，會有薪資較高的傾向。然而，廠商的規模，在解釋產
業內的薪資差異上面，比在解釋跨產業薪資型態上面，較為
有力[2]。企業規模甚至看起來會強化產業效果。

　　研究人員還發現與產業薪資水準相關的一個次要因素，
就是「支付能力」，以企業的市場力量或是獲利能力來衡
量。市場力量的一項指標是「前四大集中比率」（four-firm
concentration ratio，產業中最大四家企業銷售額所占比率）。
集中度愈高的產業，也許更能獲利，因此可以付得起較高的
薪資。然而，研究人員檢驗集中度與薪資之間的關係後，卻
發現混合的結果。有些研究發現集中度會拉高薪資，但其他
的研究卻發現，在控制了勞工品質之後，兩者之間的關係變
得不顯著了。

　　支付能力的另一個更直接的指標是獲利能力。然而，這
項變數不是沒有缺點的。目前可得的獲利資料是廠商自己申
報的，這些獲利指標不是理論上正確的真正的經濟利潤指
標。而且會有廠商操作的可能。同時，利潤率明顯地與薪資

2　果森（Groshen, 1988）也發現編制規模有顯著的產業內效果。編制
　規模效果甚至看起來與產業效果在影響程度上大致相同。

呈現負向相關,因為在其他情況不變的情況下,多付給員工一元必然就使利潤減少一元。然而,還是有研究發現,利潤率是產業薪資的一項可靠的預測指標,尤其對於非工會會員的勞工更是如此。

斯利克特(Slichter, 1950)是最早對資本密度與薪資之間的關係做研究的。他檢驗產業中薪資與勞動成本比重(勞動成本占總成本的比重)的關係。結果是負向的,即使較高的薪資必然會造成較高的勞動成本比重。同樣地,勞倫斯及勞倫斯(Lawrence and Lawrence, 1985)、狄肯斯與卡茲(Dickens and Katz, 1987a)發現高資本勞動比(capital labor ratio)的產業傾向於支付較高的薪資。我們在解釋因果關係時,仍然必須要小心。高資本密集度的企業,是否有與技術相關的東西導致他們支付員工較高的薪資,或是需要付高薪資的廠商以資本取代了勞動?

最後一項顯示與產業薪資率有關的因素是「工會密度」(union density,產業內勞工屬於工會會員的百分比)。大部分的研究都發現,工會化的程度會同時提高產業內工會會員及非會員的薪資(雖然福里曼及梅道夫的研究〔Freeman and Medoff, 1984〕發現對非工會會員是沒有效果的)。再度發生解釋很困難的情形。到底是工會提升了薪資,還是高薪資產業吸引了工會的成立?稍後再詳論。

理論上的解釋

從這些觀察到的跨產業薪資差異所引發的疑惑是，針對每一單位勞工品質，有些產業似乎比其他產業支付了更高的薪資。為什麼？就如克魯格及桑默斯（Krueger and Summers, 1987）指出的，只有兩類理論上的解釋，在邏輯上與所說的事實是一致的。第一，企業選擇不要利潤最大化；第二，因為某些理由，高薪資企業發現降低薪資會造成利潤減少。根據第一項前提的理論模型，需要解釋為何經理人選擇付較高的薪資，而不是讓利潤最大化的薪資。在另一種模型中，高於機會成本的薪資要能夠利潤最大化，不是假設高薪資可以增加產出（「效率薪資」模型），就是這是對於集體行動的威脅的理性回應。

廠商不最大化其利潤的主張，一度被認為是邪說。然而最近幾年，傳統的「管理決斷權」（managerial discretion）觀念，被冠上一個令人尊敬的名號「代理理論」（agency theory，譯注：代理理論指企業的經理人在有資訊優勢時，可能利用決策的權力做有利於自己的決策，而可能造成組織或股東的損失），企業經理人可能不會最大化股東財富的說法，現在不再被認為是非正統的。然而，經濟學家所偏好的代理理論，是說經理人為了「自己人」而犧牲股東的財富。經理人降低利潤來增加員工的財富，尤其是與經理人距離遙遠的藍領勞工，這是令人難以理解的。也許就是這個原因,就我所知,並沒有正式以代理理論(經理人對利潤和高薪員工同樣偏好)來解釋跨產業薪資差異的模型。然而,上述事實的確暗示這個假說是可能的。如同克魯格及桑默斯強調的,較高的薪資出現在高利潤以及低勞動成本比重的產業,這些正是大家預期會發生這種行為的產業。

　　大家比較關注的是「效率薪資模型」(efficiency wage models),亦即高於競爭性薪資可能是有利潤的[3]。效率薪資模型的基本概念是:產出是靠勞工的努力,而努力與薪資正向相關。你付的薪資愈高,你得到的努力愈多。根據各種不同的「努力─薪資」正向關係,有一些不同版本的模型被提出來。這些模型可以分為四類:

1. **偷懶模型**(shirking models):在大部分的工作中,對工作要付出多少努力,勞工是有一些裁決權的。論件計酬常常不切實際,因為很難計算「件數」,而監督的成本又很高。偷懶效率薪資模型(例如,夏皮洛及史帝格利茲〔Shapiro and Stiglitz, 1984〕)中,支付高於市場薪資的廠商,會做一些監督工作,並解雇那些被抓到偷懶的

---

3 這項資料的簡要說明請見珍納特・業倫(Janet Yellen, 1984)。比較深入的檢討,特別是關於跨產業薪資差異的,請見卡茲(Katz, 1986)。史帝格利茲(Stiglitz, 1987)則提供另一項強調理論的研究。

員工。廠商藉由支付高於市場薪資的方式，降低員工偷懶的誘因，因為被發現後會導致「經濟租」的損失（譯注：高於市場行情部分的損失，另覓工作將無法拿到這部分。「經濟租」是「報酬減去機會成本」，亦即生產要素的所有者，所獲得的收入超過要素機會成本的剩餘，也就是要素所有者或是生產者的利潤）。根據偷懶模型，高薪資產業應該是那些有高監督成本的產業，及（或）員工偷懶會導致相對高成本的產業。

2. **人員流動模型**（turnover models）：廠商可能也希望支付的薪資高於市場結清薪資（譯注：在此薪資水準，供給等於需求），以減少人員流動。以這項前提為基礎的模型（例如，薩洛普〔Salop, 1979〕、史帝格利茲〔Stiglitz, 1974〕）與偷懶模型很類似（確實來說，是相同的）。此處的概念是支付高薪資以減少辭職。人員流動模型預測，高薪資產業是那些人員流動成本最高的產業。

3. **逆選擇模型**（adverse selection models）：在這些模型（例如，史帝格利茲〔Stiglitz, 1976〕、魏斯〔Weiss, 1980〕）中，僱主無法不花分文就能了解勞工的能力，不論是應徵者或是在職者的。它的假設是，應徵者的平均品質會隨著薪資提高而提升。這些模型顯示，對於品質差異比較敏感的產業，或是在衡量品質上比較花成本的產業，會提供較高的薪資。

4. **公平薪資模型**（fair-wage models）：公平薪資模型（例如：阿克洛夫〔Akerlof, 1982, 1984〕、阿克洛夫及業倫〔Akerlof and Yellen, 1988〕、索洛〔Solow, 1979〕）的前提是，勞工如果認為得到的是公平的薪資，他們就會提供較多的努力。這個前提使得廠商在他們的工人認為公平薪資超過競爭性薪資時，廠商有誘因支付高於競爭性水準的薪資。如果勞工相信公平就是要廠商與員工共享「經濟租」（支持此看法的證據，請見卡尼曼、克尼區及塞勒〔Kahneman, Knetsch and Thaler, 1986a〕），那麼公平薪資模型預測，有高利潤的廠商就會是支付高薪資的廠商。模型同時也預測，高薪資會出現在團隊工作及勞工合作特別重要的那些產業。

應該要注意的是，效率薪資模型的這個分類方式不應該被解釋為這些模型是彼此互斥的。廠商支付高於競爭性薪資，可能是為了降低員工偷懶及減少員工離職、吸引高品質的應徵者、以及提升勞工士氣。每一個概念都有意義，且可能都有某種程度的有效性。此處討論的重點是，模型對於跨產業薪資型態的解釋程度。需要做解釋的關鍵事實是產業薪資在不同職務別的一致性。根據偷懶、人員流動及逆選擇所做的模型，在解釋為什麼高薪資產業應該支付高於市場水準的薪資給祕書和工友這方面，似乎沒有太多貢獻。公平薪資模型在這方面則有較佳的表現。如果一個產業因為一些外在的原因，必須支付較高的薪資給一些員工（例如對礦工的補償性差額），那麼就可能因為「內部公平」的原因而付高薪給其他員工。公平薪資模型也符合產業薪資與利潤的相關性，以及符合長期下來持續性的工資差異（高薪變成了規範）。然而，公平性在解釋強烈的國際關聯，尤其是東歐國家的情形，則沒有太大貢獻。

廠商支付高於競爭性薪資的另一項邏輯解釋是根據集體行動的威脅（狄肯斯〔Dickens, 1986〕）。在狄肯斯的模型中，如果雇主提高薪資來防範集體行動的話，則非工會會員的勞工可以從工會化的威脅中獲利。該模型預測，在工會行動威脅最大的產業，會有較高的薪資：也就是那些勞工預先就傾向工會、法規有利於工會形成、廠商有經濟租可以分享的產業。

產業薪資差異方面有些證據是符合工會威脅模型的。模型預測，美國的高薪資與工會密度有相關性，也與產業利潤有相關性。然而，克魯格及桑默斯（Krueger and Summers, 1987, p.36）提出另一種似乎有理的看法：

> 歷史上的證據顯示，高薪資產業在製造業大規模工會化出現之前，就已經支付相對高的薪資。例如，在通用汽車及克萊斯勒1937年及福特1941年成功地組成工會之

前，美國三大汽車製造廠就已是薪資的領先者了。還有，工會傾向於在那些有較佳能力支付高薪的產業裏，集中他們的組織努力，反正這些產業似乎都會與非工會會員的勞工分享他們的經濟租。最後，國際證據顯示，那些沒有工會威脅的國家，與那些集體談判盛行的國家，產業薪資結構是相類似的。凡此種種，顯示工會密度與產業薪資差異有相關，但可能不是產業薪資結構根本的決定因素。

評論

1. 上述實證上的發現有多令人驚訝？有些讀者讀過本章的初稿之後，建構了一個學術勞動市場的案例，在此例中，「產業」薪資差異被認為是正常的。假設我們將學院及大學區分成兩大「產業」：研究型大學和教學型學院。請注意，兩個產業中大部分的教員都有博士學位，因此在一般拿得到的研究資料庫中他們是沒有區別的。現在對所有教員跑一條薪資迴歸，包括一個「產業」變數。如果產業變數解釋了大部分的變異，會不會有人感到驚訝？當然不會。所以為何其他產業變數的顯著性，被視為是不支持競爭性勞動市場的證據？

我不認為這樣的類比是令人信服的。首先，請注意，學術勞動市場之所以被區分為不同產業，並非無理由的。我們有很好的理由相信這個市場是以能力來對勞工分類的（至少在研究的面向——教學可能是另一回事）。但沒有類似的假設，認為汽車勞工應該比皮革勞工有更多的能力。同時，這種類比法並未處理跨職務別的薪資差異一致性的問題。我們能期望研究型大學裏的工友薪資較高嗎？若是如此，我們是認為他們是較佳的工友嗎？最後，我認為學術勞動市場中有些東西更能類比產業薪資形態。想想看在經濟系、商學院及法學院裏經濟學家的薪資。商學院及法學院顯然根據品質支付了大筆的額外津貼，近年來似乎還更增加了。雖然可能有人會說這是補償性差額，但是商學院或法學院裏的經濟學家，很少要求轉入經濟系的。我反而認為這樣的高薪資，可以用內部公平考量來解釋。如果付給經濟學教授的薪資，低於新進的會計學助理教授，看起來不公平吧！當然，高薪資可以吸引到好的人才，所以長期下來，專業學院裏的經濟學家平均品質會提高。但是重點在於，是先有高薪資的（因為公平的理由）。就我所知，並沒有什麼技術上的理由，使得商學院及法學院比經濟系更需要（或實際上得到）較高品質的經濟學家。

　　至於產業薪資型態是否可以用能力上的差異來解釋，我認為這其實是在爭論是否這樣的型態是反常現象或是帶來了困惑。如果高薪資產業真的得到了較高品質的工友及祕書，那麼勞動市場的競爭理論就能維持成立，但是為何追求利潤最大化的汽車產業經理人，需要比皮革產業有更清潔的辦公室及更好的打字員，這個問題還是很困惑我們。

2. 在對跨產業薪資差異的各種理論嘗試進行評估時，我震懾於其與所謂的「賀伯特西蒙的悲嘆」（Herbert Simon's Lament）之間的相關性。多年以來，西蒙一直批評專業經濟學家不去對經濟決策做直接的觀察。欠缺這類直接觀察，就很難評估許多經濟理論。就以偷懶模型來看，員工是否在他們認為有丟掉高薪工作的危險時，會努力工作？更進一步地，他們是否夠努力，可以證明他們值得較高的薪資？支付高薪的廠商，是否是那些從員工的努力中獲得最多的廠商？就我所知，我們實際上並沒有實證基礎可以評估偷懶模型。

人員流動模型的情形只是稍微好一點點。因為離職率的資料是有出版的，可以查看高薪是否會降低離職率（的確是的）。但如果我們希望知道觀察到的薪資型態和離職率是否符合利潤最大化，我們也必須知道各產業人員流動的成本為何。高薪產業是否就是流動成本最高的產業？誰知道呢？

雖然公平薪資模型看起來與數據資料最符合，但是直接的實證支持仍是太少。如果士氣高的話，員工是否會比較有生產力？一般常識和社會心理學對「公平理論」的研究，都顯示這項效果是真的。但是，我們想測試廠商是否已找到真正的效率工資那個點（從增加的士氣所得的邊際收益等於邊際成本[4]），還有一大段路要走。

要處理這些議題中的任何一項，我們都需要更多所謂微觀—微觀（甚至奈米？）經濟學。經濟學家可能得當黑手去蒐集組織營運真正的資料。除非這個行業願意獎勵這類耗時的研究活動，否則許多有趣的問題仍得不到解答。

3. 阿克洛夫及業倫的公平薪資模型與前面兩章的議題，存在很有趣的關係。在第二章有關合作的議題，討論到的反常現象是：人們常常在公共財—囚犯兩難的情況下，雖然自私行動是優勢策略，但實際上卻採取合作策略。更進一步，參與者能夠彼此交談，以及（或是）對團體有某種認同感，在這類的情況下，合作是較為普遍的。第三章提出最後通牒賽局的證據。在這些賽局中，我們觀察到兩類的反常行為。第一類，分配者提出慷慨的出價，常常是很接近平均分配。第二類，對於接受者感到侮辱性的很低的出價，雖然是大於0的出價，接受者常常會拒絕。

如果我們將這兩個研究範例結合在一起，會發生什麼事？假設兩個受測者先參與一個最後通牒賽局，然後再參加一回合的囚犯兩難賽局。以下的推論看似合理：假如接受者在最後通牒賽局中獲得他們認為是不公平的出價，會造成他

---

4 這方面有一項有趣的研究結果是羅夫及桑默斯（Raff and Summers, 1987）評估福特汽車1913年薪資加倍的決策。

們在囚犯兩難賽局中較不可能合作。更一般地說,在最後通牒賽局中,對接受者提出一分錢的出價,然後再要求他幫忙,這可能不是個好的策略。

現在來看一個狀況,設廠在同一社區的兩家大企業,兩家企業裏都有實際上是從事完全相同工作的職員。H公司是高薪產業,付給這些職員的薪資為 W_H,而L公司是低薪產業,付給這些職員的薪資為 W_L,$W_L < W_H$。假設H公司決定要降低職員類員工的薪資為 W_L,這樣的行為是否可以獲利?這要看職員類員工的反應而定。如果他們認為以前的薪資(與公司支付給其他廠的職員類員工的薪資相同)是公平的(看起來很有可能),那他們可能會以各種方式來抗拒這項減薪,而這些作為可能會被說成是比較不合作。員工合作度降低,很容易就會抵銷掉減薪所獲得的利益。有一個模型非常接近這個看法,作者為林德貝克及司諾爾(Lindbeck and Snower, 1988)。

總結而言,我發現產業薪資型態是很難理解的,除非我們假設企業在設定薪資時,注意到公平的感受,而這是一個只有經濟學家會覺得有爭議性的假設。

第5章

贏家的詛咒

The Winner's Curse

下次你晚上出門發現身上現金不夠的時候，可以在就近的小酒館裏試試這個實驗。拿一個罐子，裏面裝滿硬幣，記下這些硬幣總共值多少錢。然後到吧台當著眾人的面，拍賣你手上這個裝滿硬幣的罐子（你要說會付給得標者紙鈔，以免有人討厭硬幣）。你很可能得到以下結果：

1. 平均的投標價格將遠低於硬幣的總值。（投標者為風險趨避者）
2. 得標的價格將會超過瓶中硬幣的總值。

進行這個實驗，你不僅獲得了夜間娛樂所需的資金，也教育了酒館裏的顧客「贏家的詛咒」的危險。

贏家的詛咒是一個概念，首次討論此概念的論文作者

是ARCO（Atlantic Richfield）石油公司的三位工程師，卡
潘、克拉浦及坎貝爾（Capen, Clapp, and Campbell, 1971）。
概念很簡單。假設有多家石油公司有興趣購買某塊土地的
鑽探權，我們假設該權利對所有的投標者而言，價值都是
一樣的，也就是說，這個標案是所謂的「共同價值」標案
（common value auction）。而且，假設每一個投標廠商都是
從他們的專家那裏得到這項權利的價值估算。假設這些估算
是沒有偏誤的，因此估算數的平均就是這塊開發區的共同價
值。這個標案可能會發生什麼情況呢？我們知道，要估計某
個地方的石油蘊藏量是非常困難的，專家的估算差異會非常
大，有些過高，有些過低。即使公司有時出價會低於他們專
家的估算，那些專家提供高估算值的公司，其出價也傾向於
高過專家估算值低的公司的出價。贏得標案的公司是專家估
算值最高的公司，這的確是可能發生的。如果真是這樣，標
案的贏家可能就是輸家。贏家將因為以下兩個原因，而「受
到詛咒」：一、他的得標價超過開發區的價值，廠商因而蒙
受損失；或是二、開發區的價值低於專家的估算，得標的廠
商因而感到失望。我們將這兩者分別稱為贏家的詛咒版本一
跟版本二，比較溫和的版本二，即使得標廠商有獲利時也適
用，只要利潤低於投標當時的預期都算。兩個版本中的贏家
對於結果都不會高興，所以兩個定義似乎都很適當。

　　如果所有的投標者都是理性的，就不會發生贏家的詛咒

（請見寇克斯及伊薩克〔Cox and Isaac, 1984〕），所以贏家的詛咒構成了市場環境裏的一個反常現象。然而，在共同價值的標案中，理性的行動可能會有困難。理性出價需要先區別事前可得資訊條件下的標的物預期價值，以及在贏得標案條件下的預期價值。然而，即使一個投標者抓到了這個基本觀念，贏家的詛咒版本二還是可能會發生，如果投標者低估了因其他投標人的存在而必須做的調整幅度。

標案的一般形式是出價高的人贏得標案，並支付他所出的標價，此處有兩項因素要考慮，而這兩項因素的作用是相反的。其他投標者的人數增加，暗示要贏得標案，你的出價必須要更積極；但是如果你得標，其他投標者人數的增加也會增加你高估標的物價格的機會——這表示你的出價應該不要太積極[1]。最適出價的求解，並不容易。因此，投標人在各種情境下是做對了，還是被詛咒了，是個實證上的問題。我會從實驗及實地研究兩方面提出證據，顯示贏家的詛咒可能是個普遍的現象。

1　如同卡潘等人（Capen et al., 1971, p. 645）所述：「如果打敗其他兩人或三人贏得一塊開發地，可能會對自己的好運感覺還不錯。但是如果是贏過五十個人而取得標案，那應該做何感想呢？感覺應該很不好吧。」

實驗證據

上面引述的硬幣罐的例子，實際上曾由麥克斯·巴札曼及威廉·薩謬森（Max Bazerman and William Samuelson, 1983）在實驗條件下進行過。他們的受測主體是波士頓大學MBA課程個體經濟學班上的學生。標售的標的物是裝了硬幣或其他像是每個4分錢的迴紋針的罐子。受測者不知道的是，每個罐子價值8美元。受測者繳交密封的標價，並且被告知說，出價最高的投標人將獲得標的物價值減去出價的差額。共進行了48場標售案，12個班，每個班4場。直到全部實驗完成後才給予回應。同時也問了受測者對每個罐子價值的估算（點估計及90%的信任區間），每個班上猜得最靠近的人可以獲得2美元的獎金。

結果，對罐子真實價值的估算是向下偏誤的。平均估算價值為5.13美元，低於真實價值8美元還頗多的。這個偏誤，加上風險趨避，比較不利於觀察到贏家的詛咒。然而，得標價平均是10.01美元，造成得標人平均會有2.01美元的損失。很明顯地，這些實驗不需要國家科學基金（NSF, National Science Foundation）大筆資金贊助！

薩謬森及巴札曼（Samuelson and Bazerman, 1985）還進行了不同內容的另一系列贏家的詛咒實驗。在我們繼續討論之前，讀者可以自己試試看這個問題（p.131-133）：

在下列練習中,你代表A公司(收購者),目前正考慮以公開收購(tender offer)的方式購併T公司(標的公司)。你打算用現金100%收購T公司的股份,但是不確定應該出價多少。主要的問題癥結是:該公司的價值完全決定於其目前正在進行的一項大型石油探勘計畫的結果。

T公司的一切狀況取決於探勘的結果。最糟的情況(如果探勘完全失敗),在目前經營團隊下的該公司,完全不值錢──每股0美元。最好的情況(探勘完全成功),目前經營團隊下的該公司價值可以高達每股100美元。已知探勘結果的範圍,所有的股份價值在每股0美元到每股100美元的可能性是相等的。所有的評估都顯示,這家公司在A公司手上的價值會遠超過它在目前經營團隊手上的價值。事實上,無論在目前經營團隊之下的價值為多少,由A公司來經營該公司的價值,將比T公司經營要高出50%。

A公司的董事會要求你決定收購T公司股份應該要出的價格。這項出價必須現在提出,在鑽探計畫的結果出來之前提出。

因此,你(A公司)在出價時,是不知道探勘計畫結果的,但是T公司在決定是否接受你的出價時,會知道探勘的結果。此外,A公司的出價,如果大於或等於T

公司自己經營團隊下的每股價值，T公司都會接受。

做為A公司的代表，你在每股0美元到每股150美元的範圍內仔細考慮要出價多少。你會出多少錢去投標呢？

典型的受測者大致上會以下列的方式思考這個問題：對T公司而言，這家公司的預期價值為50美元，因而對A公司而言，其價值將為75美元。因此如果我建議介於50到75美元之間的價格，A公司應該可以賺到一些錢。這樣的分析未能考慮這個問題特有的資訊不對稱性（information asymmetry）。正確的分析必須要計算標價被接受條件下的預期價值。為了說明起見，我們舉例來看。假設你出價60美元。如果標價被接受了，那麼該公司在目前經營團隊之下，價值一定不高於60美元。由於低於60美元的所有價格可能性都相同，這顯示對目前的所有者而言，這家公司的平均價值是30美元，或是對你而言，45美元。出價60美元，你預期損失15美元。事實上，任何大於0的標價B，你的預期損失為0.25B。因此，這個問題產生了贏家的詛咒一個極端的型態，任何大於0的標價對投標人都會造成預期損失。

這個實驗是在兩個條件下進行的。一個是有貨幣上的誘因，另一個則無。結果請見表5-1，兩個條件下的結果非常相似，有貨幣誘因時的出價稍低。在兩種條件下都有超過90%的受測者出價大於0，而大多數是落在50到75美元的範圍內。

表5-1

出價 （美元）	無貨幣誘因 （N=123）	有貨幣誘因 （N=66）
0	9%	8%
1–49	16	29
50–59	37	26
60–69	15	13
70–79	22	20
80+	1	4

資料來源：薩謬森及巴札曼（Samuelson and Bazerman, 1985）

　　對於像這樣的例子，經濟學家的回應通常是假定，雖然人們可能被這類問題愚弄一次或兩次，但他們終將隨著經驗而發現其中的陷阱。雪瑞爾·韋納、麥克斯·巴札曼及約翰·卡瑞（Sheryl Weiner, Max Bazerman, and John Carroll, 1987）透過電腦將這個「買一家公司」的問題，交給西北大學MBA學生回答，來研究這項假說。提供所有的受測者財務上的誘因，重複實驗20次，每回合實驗之後就給予回應。回應內容包括公司的「真實」價值，他們的出價是否被接受，以及他們賺了或是損失了多少錢。69名受測者中，有5人在實驗結束前學會了出價1美元或是更少。這5名受測者，他們平均是在第八回合時，開始出價1美元或更低。其他人則無任何學習的徵兆；事實上在最後幾回合中，平均出價還逐漸升高。在這個問題中是有可能學會避免贏家的詛咒，但是學習既不容易，也不快速。

另一個系列的實驗是由約翰·卡爵爾（John Kagel）及其休士頓大學同事所做的。其中許多實驗具有以下結構。標的物以密封投標的方式標售。標的物的價值 X^*，每一回合都不相同，但是都介於 X_L 與 X_H 之間。在標售前，都會給每個投標人這一回合標的物價值的線索。線索是從均等分配（uniform distribution）$X^* \pm \epsilon$ 中抽出的 X_i，ϵ 每回合不同。受測者因此知道 X^* 及他們抽到籤 X_i 可能的範圍，這相當於石油標售案例中的專家估算。然後開始進行投標，出價會被公布，贏家的獲利或損失則記在他的帳上。（開始時給予投標人一些資本，通常是 10 美元左右。一旦帳上數字變成 0，就不能再投標了。）實驗操作包括改變 ϵ、N（投標人數）、以及競標的方式（第一價格、第二價格、最低價格[2]）。典型而言，受測者會先參加 3 到 5 名投標人的小型團體，然後再參加 6 或 7 名投標人的「大型」團體。所有實驗都有一項特色，就是每回合作者都會以競標模型（模型中每個人都會理性地投標）預測結果。他們稱這是風險中立的納許均衡

---

2 第一價格競標，出價最高的投標人得標，投標人依其投標價格付款。第二價格競標，出價最高的投標人得標，但是得標人支付的價款為第二高出價的價格。最低價格競標，例如營造合約競標，得標人為出價最低的人。最低價格競標可以用第一價格或第二價格的規則。

（risk-neutral Nash equilibrium）或是簡稱為RNNE模型[3]。

　　卡爵爾及拉凡（Kagel and Levin, 1986）使用第一價格競標，結果隨著團體的規模而有不同。在小型團體中，典型地會有利潤存在，平均而言，是RNNE利潤的65.1%。然而，在大型團體中，所觀察的每個競標，損失為0.88美元，而RNNE預測為獲利4.68美元。贏家的詛咒出現在大型團體的競標中，因為受測者在團體規模增加時，投標行為會較積極，而RNNE的出價方程式會要求較保守出價。

　　卡爵爾、拉凡及哈斯塔德（Kagel, Levin, and Harstad, 1987）使用第二價格競標方式，重複了上述的結果。同樣地，小型團體實驗有獲利，這次是RNNE利潤的52.8%，而在大型團體中，每場損失為2.15美元，而RNNE預測為獲利3.95美元。

　　最後，戴爾、卡爵爾及拉凡（Dyer, Kagel, and Levin, 1987）完成了一系列最低價競標。在這些競標中，小型團體及大型團體都蒙受損失。然而，該篇報告中最有趣及有創意的特色是，其中包括了由一群營造廠商經理人所做的實驗。實驗經濟學最常被批評的——尤其如果實驗結果與經濟理論不一致時——就是受測者「只是一些大學生在研究玩具問

3　如果在知道其他所有投標人策略的情形下，仍沒有投標人願意改變自己的策略，這時就達到了納許均衡。

題，真實世界裏專家不會犯這些愚蠢的錯誤」。那麼，這些營造業經理人實驗的結果如何呢？雖然做實驗的人擔心專家可能會使他們損失慘重，事實上，專家的表現不優於也不遜於學生們的表現。這是讓人很驚訝的，營造廠商經常參與最低價格競標，如果他們淪為贏家的詛咒的祭品，那不是很快就要破產了嗎？戴爾等人相信會發生這樣的結果，是因為經理人學會了特定情況的行事法則（rules of thumb），而不是相關的理論（pp.23-24）：

> 我們相信實務上這些主管們學會了一套特定情況的行事法則，讓他們在實務上能夠避開贏家的詛咒，但是無法應用在實驗室裏……然而在不同環境下，即使結構上類似，但因為缺乏熟悉的參考資料，這些行事法則將無法轉化應用。當置身於新的環境中，這個環境沒有他們常見的激勵因素，學習過程必須從頭來過，因為沒有理論吸收，過去的經驗將無從引用。

實地資料

　　實驗室的證據顯示出，要避免贏家的詛咒並不容易。即使是有經驗的受測者，有很多學習機會的，也未能解決「買一家公司」的問題，而且也不了解當投標人數增加時需要變得更保守。在「真實世界」的鉅額標案中，投標人是否會犯同樣的錯誤呢？有許多研究聲稱發現證據能證明在市場上有贏家的詛咒。例如：對書籍出版業的實地研究，德叟爾的報告（Dessauer, 1981, p.33）說道：「問題就在於，大多數透過競標而拿到版權的書，結果是無法賺回預付金。事實上，這類書籍的下場經常是悲慘的失敗，因為它們的價值是感受多於實質[4]。」卡辛及道格拉斯（Cassing and Douglas, 1980）檢視了職業棒球中可和任何球隊簽署的自由球員市場，結論是：自由球員的薪資是過高的。大聯盟棒球隊的老闆們似乎也得到同樣的結論，因此用有效的聯合行動（collusion）戰略來因應[5]。此處我要再探討兩種其他情境中的證據：離岸石油及天然氣租約；以及企業購併。

從油氣鑽採權標售案的證據開始是很適合的，因為這個領域促成了卡潘等人精采的論文（Capen et al., 1971），那是贏家的詛咒觀念第一次被提出。他們的討論是這樣開始的（p.641）：

> 近年來，在以密封式競標取得租約的地區，許多大型公司很小心地檢視他們公司及所處的產業在這些地區的紀

---

4 當然，所引用的這段敘述可能是真的，但是如果銷售的分配曲線足夠偏斜（skewed）的話，就不是贏家的詛咒的證據。

5 有人指出，戴爾等人實驗中的營造業經理人會在強調勾結技巧（cartel skill）的實驗裏，比在最適出價策略的實驗裏，表現得較好。

錄。這些地區中最受矚目，而且也許是最有趣的，是墨西哥灣區。大多數分析師拒絕接受這項令人震驚的結果：雖然該區域似乎有許多的油氣蘊藏，但是整個產業並不能獲得如其所預期的投資報酬。事實上，如果不看1950年之前的時代，那時土地便宜得多了，你會發現墨西哥灣區的報酬，還不如當地信用合作社的報酬。

作者引述許多研究來支持他們的主張，並提出了一些他們自己有關出價分布的有趣數據。他們的報告說，他們稱之為「認真的競爭者」的最高出價和最低出價之間的比率，通常高達5到10，也有高到100。雖然這個結果可以用「繳交低標價的廠商是希望沒有其他人投標」來解釋（卡潘等人分析的樣本中有15個開發區的確是如此），作者還提出其他有趣的數據。在1969年阿拉斯加北坡的標售案中，得標金額的總和為9億美元，而第二價格的總和只有3.7億美元。有26%的開發區，得標金額超過第二價格4倍或更多，而77%的開發區超過至少2倍。雖然這些數據不能真正證明有人是不理性的，但它們肯定是符合贏家的詛咒的情況。

卡潘、克拉浦及坎貝爾的論文在1971年出版，是在他們討論的墨西哥灣區租約資料出來之前。然而，華特‧梅德、阿斯布瓊‧莫塞德瓊、飛利浦‧塞瑞森（Walter Mead, Asbjorn Moseidjord, and Philip Sorensen, 1983）檢視了這些租案的成果。他們計算1954年到1969年之間墨西哥灣區所發出的1,223件租約的稅前報酬率，這段期間是在卡潘等人的論文出版之前。他們的報告說（p.42）：

> 在所有1,223個租案中，廠商都蒙受損失，以折現率12.5%計算，平均每個租案的現值損失為192,128美元[6]……我們資料庫裏的所有租案中62%是沒有油氣蘊藏的。結果，承租方根本沒有收益可以去沖銷他們支付出去的紅利及租金，或是他們的開發成本。這些租案中的另外16%，雖然有生產，但是沒有利潤（以稅後計算）。只有22%的租案有獲利，而這些租案以總體而言，以稅後計算，只有18.74%的利潤。

這些結果似乎符合贏家的詛咒版本二；也就是說，確實是低於投標人在標購這些資產時的期待。此外，從1970年到1981年，原油的名目價格每桶由3美元上升到35美元，對報酬是有幫助的，而原油價格這樣的變化，是他們標購時所沒有預期到的。至於為何報酬如此低，作者大膽提出他們的看法（p.45）：「最初五項租約標售案（從1954年10月13日到1959年8月11日）的報酬率很低而且是負數，顯然反映出對於可能挖掘的石油儲量太過樂觀。」

---

6 此處的成本與售價都用名目價值；因此這樣的折現率似為合理。

　　亨德瑞克、波特及波卓（Hendricks, Porter, and Boudreau, 1987）對相同的租約標售案做了另外的分析。他們使用5%的實質折現率及實質價格序列，即不假設石油公司能夠預期石油輸出國組織（OPEC）造成的價格衝擊。他們還做了幾個與梅德（Mead）等人不同的假設。他們的結果，與梅德等人的研究結果相反，顯示出即使在實質油價維持不變的情況下，廠商仍能夠獲利。不過，他們的資料也部分地支持了贏家的詛咒。針對18家參與過非常多次投標的個別廠商或集團（平均投標次數為225次），亨德瑞克等人計算了他們每一家事後的（ex post）獲利情形，假設當初所有的出價都乘以常數 θ，而其他廠商仍維持原來的出價。然後他們求出使利潤最大的 θ 值，θ^*。如果所有的廠商都根據風險中立納許均衡行為來做選擇，那麼 θ^* 會是1。然而，在18家廠商中，有12家的 θ^* 小於1，中數是0.68。美國德州石油公司（Texaco）似乎特別受到詛咒，它的 θ^* 為0.15，顯示他們應該降低出價到原先的七分之一！許多廠商真正賺得的利潤，與最適投標價可賺得的利潤，其間的差異大約在數億美元之譜。作者的結論是（p.529）：「這個結果顯示一些廠商可能是系統性地高估了開發區的價值，以及（或是）未能完全預期到『贏家的詛咒』的影響。」

　　理查‧羅爾（Richard Roll, 1986）將贏家的詛咒的概念應用在企業購併中難解的現象上。難解的問題是如何解釋，

為什麼廠商願意支付高於市場價格的巨額貼水，去收購另一
家公司？實證證據顯示，雖然在收購案中，目標廠商的股東
賺得大筆利潤，但是買家卻是獲利極低或是毫無獲利。那
麼，為什麼這樣的收購案會發生？羅爾提出他稱為傲慢假說
（hubris hypothesis）做為一個可能的答案。根據這個觀點，
出價的廠商一般都是現金充裕[7]、找出目標廠商、估算目標的
價值、然後唯有在估計價值高於市場價值的情形下才會出
價標購。由於羅爾認真看待效率市場假說（efficient market
hypothesis）[8]，他相信（在沒有綜效或內部資訊的情形下）收
購者認為他們對真實價值的估算能夠比市場做得更好，這樣
的信念可能是錯誤的。羅爾指出（1986, p.201）：

> 對收購現象的其他解釋，大多數依賴至少短暫期間內存
> 在的嚴重市場不效率。不是金融市場忽略了投標廠商擁

---

7 亞斯庫斯（Asquith, 1983）的報告指出，成功的投標者在長達460天
　裏直至合併前20天為止，獲利可高於市場14.3%。根據這個事實，
　我認為傲慢假說可能有部分是「順手」（hot hand）現象。大多數籃
　球球員及球迷都相信，球員的投籃表現有強烈的正向系列相關。也
　就是說，在前一球投進後，再次投進的可能性會增加，反之亦然。
　相對於這項認知，心理學家吉隆費區、瓦隆及特佛斯基（Gilovich,
　Vallone, and Tversky, 1985）使用真實的NBA資料研究後發現並沒有
　系列關聯。所以，根據順手─傲慢假說，最近表現良好的廠商，可
　能是基於好運，錯誤地認為他們正順（例如有好的經理人）並能在
　購買任何公司時展現奇蹟。

8 效率市場假說將在第十到十四章討論。

有的相關訊息，就是產品市場的組織不效率，以致未能有效利用（至少是暫時的）潛在的綜效、獨占、節稅效果，或是勞動市場無效率，無法靠汰換不良管理人以增加利潤。

為了檢驗傲慢假說，羅爾重新檢視出價公司及標的公司在宣布收購日前後的股價資料。傲慢假說預測，出價公司及標的公司合起來的價值應該小幅下跌，代表交易成本；標的公司的價值應會增加；而出價公司應會下跌[9]。他解讀實際證據是與這些預測一致的，並做了以下的結論（p.213）：

> 從目前可以得到的結果中，我們可以得到的最後印象是，沒有真正具說服力的證據可以反駁即使是最極端的（傲慢）假說，這項假說假設所有的市場都完全有效率地運作，以及個別投標者偶爾會出錯。投標者可能透過他們的行為表示他們相信收購案有利益存在，但是系統性的研究沒有提供太多足以顯示這種信念存在的證據。

---

9 當然，這是一篇相信「股價是理性的」的論文。事實上，米勒（Miller, 1977）主張股價一般而言會受到贏家的詛咒的困擾，因為對一檔股票最樂觀的投資人是擁有這檔股票的人。因此，在購併案中，對購併遠景最樂觀的投資人將會擁有收購公司的股票。這個主張會受到悲觀者可能放空收購公司股票的考驗。然而，許多投資人，不論是個人或法人，確實不會去放空，因此現有的賣空數量是否足以防止出現贏家的詛咒，仍是一個實證上的疑問。

　　雖然羅爾小心地解釋評估這些研究是多麼的困難，但是看來很明顯的是，在收購案中，出價收購的公司獲利極少（如果有獲利的話）。贏家的詛咒版本二似乎又再次符合這些資料。

評論

　　如果我對石油租約及收購案文獻的解讀正確的話，也就是說贏家的詛咒在這些市場中出現，那經濟學家們應該會有多驚訝？贏家的詛咒的存在帶給經濟學典範什麼樣的挑戰？麥卡非及麥米蘭（McAfee and McMillan, 1987, p.721）在他們的拍賣及標購調查中說道：「贏家的詛咒的敘述（例如之前引用德叟爾有關書籍出版的例子）很像是顯示出投標人會因拍賣的結果而感到驚訝，而且是一而再，再而三；這是違反理性基本觀念的。」他們的話可以重述如下：「這些關於贏家的詛咒的敘述，顯示投標人犯了系統性的錯誤。但經濟理論已經排除了這類的錯誤。因此，這些敘述必定是錯的。」這個立場的邏輯性是有疑問的。理性是經濟學中的一個假設，不是展現出來的事實，記住這一點是很重要的。我們已經看到實驗研究的結果，投標人在這些拍賣案中不是有可能犯錯嗎？

　　注意到許多經濟理論家有一些特定的傾向，也是件有趣的事。一個理論家在一個問題上花了長時間的努力，最後得到一個新的看法，是過去經濟學家們所不知道的新看法。然後這個理論家就假設理論模型裏的經濟個體，會好像了解這項新看法那樣地採取行動。既然假設經濟個體用直覺就能抓到那麼長時間才搞懂的要領，那麼這個經濟理論家不是太謙虛及大方，就是給了他模型中的個體太多的理性。就如肯尼斯·亞羅（Kenneth Arrow, 1986, p.391）所說：「我們有個有趣的狀況：科學分析認定研究的主體會採取科學行為。這不一定會產生矛盾，但看起來確實已導致了大幅倒退情況。」

在拍賣中其他參與者採取了「次於最適的行為」（suboptimal behavior）引起了一個問題，是經濟理論中很少討論的，也就是說，當你發現你的競爭對手犯錯了，你會怎麼做。競標在理論上的處理方式，典型是假設投標人是理性的，而其他投標者的理性是共同知識（common knowledge）[10]。假設你是卡潘和他的同事，而你已經知道贏家的詛咒，那麼你會比其他石油公司更具有優勢。你要如何利用你這個新的競爭優勢？如果你的回應是最適化地降低你的出價，那麼你

---

10 如果你和我參加一個賽局，而理性是共同知識，那麼我是理性的，你是理性的，我知道你是理性的，你知道我知道這個，我知道你知道我知道這個……等等。競標理論在威爾森（Wilson, 1977）、米爾格姆及韋伯（Milgrom and Weber, 1982）的論文中有探討，最近的研究是麥卡非及麥米蘭（McAfee and McMillan, 1987）。

將可避免支付過高，但是你也只能贏得非常少的標案。事實上，你可能會決定根本不去投標！除非你要轉換職業，不然這個解答明顯是不夠的。你可能讓你的競爭對手贏得所有的標案，然後靠賣空他們的股票來賺錢，但是這個策略可能有風險。在石油鑽探的案例中，油價飆漲，而石油公司的股價也上漲，即使是那些亂投標的公司也漲。比較好的解決方案可能是與你的競爭對手分享你的新知識，促使他們也同時降低出價[11]。如果他們相信你的分析，那麼這個賽局對投標者而言將會有利。當然，這正是卡潘、克拉浦及坎貝爾所做的事。更一般性而言，對手不完全理性的賽局，經濟學家應該對其最適策略的研究，投入更多關注。

即使已經知道有贏家的詛咒，還是很容易忽略掉它運作的一些細微方式。例如，哈里森及馬區（Harrison and March, 1984）討論到「決策後震驚」（post-decision surprise）的觀念，那是一種類似贏家的詛咒版本二的情況，決策者系統性地觀察到不如預期的結果。他們發現，決策後震驚會發生在有很大不確定性且（或）有許多替代方案的決策情況。因此，這應該是真的：要雇用新員工的組織，面談過愈多應徵者，他們可能雇用到愈好的人，同時，那個人愈可能不如公司的期待。類似地，布朗（Brown, 1974）討論公司內資

---

11 感謝茱莉亞・葛蘭特（Julia Grant）告訴我這一點。

本投資計畫的案例，如果有許多這類的計畫在考慮，整套計畫淨收益的預估值是不偏的（unbiased），但如果只選上其中幾個計畫，那麼真實的淨收益有低於預期的傾向。

贏家的詛咒是這類問題的典型，應該用現代行為經濟學來研究，現代行為經濟學是認知心理學和個體經濟學的結合。關鍵因素是認知幻覺（cognitive illusion）的存在，那是一種心理作用，會導致絕大多數的受測者犯下系統性的錯誤。卡潘等人確認了認知幻覺的存在，而巴札曼及薩謬森（Bazerman and Samuelson）、卡爵爾及拉凡（Kagel and Levin）則是證明了這一點。每當這類幻覺出現，市場結果背離經濟理論的預測的可能性就出現了。

我將以卡潘等人提供的幸運餅乾為本文做總結：「對一塊開發地，以他認為的價值來出價，長期而言，這人將會損失慘重。」

第6章

稟賦效果、損失趨避及現狀偏誤

The Endowment Effect, Loss Aversion,
and Status Quo Bias

你認識的一位愛好美酒的經濟學家，多年前以低價買下
一些不錯的波爾多紅酒。那些紅酒價值已經大幅上漲，
當初買進時一瓶不到 10 美元，如今可在拍賣會上賣到
200 美元。這位經濟學家偶爾會喝一點這批酒，但是他
不願以拍賣會的價格賣掉，也不願以那個價格再多買一
瓶。

本文係與丹尼爾‧卡尼曼（Daniel Kahneman）及傑克‧克尼區
（Jack L. Knetsch）合著

編按：丹尼爾‧卡尼曼（Daniel Kahneman, 1934- ）為猶太裔心理
學家，與 Amos Tversky 等人共同研究決策心理學、行為經濟學，因
而廣為人知。2002 年以展望理論（Prospect Theory）獲得諾貝爾經
濟學獎。目前他是普林斯頓大學 Woodrow Wilson 學院心理學與公
共事務名譽教授。傑克‧克尼區（Jack L. Knetsch, 1933- ）為 Simon
Fraser 大學經濟學與資源及環境管理名譽教授。

人們要放棄一樣東西時常常會要求遠高於他們取得此物所願意支付的價格——這就是所謂的稟賦效果（endowment effect）（塞勒〔Thaler, 1980〕）。這個例子同時也說明了薩謬森及柴克豪瑟（Samuelson and Zeckhauser, 1988）所說的「現狀偏誤」（status quo bias），也就是對目前狀態的偏好，這樣的偏好使得那位經濟學家傾向於不願買或賣他的葡萄酒。這些反常現象是價值不對稱（asymmetry of value）的表現，卡尼曼及特佛斯基（Kahneman and Tversky, 1984）稱之為損失趨避（loss aversion）——放棄一項物品的效用損失大於得到它可獲得的效用。在這一章裏，我蒐集整理支持稟賦效果及現狀偏誤的證據，並討論它們與損失趨避之間的關係。

稟賦效果

一個呈現稟賦效果的早期實驗是由克尼區及信登（Knetsch and Sinden, 1984）所做的。在那個實驗中，實驗者先給參與者一張樂透彩券或是2美元。過些時候，再讓每位受測者可以用樂透彩券交換金錢，或用金錢交換樂透彩券。只有很少數的受測者選擇交換。那些拿到樂透彩券的人，似乎比拿到金錢的人，更喜歡彩券一些。

這項示範及其他類似的示範（請見克尼區〔Knetsch,

1989〕）雖然令人驚訝，但是並未解決這個問題。有些經濟學家覺得，如果受測者處於充滿學習機會的市場環境中，這樣的行為就會消失不見。例如，克尼茲、史密斯及威廉斯（Knez, Smith, and Williams, 1985）主張買賣價格之間的差距，可能是因為不經思索地應用了一般常用的議價習慣，也就是說，少報真正「願意支付的價格」（WTP, willing to pay），而誇大了出售時最低「願意接受的價格」（WTA, willing to accept）。科賽、哈維斯及休爾茲（Coursey, Hovis, and Schulze, 1987）的報告指出，WTP 與 WTA 之間的差距，會隨著市場化（market setting）的經驗增加而逐漸縮小（雖然是無法消除的，請見克尼區及信登〔Knetsch, and Sinden, 1987〕）。為了釐清這個課題，克尼區、信登及塞勒（Knetsch, Sinden, and Thaler, 1990）做了新的一系列實驗，要確定在受測者面對市場法則並有機會學習時，稟賦效果是否仍然存在。我們在此介紹該系列中的兩個實驗。

第一個實驗中，康乃爾大學進階經濟學課程的學生參與了一系列的市場。前三個市場交易的標的物是「引導價值代幣」（induced value token）。在這類市場中，會告訴所有受測者代幣對他們的價值，其中每名受測者的價值都不同。讓一半的受測者擁有這些代幣，另一半則否。以這樣的方式，創造出代幣的供給和需求曲線。

這三個連續的市場回合中，受測者在買方和賣方之間變

換角色，並在每回合中指定不同的個別贖回價值。實驗者在
每回合結束後蒐集所有參與者的表格，立刻計算並公布市場
結清價格及交易數量。每回合市場結束後，隨機選取三名買
方及三名賣方，根據其表格上所述之偏好及市場結清價格給
予報酬。

結果這些市場並不能提供反常現象研究的材料。每一回
合，市場結清價格正好等於引導的供給與需求曲線的交叉
點，交易數量則落在預測數量的正負一單位之內。這些結果
顯示出受測者了解這個實驗的任務，以及所使用的市場機制
不會施加高交易成本。

在這三個引導價值的市場之後，立刻發給每隔一個座
位的受測者一個康乃爾咖啡馬克杯，在書店裏每個售價6美
元。實驗者要求所有的參與者檢視馬克杯，自己的或是鄰座
的。然後實驗者告訴受測者接著要進行四個回合的馬克杯市
場實驗，用和前面引導價值市場相同的程序進行，但有兩
點不同：（1）隨機選取四個市場回合中的一個回合，只有這
個回合的交易會被執行；（2）在這個有效的回合，所有的交
易都會執行，不像引導價值市場中只執行一部分。一開始指
定的買家和賣家角色，在四個回合交易中都維持不變。結清
價格和交易數量在每回合結束之後宣布。在第四回合結束後
才指出要列入計算的是哪個回合，交易立刻執行──所有指
出要賣掉馬克杯的賣家，立刻以市場結清價格把馬克杯換成

現金；交易成功的買家則支付同樣的價金取得馬克杯。使用這個設計，經過連續的幾個回合可以產生學習，而每一回合都有可能成為被執行的回合。之後，遵循同樣的程序再進行四個回合的市場實驗，用看得到標價為3.98美元的盒裝原子筆，發給在馬克杯市場中擔任買家的受測者。

經濟理論在馬克杯和原子筆市場的預測為何？由於在引導價值市場中已經顯示交易成本是不顯著的，且所得效果（income effect）很小，所以可以得到一個清楚的預測：當市場結清時，出價最高的受測者將會擁有這些標的物。我們稱喜歡馬克杯的那一半受測者為「馬克杯愛好者」，另一半沒那麼喜歡馬克杯的受測者是「馬克杯憎惡者」。然後，因為馬克杯是隨機分發的，平均來說，有一半的馬克杯愛好者會拿到馬克杯，另外一半則沒有。這顯示在市場上，有一半的馬克杯應該要進行交易，由馬克杯憎惡者賣給馬克杯愛好者。

理論所預測的50%交易並沒有實現。共有22個馬克杯和盒裝原子筆發送出去，所以預測交易數量為11。在四個馬克杯市場實驗中，交易數量分別為4、1、2、2。在原子筆市場交易量不是4就是5。兩個市場中都沒有證據顯示經過四個回合有什麼樣的趨勢產生。交易量這麼低的原因，由買方和賣方的保留價格可以看出。馬克杯市場，以中數（median）而言，持有者不願以低於5.25美元的價格出售，而買方的中數，不願支付高於2.25美元到2.75美元。市場價格在4.25美元到4.75美元之間變動。在原子筆市場，出售價格與購買價格的比率也大約是2:1。實驗重複了幾次，結果都類似：出售價格的中數大約是購買價格中數的兩倍，而數量則少於預期的一半。

這個系列的另一個實驗，讓我們能夠探究交易量很低，是因為不願意買還是不願意賣所造成的。在這個實驗中，賽門費瑟大學（Simon Fraser University, SFU）的77名學生被隨機指派到三種情境。第一組是賣方，給他們SFU的馬克杯，並詢問他們是否願意在0.25美元到9.25美元之間的某個價位出售。第二組是買方，被詢問是否願意在與以上相同的價格範圍內購買馬克杯。第三組被稱為選擇者，沒有馬克杯但是被要求在不同的價位上做選擇，是要拿到馬克杯或是那個數額的金錢。

請注意，賣方和選擇者是處於客觀上完全相同的情況，面對不同的價格，決定要馬克杯還是現金。然而，選擇者的行為比較像買方而不像賣方。保留價格的中數為：賣方，7.12美元；選擇者，3.12美元；買方，2.87美元。這顯示出低交易量主要是因為擁有者不願放棄他們被賦予的東西，而不是因為買方不願意放棄他們的現金。這個實驗也消除了第一次實驗裏微小的所得效果，因為賣方和選擇者處於同樣的經濟情況。

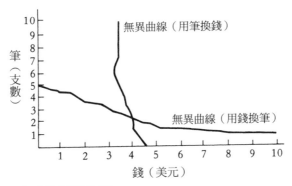

圖6-1 交叉的無異曲線

交叉的無異曲線

個體經濟學的首要觀念之一就是，兩條無異曲線（indifference curve）絕對不會交叉。這個結果是依賴一個隱含的假設：無異曲線是可逆的（reversible）。也就是說，如果一個人擁有x，對於保有x或是拿它交換y，感受沒有差別，那麼當他擁有y時，拿來交換成x，他應該也覺得沒有差別。然而，如果損失趨避出現，這樣的可逆性將不再成立。克尼區（Knetsch, 1990）以實驗展示這一點。一群受測者收到五支中價原子筆，而另一群受測者收到4.50美元。然後他們收到一系列的報價，他們可以接受或拒絕。這些出價是設計來找出無異曲線的。例如，拿到原子筆的某人會被問到是否願意以1美元代價放棄一支筆。在實驗終了，從被接受的出價中（包括原始分配值）隨機選出一個價格，決定受測者可得到多少錢。在被接受和被拒絕的出價之間點出一條線，克尼區可以為每個受測者找出一條無異曲線。然後他點描出兩組人（開始時有原子筆和開始時有現金的兩組人）的平均無異曲線。這些點如圖6-1所示。兩條曲線相當不同：對一開始是有原子筆的那些受測者而言，原子筆的價值高於那些一開始是有現金的人。因此，兩條曲線交叉了[1]。

是什麼造成這些「立即的稟賦效果」？拿到禮物的受測者真的比那些沒拿到的人更珍惜這些禮物嗎？羅文斯坦及卡尼曼（Loewenstein and Kahneman, 1991）最近的一個研究探討了這個問題。63人的班級中，有一半的學生拿到原子筆，其他人則是拿到可兌換不特定禮物的代幣。然後要求所有的參與者對後續將做為獎品的六件禮物，按照吸引力排名。最後，所有的受測者可以在一支原子筆和兩條巧克力之間做選擇。就如同之前的實驗一樣，有稟賦效果存在。那些一開始的稟賦就是原子筆的受測者，有56%偏好原子筆，但是其他受測者卻只有24%選擇原子筆。然而，在做吸引力排名時，稟賦為原子筆的受測者並未將原子筆列為吸引力較高者。這顯示稟賦的主要效果，不是在強化擁有的物品的吸引力，只是強化了放棄它的痛苦。

1　這2條曲線都是由不同的個人得到的。然而，因為受測者是隨機被指定到兩個稟賦群組，將交叉的無異曲線歸因於代表性個人（representative individual）是合理的。

現狀偏誤

損失趨避的一個含義就是，個人有強烈的傾向要保持現狀，因為失去現狀的弊多於利。薩謬森及柴克豪瑟的論文（Samuelson and Zeckhauser, 1988）展示了這個效果，他們將之命名為「現狀偏誤」。在一項實驗中，要求一些受測者做假設性的選擇，在一個沒有設定現狀的「中性」版本（p.12-13）：

> 你很認真閱讀報紙的財經版，但過去你並沒有太多資金可以投資。直到最近你從你叔公那裏繼承了一大筆錢。你正在考慮一些投資組合，你可以選擇：一家中等風險的公司、一家高風險公司、國庫券、地方政府債券。

其他的受測者也面對相同的選擇問題，但是被指定一個選項做為現狀。開頭的第一句是相同的，接著是：

> ……直到最近你從你叔公那裏繼承了現金與股票。股票中有一大部分是投資在一家中等風險的公司……（做任何改變的稅金和經紀人手續費可以忽略不計）

該研究中探討了許多不同的情況，全部使用同樣的基本實驗設計。彙總了所有不同的問題，薩謬森及柴克豪瑟因此能估計選擇某個選項的機率，當它是現狀時，或當它是現狀的競爭替代選項時，做為中性狀態下被選擇的頻率的函數。
他們研究的結果顯示，當某選項被指定為現狀時，會明顯地
比較受歡迎。同時，現狀的優勢會隨著替代選項數量的增加
而提高。

　　哈特曼、多安及伍（Hartman, Doane, and Woo，即將出
版）用加州電力用戶的調查資料，做了一個在實地環境中的
現狀偏誤測試。調查中詢問用戶對服務可靠度和費率之間的
偏好。他們告訴用戶，回答問卷將可協助該公司制定未來的
政策。回應者分為兩個小組，一組的服務可靠度高於另一
組。設計六種服務可靠度和費率的組合，其中一種組合被指
定為現狀，要求兩個小組分別陳述對六種組合的偏好程度。
結果呈現有現狀偏誤。在高可靠度的小組中，60.2%選擇現
狀做為他們的首選，只有5.7%表示喜歡另一組正在實驗的
低可靠度選項，而低可靠度的配套是費率低了30%。然而，
低可靠度的小組也很喜歡他們的現狀，58.3%將之名列第
一；這個小組中只有5.8%選擇高可靠度的選項，而其配套
費率高出30%[2]。

2　兩個小組在所得和電力消費上的差異很小，且看起來對結果也無顯
　著的影響。這樣的結果可否以學習或習慣來解釋？也就是說，低可
　靠度的小組已經學會如何處理經常性的停電，或是發現燭光晚餐更
　浪漫？這一點是無法排除的，但是應該強調的是，沒有類似的解釋
　可用在馬克杯實驗或薩謬森及柴克豪瑟的調查，因此至少我們觀察
　到的效果中有些是可以歸因於純粹的現狀偏誤。

　　關於現狀偏誤的一項大規模實驗，現在正在紐澤西州和賓州進行。這兩個州現在有兩種汽車保險提供人民選擇其一：保費較便宜的保險，訴訟權有限制，而保費較高的維持訴訟權無限制。紐澤西州的開車族，原始選項是較便宜保費的保險，但有機會以較高價格取得無限制訴訟權；自從1988年新增這個選項之後，有83%的駕駛人選擇了原始選項。然而，在賓州1990年的法律中，原始選項是較貴保費的保險，但有機會選擇較便宜的保險。賀謝、強森、麥札洛及羅賓森（Hershey, Johnson, Meszaros, and Robinson, 1990）研究了這項立法架構潛在的操縱效果。他們要求兩組人在這兩種保險中做選擇。給其中一組人紐澤西的計畫，而另一組是賓州的計畫。那些拿到紐澤西計畫的受測者，只有23%決定買訴訟權利，而拿到賓州計畫的受測者中53%保留訴訟的權利。根據這個研究，作者預測，選擇訴訟權的賓州人將會多於紐澤西州人。時間將會告訴我們結果。

　　現狀偏誤的最後一個例子，承蒙《經濟展望期刊》（*Journal of Economic Perspectives*）的職員提供。這是來自卡爾・夏皮洛（Carl Shapiro）對這個反常現象專刊所做的珍貴評論：「有件事你可能會有興趣：當美國經濟學會（AEA）在考慮讓會員在三種協會期刊中選擇放棄一種而可以退費時，參與決策的一些著名經濟學家明白地指出，如果一開始就給全部三種期刊（而不是一開始給兩種期刊，三種都要則需另外付費），那麼很少會員會選擇放棄其中一種的。此處我們談論的可是經濟學家。」

損失趨避

這些觀察，還有許多其他研究，都可以用損失趨避的觀念來解釋。風險性選擇研究的一個中心結論就是，對這些選擇的最佳解釋是假設效用的顯著媒介並不是財富或福利狀況，而是相對於中性參考點的變化。另一個重要結果是，這些變化所帶來的損失比現狀的改善或所帶來的收益更大。這些關於選擇的資料顯示出，價值函數的斜率在原點的突然改變。現有的證據顯示，在小量或中等程度的貨幣收益及貨幣損失的這兩個象限，其價值函數斜率的比率大約是2:1（特佛斯基及卡尼曼〔Tversky and Kahneman, 1991〕）。以圖形表示的價值函數請見圖6-2。

將這個概念自然延伸到無風險的選擇，就是把交易選項和其他交易的特性也用相對於中性參考點的收益及損失來評估。方法說明如圖6-3。決策者可以在A狀態和D狀態之間做選擇：A狀態是有比較多的Y財貨，比較少的X財貨；D狀態是有比較多的X財貨，比較少的Y財貨。四個不同的參考點如圖所示。如果參考點是C，個人面對的是在兩種收益之間的正值選擇；如果參考點是B，則是兩個損失之間的

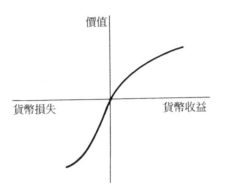

圖6-2　典型的價值函數

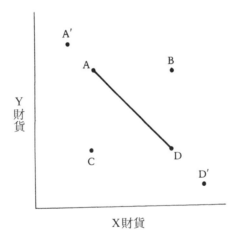

圖6-3　在A和D之間做選擇的多個參考點

負值選擇;如果參考點是A或D,則是兩者交換的情況。例如,如果Y財貨是馬克杯,X財貨是金錢,在馬克杯實驗中賣方和選擇者的參考點就是A和C。損失趨避顯示,擁有馬克杯的狀態和沒有馬克杯的狀態，其間的差別，從A出發的差別大於從C出發，這就解釋了在這些條件下，受測者對馬克杯的喜愛的不同貨幣價值[3]。（要引入參考點和損失趨避的觀念來一般化消費者理論，正式的處理方式請參見特佛斯基及卡尼曼〔Tversky and Kahneman, 1991〕。）

一般而言，兩個選項之間的差異，如果認為是兩個不利選項之間的差異，會比認為是兩個有利選項之間的差異時，有比較大的影響力。現狀偏誤是這個不對稱的自然結果：某個變化的不利影響比有利影響來得更嚴重。然而，即使在無法維持現狀（維持現狀不是選項之一）的情況下，還是可以看出收益和損失的權重不同。舉個例子，考量以下的問題（出自特佛斯基及卡尼曼〔Tversky and Kahneman, 1991〕）：

> 想像你被指定的兼職工作是專業訓練的一部分。現在訓練已近尾聲，你必須要找份工作了。你考量兩個選項，它們大致上很類似你之前的兼職工作，除了人際接觸的數量及通勤的便利性不同。你比較了兩個工作及和現在的工作做比較，列表如下：

---

3 損失趨避並不會影響所有的交易。在正常的商業交易中，賣方在做商品交易時不會遭受損失。更進一步來說，證據指出，只要認為物品的價格不是特別的高，買方不會把正常購物所花的錢看成是損失。一般認為，損失趨避主要是影響那些當初購買該財貨是為了使用而非為了轉售的人。

工作	與他人的接觸	通勤時間
目前的工作	長時間獨處	10分鐘
A工作	有少數社交互動	20分鐘
D工作	正常程度的社交互動	60分鐘

　　選項A和D是從一個參考工作來評估的，參考工作的通勤時間更短，但人際接觸較差（如圖6-3中的A'點）。這個問題的另一個版本，選項是相同的，但是參考工作是「更多愉快的社交互動以及每天80分鐘的通勤時間」，這可以D'點來看。在第一個版本中，受測者選擇A工作的比率是70%，而第二個版本選A的比率是33%。受測者對於相對於參考點他們會損失多少，是比較敏感在意的。

強化的損失趨避

　　有些買價與賣價之間的不對稱性實在太大了，無法用普通的損失趨避來解釋。例如，塞勒（Thaler, 1980）告訴受測者他們碰到了罕見的致命疾病，在兩週內有0.001的機率會無痛苦地死去。他們必須決定願意支付多少錢立刻購買預防針。同樣的受測者也被問到如果參加醫藥實驗要拿多少補償金，這個實驗中他們有0.001的機率會快速及無痛苦地死去。對大部分的受測者來說，兩個價格之間的差異超過10倍。

　　維斯庫西、馬家特及修伯（Viscusi, Magat and Huber, 1987）的一個研究，記錄了在更真實場景下的類似效應。他們的受訪者是從購物中心及五金店找來的，他們拿給受訪者一罐假的殺蟲劑，請他們檢視用法。它的市售價格是10美元。受訪者被告知如果使用方法不對，不管是哪種殺蟲劑都會造成傷害，包括吸入與皮膚中毒（針對有小孩的家庭，則以小孩中毒取代皮膚中毒）。目前的風險程度據說是每售出一萬罐，兩種傷害各有15例。現在要求受訪者回答，如果要消除或減少這些風險他們所願意支付的價格（WTP）。對於沒有小孩的家庭，消除這兩種風險的WTP平均是3.78美元。受訪者也要回答如果兩種風險都提高萬分之一的話，該產品要降價多少他們才會接受（WTA）。結果是很戲劇性的：在這樣的條件下，77%的受訪者表示拒絕以大於0的任何價格購買這項產品。

　　在這些研究中，WTP和WTA之間顯著的差異，可能反映出的是責任成本的大幅差異，責任成本是自願承受的額外風險，相對於只是未能降低或消除現有的風險。疏忽與故意犯之間的不對稱，在法律理論上是常見的，心理學上的研究（李多夫及巴倫〔Ritov and Baron, 即將出版〕）確定其在判斷責任上的影響。不對稱性影響了災難發生後的責難及悔恨，也影響了預期的責難及悔恨，然後，可能影響行為。

　　有另一種情況會牽涉到道德態度，就是在環境友善問題上的成本效益評估時，我們看到在買賣價格之間存在很大的差距。假設迪士尼公司出價要買下大峽谷，要將它開發成擁有全球最大滑水道的水上樂園。我們如何得知這個發想的效益是否大於成本？和往常一樣，有兩個方式可以問這個問題，就看現狀是什麼。如果現狀是沒有主題樂園的，那麼可以問人們同意建造主題樂園，所願意接受的最低金額是多少（WTA）。相對的是，如果迪士尼目前擁有開發權，那麼就問人們願意支付多少錢買回來（WTP），以阻止主題樂園的開發。研究人員進行過一些調查，對於像是乾淨的空氣及維護良好的公共公園這類的議題，來詢問這兩個問題。大多數的研究發現，WTA遠大於WTP（請見卡明斯、布魯克雪爾及休爾茲〔Cummings, Brookshire, and Schulze, 1986〕）。典型答案上的差異實際上還不能看出事情的全貌。就如有篇文獻的兩位觀察者提到（米契爾及卡森〔Mitchell and Carson, 1989, p.34〕）：「使用WTA問題的研究不斷收到大量的抗議性答案，像是『我不賣』或是『我要非常大或是無限大的補償金才同意』，而且經常碰到50%或更高的抗議率（斷然拒絕回答問題）。」這些極端的回應反映出的憤怒情緒，就像是我們在社區面對新風險提案時，如核能電廠或廢棄物處理設施，所常見到的憤怒情緒（康瑞瑟〔Kunreuther〕等人，即將出版，1989）。對這些社區提出補償通常沒用，因為他們會認為那是收買。[4]

對公平與正義的判斷

　　稟賦效果的一個含義是，人們看待機會成本不同於「從口袋掏錢」的成本。比起感覺到的損失，你放棄掉的收益所造成的痛苦還比較少。這樣的感受強烈表現在人們對於公平行為的判斷上。卡尼曼、克尼區及塞勒（Kahneman, Knetsch, and Thaler, 1986a）發表的調查證據支持這個說法。以多倫多及溫哥華的居民為樣本，透過電話詢問他們認為某特定經濟行為是否「公平」。在一些例子中，同樣問題的另一版本被拿來問另一群受訪者。每一個問題都要求受訪者判斷該行為是(1)完全公平；(2)可接受；(3)有些不公平；(4)非常不公平。在報告結果時，(1)(2)兩項歸為「可接受」，而(3)(4)兩項歸為「不公平」。依問題是設計成利益的減少，或是實際的損失，會嚴重影響到公平與否的感受。例如：

4　這種情況是，人們會大聲說如何如何，但理論上卻完全不是這樣。有趣的是，對事件可能性進行評估的實務人士，往往比較相信理論，而不是受訪者（卡明斯、布魯克雪爾及休爾茲〔Cummings, Brookshire, and Schulze, 1986〕）。普遍接受的程序是用WTP（願意支付價格）來評估價值，即使是在補償的案例；它所根據的理論是，當所得效果很小時，WTP和WTA應該不會相差太多。

問題1a. 某熱銷車款開始有缺貨的情形，顧客現在必須等上兩個月才能拿到車。某經銷商一直以牌告價格來賣車。現在它把車價調整為高出牌告價格200美元。

受訪者：130人　覺得可接受：29%　覺得不公平：71%

問題 1b. 某熱銷車款開始有缺貨的情形，顧客現在必須等上兩個月才能拿到車。某經銷商一直以低於牌告價格200美元的折扣價在賣車。現在它將以牌告價格來賣車。

受訪者：123人　覺得可接受：58%　覺得不公平：42%

額外收費（顧客可能認為是損失）被認為比取消折扣（利益的減少）更不公平。廠商對於付現金的顧客收取一種價格，而對刷卡的顧客收取較高的價格，若是用前述的觀念來解釋，即可知為什麼這類行為總是被說成現金價是折扣，而不是信用卡價格是額外收費。（塞勒〔Thaler, 1980〕）

人們對損失與對放棄的利益，兩者回應強度的不同，可能可以解釋為什麼在通貨膨脹時期，要裁減實質薪資是比較沒有阻力的：

問題2a. 一家獲利很少的公司，其所在的區域正面臨有大量失業但無通貨膨脹的不景氣。該公司決定今年要

減薪7%。

受訪者：125人　覺得可接受：37%　覺得不公平：63%

問題2b.　一家獲利很少的公司，其所在的區域正面臨有大量失業且有12%通貨膨脹率的不景氣。該公司決定今年只加薪5%。

受訪者：129人　覺得可接受：78%　覺得不公平：22%

在這個例子中，實質薪資裁減7%，當被設計成名目薪資的增加，就被判斷是公平的（問題2b）；但是當被設計成名目薪資的裁減，則被判斷為相當不公平（問題2a）。

一般大眾對公平的態度，表現在他們對這些公平性問題的回答，這樣的態度也充斥於許多法律領域法官所做的判決中。對於這個原則，最高法院法官奧利佛・荷姆斯（Oliver Wendell Holmes, 1897）是這麼說的：

> 這是存在於人類心智的天性。長期以來你喜歡，並當作是你自己的東西在使用的一樣東西，無論是財產或是意見，都在你這人身上生根了，要拿走它，必使你痛恨並嘗試要自我防衛，無論你是如何得到它的。法律所要求的正當性來自人類最深刻的直覺。

科漢及克尼區（Cohen and Knetsch, 1990）的研究說明，

正如這句俗諺「所有權為法律的十分之九」（possession is nine tenths of the law）所說的，這個原則也反映在許多司法意見中。例如，在侵權行為法，法官會區分「因支出造成的損失」與「未實現收益」這兩者。在某個案例中，被告的卡車上掉落的大綑貨物，擊中一座電線桿，造成原告的工廠斷電。原告可以回復其支付給員工的薪資，因為那是「正的花費」（positive outlays）；但是不能回復失去的獲利，因為那只是「負的損失（negative losses），涵蓋的只是賺錢機會的剝奪」（p.18）。在契約法中也做類似的區分。如果違約的行為是為了獲取訂約時未知的收益，而不是為了避免損失，在這種情況下，比較可能會要求違約的一方遵照原來的約定。

評論

經濟反常現象的本質就是它們違反了標準的理論。下一個問題是我們該怎麼處理這個困擾。在許多案例中，沒有明顯的方法可以修正理論去符合現實，原因不外乎因為我們的了解太少，或是因為改變會大幅增加理論的複雜性及降低其預測的效果。然而，我們以稟賦效果、現狀偏誤及損失趨避為主題所描述的反常現象，則可能是例外，對理論做必要的修正是既明顯又容易處理的。

要做的修正並不小：必須要放棄「偏好次序是穩定的」

這個重要觀念，改為支持偏好次序是決定於目前的參考水準。偏好理論的修正版本將會給予現狀一個特別的角色，揚棄一些資料已顯示是錯誤的穩定性、對稱性及可逆性等標準假設。不過這項任務沒有那麼艱鉅，是可以處理的。偏好理論一般化到無異曲線，是對照參考水準予以指數化呈現，這是很直截了當的（特佛斯基及卡尼曼〔Tversky and Kahneman, 1991〕）。我們能合理地理解，在評估結果時決定參考點的因素：現狀的角色，以及權利和預期的角色，必須要建立起來，使得這些因素可以在做特定分析時，用來確定相關參考水準的位置。

如同薩謬森及柴克豪瑟所述，忽略現狀的理性模型，傾向於預測出「不穩定性高於現實世界所觀察到的」（p.47）。這段敘述應該要再加上：忽略損失趨避的模型，所預測的對稱性及可逆性高於現實世界所觀察到的；忽略掉人們對利益的反應，以及對損失的反應，在程度上可能有的重大差別。例如，對價格上升的反應，和對價格下跌的反應，可能不是永遠都像照鏡子一般的對稱。更一般化而言，損失趨避效果顯示出，在經濟變數上對「改變」的反應的處理，應該例行性地將有利的改變和不利的改變分開處理。引進這樣的區別處理，可以在複雜度增加的環境中，以可接受的價格或代價，改善預測的精確度。

在這個議題上經過超過十年的研究後，我們已經確信稟賦效果、現狀偏誤及損失趨避，是真實存在且非常重要的。
再一次，我們承認這個概念現在是我們天生稟賦的一部分，
因而我們在天性上想要保有它的感覺，強過其他想得到它的
人。

第7章

偏好反轉

Preference Reversals

你曾經接到一個蠻有趣的任務是,某個中東小國的交通部長,請你對該國的高速公路安全計畫提供建議。該國每年大約有600人死於交通事故,他們正在考慮兩個可降低傷亡人數的計畫。計畫A預期可以將每年傷亡人數降低到570人,每年成本估計為1,200萬美元。計畫B預期可以將每年傷亡人數降低到500人,每年成本估計為5,500萬美元。該國交通部長請你找出哪個計畫比較能夠取悅選民。

本文與阿莫斯・特佛斯基(Amos Tversky)合著

編按:阿莫斯・特佛斯基(Amos Tversky, 1937-1996)為認知科學的研究先驅,主要研究人類系統性的認知偏誤及風險觀念。他與丹尼爾・卡尼曼(Daniel Kahneman)長期合作,共同提出「展望理論」以解釋人們的非理性經濟決策。卡尼曼2002年獲得諾貝爾獎時,特別表彰特佛斯基的貢獻,並為他的早逝深感婉惜。

你雇用了兩家民意調查公司。第一家民調公司詢問人民的是，比較喜歡哪個計畫。發現大約三分之二的受訪者比較喜歡計畫B，也就是能拯救更多生命的計畫，雖然每條生命的拯救成本較高。另一家民調公司使用「配對」（matching）程序，它一樣告知受訪者這兩個計畫的資訊，但是沒有告知計畫B的成本。然後請這些受訪者指出，要讓兩個計畫看起來具有相同的吸引力，計畫B的成本應該是多少。這家民調公司的推論是，受訪者對這兩個計畫的喜愛程度，應該可以從他們對這個問題的回答中看得出來。也就是，如果受訪者認為計畫B的成本低於5,500萬美元，兩個計畫對他而言是沒有差別的，那麼這位受訪者應該是偏好計畫A甚於計畫B。另一方面，另一位受訪者如果願意為計畫B支付超過5,500萬美元，此人應該是偏好計畫B甚於計畫A。然而，這項調查的結果發現，超過90%的受訪者提出的價值小於5,500萬美元，表示實際上他們偏好計畫A甚於計畫B。

這樣的型態絕對是讓人很困惑的。當人們被要求在兩個選項中做選擇時，非常明顯地大多數是喜歡B甚於A，然而，當他們被要求對這兩個選項訂價時，絕大多數所給的價格，顯示他們喜歡A甚於B。的確，第一家廠商的簡單選擇方式所衍生出的人類生命隱含價值，是另一家廠商配對程序衍生出價值的兩倍。（譯注：隱含價

值的計算方式,請參閱註1的論文)

　　你要怎麼向這位部長報告呢?你決定召集一個內部會議,對這樣的結果提出各種解釋。也許其中一家民調公司弄錯了。也許人們對於涉及人類生命價值的問題就是沒辦法想得清楚,尤其是在中東地區。然而,內部會議中有人指出,我們有理由認為這兩個調查都是可以信任的,因為最近有些心理學家的研究[1]顯示在範圍廣泛的其他問題上,也得到同樣的型態,那些問題包括甄選新進員工、消費產品、儲蓄計畫等。心理學家的結論是,構成現代決策理論的偏好觀念,比起經濟學家通常所假設的,要來得更具不確定性,因為不同的誘導方法常常會引起系統性的不同排序。這怎麼辦?部長先生還在等你的回答呢。

　　將近二十年來,經濟學家及心理學家在涉及風險的觀點的問題上,都遭到類似的不一致性所困惑。受測者先是被要求在兩個賭局中做選擇,這兩個賭局的預期價值幾乎相同。一個賭局我們稱為賭局H(代表贏的機會很高),有比較高的機會贏得一個相對小的獎品(例如:九分之八的機率可以

1　請見特佛斯基、撒塔斯及斯拉維克(Tversky, Sattath, and Slovic, 1988)。關於這兩個高速公路安全計畫的例子即出自這篇論文。

贏得4美元），而另一個賭局L，則是贏的機會較低，但獎項比較大（例如，九分之一的機率可以贏得40美元）。大多數的受測者選擇賭局H。然後，請問受測者如果他們擁有這兩個賭局，他們願意出售的最低價格分別是多少。令人驚訝的是，大部分的受測者將賭局L的價格訂得比較高。（使用這兩個特定賭局為例的最新研究，結果是71%的受測者選擇賭局H，而67%的受測者將賭局L的價格訂得比賭局H高。）這樣的型態稱之為偏好反轉（preference reversal）。莎拉·李區登斯坦及保羅·斯拉維克（Sarah Lichtenstein and Paul Slovic, 1971, 1973）首先在一系列的研究中展現出這樣的反轉，其中一項研究是以真正的金錢與賭客在拉斯維加斯的四后賭場（Four Queens Casino）進行的。

李區登斯坦和斯拉維克不是偶然得到這個結果的。在他們更早期的研究（Slovic and Lichtenstein, 1968）他們就已觀察到，賭局的買與賣，與報酬的相關程度高於贏錢的機率；然而賭局之間的選擇（以及賭局吸引力的排名），則是與輸贏機率的相關程度高於報酬。作者的推測是這樣的：如果用來引出偏好的方法，會影響到賭局成分的權重，我們就有可能建構成對的賭局（pairs of gamble），在這對賭局中，同一個人會選擇其中的一個賭局，但是將另一個賭局訂出較高的價格。實驗測試的結果支持這樣的推測。

偏好反轉的現象提出了一個鮮少在經濟學中討論的議

題：偏好的概念是如何運作的？我們說偏好 A 甚於 B，是指如果在能得到 B 的情況下選擇了 A，**還是指** A 的保留價格（reservation price，編按：為了獲得某物所願付的最高價格）是高於 B 的？對選擇的標準分析是假設這些程序會引出同樣的排序。這項要求——稱為「程序不變性」（procedure invariance）——很少以明白的公理出現，但是為確保偏好關係能夠明確定義，這是必要的。程序不變性的假設不是偏好研究中獨有的假設。舉例來說，在測量重量時，我們可以使用天平秤或是彈簧秤來決定哪個物體較重，我們預期兩種測量程序會產生同樣的排序。然而，不像是重量或長度等物理性的測量會有相同的排序，用不同方法引出的偏好，常常會引起系統性的不同排序。

經濟學家首次接觸偏好反轉現象是大衛・葛瑞勒及查爾斯・普拉特（David Grether and Charles Plott, 1979）設計了一系列的實驗，「以證明心理學家的成果應用在經濟學上並不恰當」（p.623）。這兩位作者一開始就羅列了十三個反對的原因及可能的人工操作，以說明偏好反轉現象與經濟理論無關。他們的清單包括了：動機不足、所得效果、策略性回應、以及實驗者是心理學家的事實（有可能會引導出特定的行為）。葛瑞勒及普拉特企圖以各種方法消除偏好反轉（例如，提供特別的誘因系統），但都無效。的確，受測者面對財務誘因時的反應，較面對單純假設性問題的對照組的反應，更常出現偏好反轉的現象。心理學家和經濟學家後續的研究，使用了包羅萬象的不同程序，但都得到類似的結論。（早期文獻回顧，請見斯拉維克及李區登斯坦〔Slovic and Lichtenstein, 1983〕，近期的參考文獻請見特佛斯基、斯拉維克及卡尼曼〔Tversky, Slovic, and Kahneman, 1990〕）。

　　雖然這些實驗研究建立了偏好反轉現象的有效性及穩健性，但是它的演繹和解釋仍是不清不楚。為了系統性地闡述這個問題，我們必須引進一些觀念。我們將賭局 H 和賭局 L（H 為贏率高的賭局，L 為贏率低的賭局）的「現金相當價」（cash equivalent）（或是最低出售價格）分別以 C_H 和 C_L 表示。再以 > 及 ≈ 分別代表「偏好甚於」（譯注：喜歡超過於）、「偏好無異於」（譯注：喜歡程度一樣）。現在我們回顧一下，偏好反轉是發生在偏好 H 甚於 L，但是對 L 的訂價高於 H；也就是 H>L，及 $C_L > C_H$。請注意 > 是用於選項之間的偏好，而 > 是用於現金數量上的排序[2]。我們不難看出，偏好反轉意味著偏好關係（>）具有「不可遞移性」（intransitivity），或是程序不變性不成立，或兩者皆然。現在再回想一下，如果程序不變性成立，則若且唯若 B 的現金相當價等於 X，也就是 $C_B=X$ 時，決策者在賭局 B 和現金 X

2　我們假設以金錢衡量的結果 X > Y，則當然意味著 X>Y；也就是，我們偏好較多的金錢甚於較少的金錢。

之間做選擇是無差異的。所以，如果程序不變性成立，那麼偏好反轉意味著偏好的不可遞移型態如下：

$$C_H \approx H > L \approx C_L > C_H$$

上式中兩個不等式出自上述所假設的偏好反轉，同時兩個等式遵循程序不變性。

因為大家普遍地將程序不變性視為理所當然，許多作者將偏好反轉解釋為不具遞移性，且有些人提出非遞移性的選擇模型來解釋這個現象（請見魯默斯及蘇格登〔Loomes and Sugden, 1983〕；費雪本〔Fishburn, 1985〕）。然而，偏好反轉並不表示循環選擇；如果程序不變性不成立的話，它可能符合遞移性。標準型態[3]的偏好反轉，亦即偏好 H 但卻給 L 較高的價值，可能是因為選擇與訂價之間的兩種不一致性所產生的：對 L 訂價過高，或是對 H 訂價過低。如果決策者對賭局保留價格的偏好甚於賭局本身，在另一個場合要做選擇時，就會出現對 L 訂價過高的情形（亦即，$C_L > L$）。如果決策者偏好賭局甚於其價格，在另一場合要做直接選擇時，就會出現對 H 訂價過低的情形（亦即，$H > C_H$）。（訂價過高及訂價過低這兩個詞，只是用來指出訂價與選擇之間的不一

3　這是標準的偏好反轉型態。另一個可能的偏好反轉型態，是選擇 L 但給 H 較高的訂價，則是很少觀察到。我們使用偏好反轉這個詞，指的是這個標準的型態。

致；並不表示選擇代表著一個人的「真實」偏好，而偏誤是在訂價時出現的）。

　　偏好反轉第三個可能的解釋，來自於用來引出「現金相當價」（cash equivalence）的報酬。為促使受測者產生謹慎及真實的回應，許多研究人員採用一些報酬計畫稱為BDM程序，是以其原創者貝克、德古特及馬夏克（Becker, DeGroot, and Marschak, 1964）命名的。在受測者陳述了賭局的出售價格之後，實驗會以隨機的方式產生出價。如果出價超過所說的出售價格，受測者可以得到這個出價；如果所說的出售價格超過出價，受測者可以玩那個賭局。因此，受測者所說的價格只是用來決定受測者可以玩賭局，或是可以得到現金，但是它無法決定現金的數額。只要受測者是會將預期效用最大化的人（expected utility maximizer），這個程序就是誘因相容（incentive compatible）──決策者沒有誘因說出一個與其真正現金相當價不同的出售價格。然而，如同霍特（Holt, 1968）、卡尼及撒法拉（Karni and Safra, 1987）、西加爾（Segal, 1988）所說的，如果決策者不遵守預期效用理論的獨立性（或reduction）公理[4]，BDM程序也無法確保所

4　粗略地說，獨立性公理大概是這樣的：如果你偏好A甚於B，那麼在相同機率p下，你應該偏好可以贏得A甚於贏得B。（譯注：如果你偏好A甚於B，現在有兩種選擇，選擇一為機率p可以贏得A，〔1-p〕的機率可以贏C；選擇二為機率p可以贏得B，〔1-p〕的機率

說的價格能反映賭局的現金相當價。的確,卡尼及撒法拉的論文顯示出,在BDM計畫下觀察到的偏好反轉,符合非線性機率的預期效用理論一般化版本。

所以我們現在有三種偏好反轉的解釋。它們可能是出自於違反可遞移性(transitivity)、程序不變性(procedure inariance)、或是獨立性公理(independence axiom)。要決定哪一個解釋是正確的,我們需要解決兩個問題。第一,我們需要一個實驗程序,讓我們可以分辨是可遞移性的失敗,還是程序不變性的失敗。第二,我們需要一個不依賴預期原則的與誘因相容的報酬計畫(incentive-compatible payoff scheme)。這兩項要求在特佛斯基、斯拉維克及卡尼曼(Tversky, Slovic and Kahneman, 1990)最近的研究中都符合了。

上述研究人員,為了要區別不可遞移性和程序不變性的解釋,延伸了原先的設計,在標準的H及L賭局之外,還納入現金數額X,用來與兩者做比較。亦即,要受測者在{H, L,X}中顯示兩兩之間的偏好。使用以下所敘述的方法,受測者也會對兩個賭局產生現金相當價,C_L及C_H。我們用標準的偏好反轉型態,預設現金數額X介於這名受測者產生

贏C,則你的選擇不會因C的出現受干擾,仍會選擇一)。雖然該公理在抽象概念上很吸引人,且在一些很明顯的應用上受到遵守,但是還是有許多做決策的情況,是違反這項公理的。

的 C_L 及 C_H 之間（亦即，H > L，以及 $C_L > X > C_H$），就有可能根據是否因不可遞移性，或高估 L、低估 H，或是兩者都有，來診斷出每種偏好反轉的型態。例如，如果受測者指出 L > X 及 X > H，那麼此人的偏好就是不可遞移的，因為我們已經界定是 H > L 的情況。另一方面，如果受測者是高估了賭局 L，那麼他們反應的型態將會是 X > L 及 X > H（受測者對 L 的訂價大於 X，但是在面對 X 和 L 的抉擇時，他們選擇的是 X）。這樣的型態雖然是偏好反轉的狀況，但是符合可遞移性。

這個研究的結果非常清楚。它利用涵蓋大範圍報酬的 18 組 {H，L，X}，實驗結果得到尋常的偏好反轉率（40% 到 50% 之間），但是只有 10% 的偏好反轉型態是不可遞移的，剩下的 90% 是違反程序不變性。顯然偏好反轉的主要來源是對賭局 L 的訂價過高，在觀察到的型態中占了近三分之二。（請注意，如果受測者隨機做選擇，標準型偏好反轉的預期發生率是 25%。）

排除「不可遞移性」是造成偏好反轉的主要原因之後，現在讓我們來看看報酬計畫的效果。卡尼及撒法拉（Karni and Safra, 1987）呈現出，為了引出現金相當價而設計一個與誘因相容的報酬計畫，又不依賴預期效用理論，這項任務即使有可能做到，也是極端困難的。幸好，要顯示偏好反轉現象，並不需要引出真實的出售價格，建立它們的排序就已經足夠了——而排序在較弱的條件下就可以得到。假設受測者面對兩個任務：分別對每一個賭局定價，以及在成對的賭局中做選擇。受測者被告知，這些成對的賭局在每一時段終了時會隨機選擇一對賭局，他們可以玩那對賭局的其中一個。要決定可以玩哪一個賭局，會使用一個隨機設施來選取是要用選擇，還是用價格，做為選取的準則。如果用的是「選擇」資料，那麼受測者就玩選中的賭局。如果用的是「訂價」資料，那麼受測者就玩訂價較高的賭局。

後面這個程序，稱為「次序報酬計畫」（ordinal payoff scheme），受測者提出的價格僅用於每一對賭局的排序。因此，要符合一致性，價格排序和選擇排序應該要相同，無論受測者是否為預期效用最大化的人。所以，如果先前觀察到的反轉現象，是因預期效用理論失敗所造成的，那麼它們在次序報酬計畫下，不應該會發生。這個預測很明白地遭到駁斥。因為無論實驗是採用BDM計畫、上述的次序報酬計畫、或是根本沒有報酬的計畫，反轉的發生率大約都相同（40%到50%）。這項發現顯示，偏好反轉不是因BDM程序造成的，因此不能用違反預期效用理論的獨立性或reduction公理來解釋。

特佛斯基、斯拉維克及卡尼曼的研究可以總結如下。第一，不可遞移性本身只占了偏好反轉型態的一小部分。第二，偏好反轉不太會受到報酬方案的影響，因此不應歸責於預期效用理論的失敗。第三,偏好反轉最主要的原因是程序不變性的失敗,以及更精確而言,是對賭局L的訂價過高。也就是說,與賭局L有關的最低出售價格(與賭局H無關),相較於賭局與現金數量之間的選擇,是太高了。波斯帝克、荷恩斯坦及盧斯(Bostic, Herrnstein, and Luce, 1989)最近的一個研究,使用稍有不同的設計,更進一步支持了上述的結論。

這項分析提出了一個新問題:人們對低機率高報酬的賭局為何會訂價過高?如果人們比較偏好實實在在的小量現金(比方說10美元),而不是去賭一場有三分之一機率贏得40美元的賭局,那麼他們為何會給這個賭局超過10美元的現金相當價?研究顯示這個反直覺的發現,是普遍的相容性原則(principle of compatibility)的結果,這個原則顯然在人類的判斷及選擇上扮演重要的角色。

相容性假說

「刺激─反應相容性」(stimulus-response compatibility)的觀念,是由研究知覺與汽車性能的人因工程(human factors)學生引進的。例如,排列成四方形的四個爐口火爐,其控制鈕如果是排成和爐口一樣的四方形,將會比排成一排更容易操控。斯拉維克、葛瑞分及特佛斯基(Slovic,

Griffin, and Tversky, 1990）延伸這個概念，並提出刺激在判斷或選擇上的權重，會受到其「反應刻度」（response scale）相容性所強化。這個刻度相容性假說的推理有兩個層面。第一，如果刺激與反應無法搭配，就需要額外的心理面操作，好讓兩者能對應上。這樣會增加工作量及錯誤，且可能會降低刺激的影響。第二，反應模式傾向於將注意力集中在刺激可以相容的特性上。由於沒有相容性的正式定義，也沒有獨立的測量程序，所以分析都是不正式和不完整的。然而，在許多情況下，相容性排序已經夠清楚，可以做實驗研究。

斯拉維克、葛瑞分及特佛斯基的一項簡單研究，顯示在某個案例中，相容性假說做出了清楚的預測。他們從《商業周刊》前一百大公司挑出12家，給予受測者這些公司的兩項資訊：該公司1986年的市場價值（單位為十億美元），以及以1987年利潤計算的該公司排名（在一百大的排名）。然後請一半的受測者預測1987年的市場價值（單位為十億美元），而另一半的受測者，則被要求預測以1987年市場價值計算的公司排名。因此，每位受測者都有一項以相同刻度衡量（金額或排名）的預測指標，做為因變數，還有一項以不同刻度衡量的預測指標。如同相容性所顯示的，當預測變數以相同刻度表示時，每個預測指標都得到較大的權重。結果就是，1986年市場價值的相對權重，在那些做金額預測的受測者身上，是那些做排名預測者的兩倍。這個效果產生了許多反轉現象，一家公司排名在另一家公司之前，但是預測金額的排序卻是倒過來的。

因為賭局的現金相當價是以金額表示，相容性意味著以相同單位表示的報酬，在對賭局訂價時會比在選擇賭局時，有較高的權重。更進一步地，由於賭局L的報酬遠大於賭局H的報酬，相容性偏誤的主要結果，會是對賭局L的訂價過高。因而，相容性假說解釋了偏好反轉最主要的來源，亦即對低機率高報酬賭局的訂價過高。這項原因受到另外一些研究發現的支持。斯拉維克、葛瑞分及特佛斯基給予受測者非貨幣性結果的H與L賭局，例如一週免費看到飽電影票，或是豪華餐廳兩人份晚餐。如果偏好反轉主要是因價格與報酬的相容性造成的，因為兩者都以金額表示，那麼使用非貨幣結果將會大幅降低反轉的發生率。結果確實如此。偏好反轉的發生率降低了近50%。史卡德及強森（Schkade and Johnson, 1989）的發現，給予偏好反轉中相容性所扮演的角色額外的支持。他們使用電腦控制的實驗，受測者一次只能看到每個賭局的一個成分。在訂價任務中，受測者花在看報酬的時間比率遠高於選擇任務者。當受測者產生偏好反轉時，這樣的型態很顯著，但受測者產生一致反應時則否。受測者在訂價時比在選擇時更注意報酬，這個發現支持了這樣的假說：人們會集中注意力在與反應模式最相容的刺激因素上。

　　雖然相容性假說可以解釋成對賭局之間的偏好反轉現象，但這樣的解釋並不依賴於風險的存在。的確，這個假說顯示一點，就是涉及貨幣的無風險選項，例如未來的收入，其選擇與訂價之間也有類似的分歧。（X，T）表示T年後可以得到X金額的付款。現在有兩個選項，長期選項L為（2,500美元，5年），短期選項S為（1,600美元，1.5年）。假設受測者（i）在L和S之間做選擇；（ii）對兩個選項訂價，說出他們願意交換那些未來收入的最小立即現金數額。根據相容性假說，貨幣數額X應該在訂價上比選擇上所占的權數較重。因此，偏好反轉應該會發生，受測者在直接做選擇時，偏好短期選項甚於長期選項，但是對長期選項的訂價則高於短期選項的訂價（也就是，S＞L且$C_L > C_S$）。這正是特佛斯基、斯拉維克及卡尼曼（Tversky, Slovic, and Kahneman, 1990）所觀察到的型態。這些研究人員給予一大群受測者現值可以比較的成對選項S及L。受測者在兩者之間做選擇，同時也對每個選項分別訂定價格。結果這些受測者的行為符合預測的偏好型態。整體而言，有74%的時候受測者會選擇短期選項，但是有75%的時候會給予長期選項的訂價高於短期選項，反轉的發生率超過50%。沒有預測到的反轉，發生率低於10%。更進一步的分析顯示，在有風險的情況下，偏好反轉的主要來源是對長期選項的訂價過高，正是受限於相容性。這些發現指出，偏好反轉現象是普遍現象的一個例子，並非選擇賭局時的特定特質。

　　的確，偏好反轉現象不是程序不變性失敗的唯一例子。如同在本章引言中討論的拯救生命案例所呈現的，特佛斯基、撒塔斯及斯拉維克（Tversky, Sattath, and Slovic, 1988）已表現出選擇與配對之間有關的分歧。這些研究者觀察到，在選擇上比在配對上，重要的因素具有更決定性的影響。例如，在高速公路安全性問題上，在直接做選擇時，對人類生命的評價，比起在價格配對程序時要高得多。回想一下在這個研究中，受測者在做直接選擇時，選擇的是能拯救更多人命的計畫，但是在陳述價格時，則是偏愛比較不昂貴的計畫。結果，選擇相對於配對，是比較依重要性排序的──在選擇上，最重要的面向會有比較重的權重。在風險性選擇的情況裏，其他違反程序不變性的情況，賀謝及休麥克（Hershey and Schoemaker, 1985）做了證明。他們先要求受測者對一些賭局說出其現金相當價，例如一個有50%機率贏得100美元的賭局。假設受測者說40美元。稍後，受測者被要求指出多少機率可以贏得100美元的賭局是和確定的40美元有相同的吸引力。如果程序不變性成立，那麼受測者應該回答50%。然而，受測者並沒有回答那個一開始的機率50%，他們的偏離是系統性的，而非隨機的。古德斯登及艾恩宏（Goldstein and Einhorn, 1987）的論文呈現了其他關於選擇和賭局排序的違反程序不變性情況。

評論

這些（顯示偏好反轉）的資料就是不符合偏好理論，且對於經濟學裏研究的優先順序具有廣泛的意涵。不一致性的意涵深度不只是單純地缺乏遞移性或甚至隨機的遞移性。它顯示出在最簡單的人類選擇背後不存在任何類型的最適化原理，同時也顯示出，市場行為背後的人類選擇行為，其一致性的根源，可能是與大家普遍接受的原理完全不同類型的原理。（葛瑞勒及普拉特〔Grether and Plott, 1979, p. 623〕）

在過去二十年內，在無數的研究中發現了偏好反轉現象，但是它的肇因直到最近才被揭露。顯然，偏好反轉不能單單歸因於不可遞移性或違反預期效用理論的獨立性公理。它們看來比較像是主要受到選擇與訂價之間的分歧所影響，而這項分歧則是因度量刻度的相容性（scale compatibility）誘發的。好幾個新的實驗支持這個解釋，同時在時間偏好領域，也發現了新型態的反轉。偏好反轉在經濟學及決策理論上有何意義？這個現象或是說這一類的現象，挑戰了傳統的假設，傳統假設是決策者有固定的偏好次序，任何可靠的引出程序都可以精確地獲得這個次序。今天，如果選項A的訂價高於選項B，我們在直接比較時，不能假設對選項A的偏好永遠甚於B。證據顯示，不同的引出方法會改變對選項特質的權重，而引出不同的排序。

這些發現，與標準的經濟選擇模型形成了對比，標準模型的建立是假設在有完全資訊的情形下，人類的行為就像是可以查閱偏好檔案一樣，照表操課地做出回應。選擇最偏好的品項；支付該品項的價值並取得它；如果有人出價高於其價值就出售它；依此類推。程序不變性原理在兩種條件下可能會成立。第一，人們有預設的偏好。如果你偏好足球甚於歌劇，那麼無論你是在活動的選擇上，或是門票的標購上，這個偏好都會出現。然而，即使人們沒有預設的偏好，程序不變性也可能成立。我們無法立即知道 $7 \times (8 + 9)$，但是我們有一套算術方法可以計算，無論我們在加法之前先算乘法，或是加法之後再算乘法，都會得到相同的答案。本章所提到的實驗結果顯示出，上述兩個條件都不成立。第一，人們不是對所有的狀況都有一套預先界定的偏好。其實，偏好是在做選擇或判斷的過程中建立起來的。第二，做選擇或判斷時的情境及程序，會影響因而引出的偏好反應。以實務上的語言來說，這意味著行為可能會因情況而不同，雖然在經濟學家看來情況是相同的。例如，不同的拍賣機制，雖然在理論上是相等的，但如果拍賣程序本身影響到出價行為，可能就會產生不同的結果。

著名的三位棒球裁判之間的交換例子，可能可以啟發我們討論偏好的意義以及價值的地位。第一位裁判說：「我看到什麼，就說它們是什麼。」第二位說：「它們是什麼，我就說什麼。」第三位說：「在我做決定之前，它們什麼都不是。」類似地，關於價值的本質，我們能說出三種不同的看法。第一，價值存在——就像人的體溫一樣——人們感受到並且盡其所能地說出來，可能有誤差（我看到什麼，就說它們是什麼）。第二，人們明確地知道他們的價值及偏好——就像他們知道九九乘法表一樣（它們是什麼，我就說什麼）。第三，價值或偏好是在引出的過程中一併建立起來的（在我做決定之前，它們什麼都不是）。在這一章中所回顧的研究，最接近第三種看法：偏好是配合環境逐步建構起來的。

第8章

跨期選擇

Intertemporal Choice

換個方式,這次你接到一通電話,通知你贏得本地信用合作社舉辦的樂透,獎金100美元。你知道你有兩個選擇:立即領取現金,或是可以稍後領得更多的金額。如果要等一個月,你願意接受的最低增額是多少?如果是1年呢?10年呢?(假設這樣的等待是沒有任何風險的。)如果金額是5,000美元,你的回答會如何?請先決定你的答案,再往下看。

你在5,000美元那題的答案,是否等於你對100美元那題的答案乘以50?你在這兩個問題中的答案,是否等於在那段等待時間內你能賺到的利息?如果不是,你的行為就不是根據跨期選擇的經濟理論來進行的。

本文與喬治・羅文斯坦(George Loewenstein)合著

編按:喬治・羅文斯坦(George Loewenstein)為耶魯大學經濟學博士。現為卡內基美隆大學社會與決策科學系 Herbert A. Simon 經濟學與心理學教授。

跨期選擇（intertemporal choice）是指成本和利益分散在各個時期裏進行的決策，是很常見也是很重要的。要讀幾年書、跟誰結婚、要不要生小孩、要為退休存多少錢、如何投資、要不要買房子、以及如果要買房子要買哪一戶——所有這些極為重要的決策，都有很強的跨期因素在裏面。在個人決策的例子中，跨期選擇也是很有趣的，因為相關的經濟理論做了少有的可檢驗的預測。在許多情況下，個人行為的經濟理論都是不可檢驗的，因為理論預測的結果太模稜了。人類幾乎任何的選擇，無論有多奇怪，都可以因為找到某些效用函數而得到合理化，使得這些特殊的選擇成為最適化解答。相對地，對那些涉及不同時期的金錢流動（收入及支出）的選擇，經濟理論做了精確及可以檢驗的預測，亦即，（對於邊際收入及支出）人們應該將金錢流動以（稅後的）市場利率（r）折合成現值。

資本市場為消費者創造了相當於內部套利的機會。假設利率為10%，一個消費者可以此利率借錢及放貸。如果現在有一個投資機會，報酬12%，這名消費者可以借錢來做這項投資，因而在每一段期間享受更多的消費。而其他報酬低於10%的投資機會都應該拒絕，因為它們在資本市場不具優勢（譯注：資本市場的金錢來源為儲蓄，都被借去做更高報酬的投資了）。此處的意涵為，消費者應該做跨期的取捨，以使他們的邊際時間偏好率（marginal rate of time preference）與利率相等。更進一步地，消費者在他們的跨期選擇上，應該要有一致性。在任何情況及全部的時間，所使用的折現率（discount rate）應該是固定不變的。然而，研究顯示，觀察到的行為中隱含的折現率，會因為情況而有所不同，其變化可以從負數到每年好幾百個百分比。

負數折現率的一個著名例子是，絕大多數的美國納稅人每年都從國稅局收到退稅。而這些無息借給政府的錢，只要調整扣繳率就可以輕易地避免掉。類似地，許多學校教師可以選擇每年領9個月薪水（九月到六月），或是每年領12個月薪水（九月到八月）。大部分有這項選擇的教師，會選擇後面那種。最後，生命週期消費選擇（life-cycle consumption choice）的研究顯示，在還有工作時（退休之前），消費傾向於隨著時間而增加。在沒有借貸限制的情況下，這樣的型態只有在人們的折現率是負數時，才會符合生命週期理論。（更多這方面的內容請見第九章）

非常高的折現率的例子也很容易找到。西維琴尼亞最近的一條法案修正，就是一個例子。該法案是說，未滿十八歲的學生如果輟學的話，將會失去他們的駕照。第一年實施的結果發現，這條法案使得輟學率降低了三分之一。令人難以相信，有三分之一的高中輟學生會因為可能喪失駕駛權利一年或兩年（或更精確地說，在這段期間無照駕駛的預期成本），而推翻理性的人力資本投資決策，決定完成高中學業。倒不如說，這樣的行為看來是反映出極為短視的偏好。一項類似的短視行為，可以在一位皮膚科醫生的感嘆裏得到印證，這位醫生警告病人曬太陽會有罹患皮膚癌的風險，結果效果不大，但是「當我告訴病人太陽光可能造成毛孔粗大及產生黑頭粉刺，他們就比較會聽我的話避開太陽光。」

不只是青少年和陽光愛好者才有這麼高的折現率。大部分的屋主在他們的閣樓和牆壁沒有裝隔熱設備，他們也不去買比較貴的省電電器，即使這些額外的花費在不到一年的時間裏就可以回本。郝斯曼（Hausman, 1979）對冷氣機購買行為的研究，檢視消費者在購買價格和延遲的電費帳單之間的取捨行為，估算出平均的消費者折現率大約是25%。蓋特利（Gately, 1980）做了後續的研究，比較許多種電冰箱，這些冰箱只在原始售價和耗電量方面不同，結果顯示，購買便宜機種所隱含的折現率高得驚人：當假設電力成本為每度3.8美分時，折現率為45%到130%，假設每度為10美分時，折現率為120%到300%。最近，盧德曼、列文及麥馬宏（Ruderman, Levine, and McMahon, 1986）計算了不同種類電器用品（市面上的平均機種，而非最有效率的機種）所隱含的折現率：電暖器、冷氣機、熱水器、電冰箱、冰庫。他們發現房間用冷氣機的隱含折現率為17%，低於郝斯曼的估計。然而，其他電器用品的折現率則高得多，例如瓦斯熱水器，102%；電熱水器，243%；冰庫，138%。對於這些低效率的電器用品，經濟理論有清楚的預測——廠商不會生產。但是不但廠商生產了，消費者還購買了[1]。

因此，一如以往，只要有可檢驗的預測，就會有反常現象出現。這一章接下來是要檢驗一些情況，是人們不以市場利率或其他任何單一折現率來折算現金流的情況。在實驗室及實地決策環境中觀察到的折現率，都取決於以下因素：被折現金額的大小（強度）與正負值（收益或損失）、時間延遲、必須立刻做選擇還是可以延遲、所設計的選擇方法、未來的收益或成本會帶來享受或是恐懼。

個人折現率的變化

塞勒早期的實驗探討了上述效果的前三項（Thaler, 1981）。受測主體（大部分是學生）被要求想像他們在銀行舉辦的樂透彩中贏了一些錢。他們可以立即拿走這些錢，或是以後再拿。然後問要多付給他們多少錢，才會覺得以後再

---

1 會購買低效率的電器用品可能有兩個其他的解釋：「無知」及「無流動資金」。根據「無知」假設，顧客不知道，或是懶得去了解，購買效率較高機種的好處，即使資訊在政府規定的標籤上有明白顯示。根據「無流動資金」的論點，顧客非常缺現金，以至於他們買不起更有效率的機種。（當然，他們正是那種會去買便宜機種的顧客！）因為大部分的電器用品可能是以信用卡購買，而且因為省電也只是相對貴一點點而已，因此借款限制似乎不是真正的理由。

拿錢和現在就拿錢具有同樣的吸引力。發給每一位受測者一張3×3的表格，請他們依不同的時間長度，填入所需的金額。問卷有四種版本，三種是有收益，一種有損失。在有損失的版本中，請受測者想像收到一張交通罰單，可以立即繳罰款，或是等待一段時間再繳但是金額較高。在所有的情況下，都要求受測者假設如果他們等待的話，不會拿不到獎金（或是在繳罰款的情況，等待一段期間後還是要繳），亦即沒有風險存在。所有的支付都以郵寄方式[2]發放（或繳納）。因此，實驗控制了我們關心的三個變數：等待的時間長度；結果的強度；結果是收益或損失。

從受測者的反應中，出現三種強烈的型態。第一，折現率隨著等待時間的加長而明顯下降，這與早期動物實驗（Herrnstein, 1961; Ainslie, 1975）的發現是一致的。第二，

---

2 在這個研究，及這裏所談到的另外一些研究中，所問的問題都是假設性的。當然，在其他情況不變的狀況下，最好是以真實的選擇來做研究。畢竟，要用假設性問題或是用真實的金錢，需要審慎權衡。使用假設性的問題，我們可以請受測者考慮大金額的情況，不論是獲利或損失，以及一年或更長時間的延遲。在使用真正金錢的研究中，實驗者必須降低籌碼的強度及延遲的時間長度，同時也很難研究真實的損失。同樣地，在假設性的問題中，我們可以要求受測者假設未來的支付是沒有風險存在的，但在使用真實籌碼的實驗中，受測者必定會評估實驗者的可靠性。令人安心的是在這個領域及其他許多領域中，使用假設性選擇所得到的結果，在使用真實選擇的研究中也有同樣的發現；案例請見哈洛維茲（Horowitz, 1988）、哈爾克姆及尼爾森（Holcomb and Nelson, 1989）。

折現率隨著報酬強度的增加而下降。小額獎金（小於100美元）的折現率非常高，而那些大金額的折現率是比較合理的。第三，收益情況的折現率比起損失情況的折現率高出許多。受測者需要得到許多才願意等待晚拿到收益，但是不願意為了延遲繳罰金而支付太多。

在班日旺、拉波波特及雅吉爾（Benzion, Rapoport, and Yagil, 1989）所做的大規模研究中也獲得同樣的這三項發現。他們使用4×4×4的設計，控制延遲時間的長度（0.5年、1年、2年、4年）、金額（40美元、200美元、1,000美元、5,000美元）、情境（延遲收益、延遲損失、立即收益、立即損失）。受測者為兩所以色列大學的經濟及金融系的大學生及研究生，為複雜的受測群體。他們研究的結果如圖8-1所示（四種情境的平均）。從圖中可清楚看出，隨著等待時間以及獎金強度的增加，折現率大幅下滑[3]。

---

3 很明顯地，在這些實驗中，無論受測者呈現出來的是何種型態的選擇，市場利率都不會決定於強度或延遲的時間，但是這不表示實驗的證據與經濟學是不相關的。經濟學關心的是市場價格和個人行為的預測。雖然套利者可以確定一個人無法從連續買賣12次一個月期的國庫券賺取高於單次買賣一年期債券的利息，但這不保證在個人層次的預測就是正確的。如果汽車顧客決定貸款買車，而不選擇更具吸引力的現金購車折扣，那麼對其他人而言，將沒有（無成本的）套利機會。銀行可以嘗試說服汽車購買者，選擇享受折扣並向銀行借貸購車款項是較有利的做法，但是這樣的行銷活動很花錢，且消費者可能會懷疑銀行給他們的建議的公平性。

我們將依次討論折現率的這三種強烈型態。

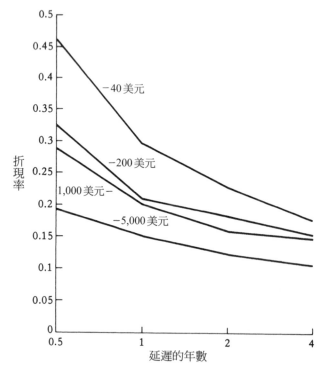

圖8-1　折現率和延遲時間、貨幣金額的函數關係

（資料來源：Benzion 等人，1989）

動態的不一致性

　　折現率和延遲時間之間的負向關係，對於行為的動態一致性有重要的影響。如圖8-2所示，假設某人必須在兩種報

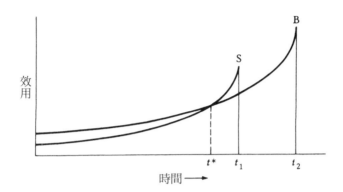

圖8-2　非指數折現

（資料來源：Ainslie, 1975）

酬之間做選擇：一種是較小但較早的報酬S，會在t_1時間發生；另一種是較大但較晚的報酬B，會在t_2時間發生[4]。圖中的曲線，代表個人在不同時間點，所感受到的兩種報酬的現在效用。如果個人是以固定的比率（亦即，如果不同延遲時間的折現都是固定的）來折現未來的報酬，那麼兩條曲線將永遠不會相交。然而，如果折現做為延遲時間的函數是遞減的，就像我們在實證研究中看到的，那麼兩條曲線可能會相交，產生偏好反轉。當兩種報酬的實現時間都夠遠時，個人會偏好B，但是當S變得比較近時，它的相對價值會增加，到了t^*之後，S在現值上突然就超越B了。曲線相交表示行

4　這項分析的根據是艾恩斯萊（Ainslie, 1975）的論文。

為不會一直都是一致的。在早上，當誘惑還很遙遠，我們發誓要早點上床睡覺、堅持我們的飲食計畫、不要喝太多酒。結果那個晚上我們到凌晨三點才睡、吃了兩客巧克力、在挪威餐廳試喝了每一種北歐開胃酒。應用到儲蓄上，如同斯妥茲（Strotz, 1955）呈現的，如果折現率隨著時間遞減，那麼人們永遠都會在現在消費得比較多，而不會按照事先的計畫來做。

動態不一致性的問題引發了關於消費者自主性的問題。誰是主權所有人？是設定鬧鐘要早起的自己，或是第二天早晨關掉鬧鐘繼續睡的自己？這是很有啟發性的——我們常看到，有遠見的自己採取行動以約束或改變短視近利的自己。節食的人會付錢待在「減肥中心」，那裏的主要訴求是保證讓客人吃不飽；酗酒的人吃「戒酒硫」（antabuse），如果他們喝酒的話會引起噁心、嘔吐；抽菸的人買一包一包的菸，而不是比較便宜的一條一條。還有，雖然已經不流行了，但聖誕總匯（Christmas clubs，譯注：一種儲蓄存款計畫）在美國風行了好幾年。這些儲蓄計畫提供罕見的不方便（要每週親自來存）、不流動性（到十一月底才能提款）、低利率（在某些案例中是零利率）組合。當然，不流動性正是聖誕總匯存款組合的訴求，因為顧客想要確保他們用來購買聖誕禮物的資金。由於大家已經體認到，在自我約束行為及其他形式的個人內在衝突方面，傳統決策模型的解釋能力有限，許多作者因而提出了一些模型，這些模型將經濟行為視為個人的內在競爭，是偏好互相矛盾的好幾個自我之間的競爭。（Ainslie, 1975，即將出版；Elster, 1979; Schelling, 1984; Thaler and Shefrin, 1981; Winston, 1980）

強度效果

強度（magnitude）對折現率的影響和延遲的時間的影響是一樣強烈的。在塞勒及班日旺（Benzion）等人的研究中都使用假設性問題，隱含的折現率均隨著購買金額增加而大幅下降。哈爾克姆及尼爾森（Holcomb and Nelson, 1989）在小範圍的真實報酬（5美元到17美元）所做的研究，也得到類似的結果。同時，在相對小的假設性報酬中觀察到非常高的折現率，哈洛維茲（Horowitz, 1988）在50美元真實報酬的研究中就得到這樣的結果。

強度效果，有兩個可能的行為解釋。第一個是根據認知心理學（psychology of perception）（或是心理物理學〔psychophysics〕）：人們敏感的不只是金錢數量的相對差異，還有絕對差異（羅文斯坦及普瑞拉克〔Loewenstein and Prelec, 1989b〕）。例如，現在的100元和一年後的150元，兩者之間在認知上的差異，似乎比現在的10元和一年後的15元之間的差異還要大。因此在第一個情況，許多人願意為額外的50元而等待，但是在第二個情況，卻不願意為額外的5元等待。第二個解釋是有關於心理會計（mental accounting）的觀念（Shefrin and Thaler, 1988）。它是說：假設心理的支票帳戶出現了一小筆意外之財，大部分會被消費掉；而心理的儲蓄帳戶上出現了一大筆錢，只有很小的比例會被消費掉。（譯注：小筆的意外之財會進入心理的支票帳戶，心理的支票帳戶邊際消費傾向較高，因此大部分會被消費掉；如果得到的是一大筆錢，則會進入心理的儲蓄帳戶，該帳戶的邊際消費傾向很低，只有很小的比例會被消費掉。而且，支票帳戶幾乎是無息的，儲蓄帳戶是有利息的。）那麼對於小額意外之財的等待，等待的機會成本，可能感覺像是「放棄掉的消費」，而相反地，等待大筆意外之財的機會成本，則感覺像是「放棄掉的利息」。如果「放棄的消費」比「放棄的利息」更有吸引力，就會觀察到強度效果[5]。（這些議題會在第九章有更長篇幅的討論）

正負符號效果

折現研究中第三項強烈的實證規律是，收益的折現率大於損失的折現率。人們對於獲得正面報酬是很渴望的，尤其是小額的報酬，但是對於將損失延後一事則比較不急。這項

---

5 你是消費何種財貨，可能也會造成不同的折現率。一個人可能對於得到一輛新車，比一台新的（省電）暖爐要來得有耐心，只要舊的暖爐還可以用的話。這個問題需要更多的研究。

偏好一部分出自簡單的「債務趨避」（debt aversion）。許多
人都在付款期限前就去繳交他們的房屋貸款及學生貸款，即
便是貸款的利率低於他們安全投資的獲利率。

參考點

　　就如同在第六章所討論的，利益與損失之間的區別，在
不確定狀況下決策的描述性理論中，得到大幅關注。決策
者看來不像是將結果整合進他們的財富或既有的消費水準
中，而在預期效用理論中一般都假設會做這樣的整合。反倒
是，個人似乎是在反應一項變化事件，是相對於天性參考
點的改變。這個觀察最先是由馬可維茲（Markowitz, 1952）
所做的，較近期的則有卡尼曼和特佛斯基（Kahneman and
Tversky, 1979）。

　　參考點在跨期選擇上也很重要（Loewenstein and Prelec,
1989a）。羅文斯坦（Loewenstein, 1988）提出了下列參考點
效果的證明。這個實驗是以105名高二及高三學生為對象進
行的。所有的受測者都會得到當地唱片行7美元的禮券。這
些學生預期收到禮券的時間不同，有一個星期、四個星期及
八個星期。然後學生有一系列的二選一選擇，是要維持原定
的時間拿到禮券，還是早點拿到但是金額比較小，或者晚點
拿到而金額比較大。例如，預計四個星期後拿到禮券的受測

者，被問到是否願意交換一張八星期後的禮券，禮券金額的
範圍在7.1美元到10美元。實驗者告訴受測者會隨機選取並
執行他們其中一項選擇。

表8-1　提早及延遲消費的最低平均金額（唱片行的7美元
　　　　禮券）

時間區間	延遲	提早	顯著程度
一週 vs. 四週	$ 1.09	$ 0.25	0.001
四週 vs. 八週	$ 0.84	$ 0.37	0.005
一週 vs. 八週	$ 1.76	$ 0.52	0.001

資料來源：羅文斯坦（Loewenstein, 1988）

　　這個實驗的設計使得我們可以檢測參考點所扮演的角
色。有些受測者被要求在「報酬的規模」及「從第一週延遲
到第四週」之間做取捨，而其他的受測者則是在「報酬的規
模」和「從第四週提早到第一週」之間做取捨。如果受測者
沒有受到參考點的影響，那麼這樣的變數操控將沒有效果。
實驗的結果如表8-1所示。表中的數字為提早或延遲消費的
最低平均金額。三項比較，平均延遲貼水為平均提早成本
的兩倍以上，全部的差異都是在統計上顯著的。過了預期日
期之後的等待，受測者所要求的金額，大於預期日期提前他
們所願意支付的金額（Benzion等人1989年的研究也得到類
似的結果）。這個結果與卡尼曼及特佛斯基的損失趨避觀念

（見第六章的討論）是互通的，損失趨避的概念是，損失一定金額造成的負面效用，在絕對價值上明顯地大於獲得相同金額的正面效用。

損失趨避也引出對長時間消費的特定型態偏好。當過去的消費水準成為未來消費的參考點，在這種情況下，個人可能偏好逐漸增加的消費型態。例如，羅文斯坦及普瑞拉克（Loewenstein and Prelec, 1989a）向95位哈佛的大學生提出三個問題。第一，請那些學生在兩頓免費的晚餐之間做選擇，且是在一個月後的週五晚上消費：時尚法國餐廳的晚餐，或當地希臘餐廳的晚餐。大部分人都有很好的品味偏好法國晚餐。然後，問他們願意在一個月內，或是兩個月內享用法國晚餐。對於那些原來就選法國晚餐的人，有80%偏好在一個月後享用而非兩個月後，顯示出正向的折現率。第三個問題是假設給予受測者兩份餐點，第一份是在一個月後，第二份是兩個月後。受測者被問到偏好哪一種排序：一個月後希臘餐及兩個月後法國餐；或是一個月後法國餐及兩個月後希臘餐。此處，57%的法國餐愛好者選擇先享用希臘餐。在標準的效用架構下，最後的這個反應顯示出負的時間偏好率，與第二個問題的答案不一致。然而，如果人們是以過去的消費來評估目前的消費，同時又是損失趨避者，那麼就沒有不一致的情形。他們只是偏好隨著時間逐漸增加的效用型態。

人們偏好逐漸增加的消費型態，這一點有助於解釋勞動市場上的一個反常現象，亦即薪資隨著年齡增加而上漲，即使生產力不是如此（Medoff and Abraham, 1980）。例如，在許多學術機構中，薪水最高的教職員是那些年紀最大的，即使他們已經不再是最有生產力的。有兩個最重要的標準解釋，涉及特定人力資本及代理成本（agency cost）的型態。人力資本論點是廠商提供隨著年齡漸增的所得型態，是為了鼓勵員工能留在這家公司久一點，好充分運用公司之前對他們的訓練。代理成本論點，根據拉日爾（Lazear, 1981），顯示的是廠商提供年長員工高於邊際生產的薪資，是為了防止員工欺騙及偷懶（員工若被抓到，就會失去薪資與生產力之間差異的現值）。雖然這兩個解釋在有些行業中是有優點的，但法蘭克及哈欽斯（Frank and Hutchens, 1990）的研究顯示，在兩種行業中觀察到相同的薪資型態，卻非傳統的解釋可以適用的，就是飛行員及城市間巴士的司機。以飛機飛行員來說，研究發現薪資隨著年齡而大幅增加，而生產力則不增加。雖然所有飛行員得到的訓練其實都是一般性的，而在安全性（舉例來說）上偷懶的飛行員會受到大自然嚴厲的處罰。以這個例子來說，隨著年齡上升的所得型態必定是因為對所得成長本身的偏好。

這種偏好型態在羅文斯坦及西邱曼（Loewenstein and Sicherman, 1989）的調查中得到證明，調查的對象為在芝加哥科學及工業博物館中的100位成人。他們要求回應者在幾個假設性工作中做選擇，這些工作為期六年，除了薪資型態不同之外其餘都相同。所有的工作都是未折現（undiscounted）薪資總額相同，但是斜率不同。其中一個工作，工資是逐年減少的，而另一個工作，薪資是每年相同，其他五個則是以不同的速率每年增加。撇開興趣不談，其他的經濟考量實際上都是薪資遞減的那個工作最好。例如，如果受測者不喜歡該工作要辭職，或是在六年期滿之前被解雇，薪資遞減的那份工作所給的總報酬都會比較多。儘管遞減薪資型態提供了選擇的誘因，但只有12%的受測者最喜歡這份工作。另外12%的受測者偏好固定的薪資型態，其他所有的受測者則是選擇一種遞增薪資型態做為他們的最愛。

像這樣的結果，總會讓經濟學家懷疑，受測者是不是因為搞錯了才做這樣的選擇？的確，如果受測者經過經濟論理的解釋（遞減的薪資加上儲蓄，一定優於其他選項），他們就會明白，對吧？為了檢視這一點，經過有利於遞減型態的經濟推論說明，以及有利於遞增型態的心理推論說明之後，再問了一次受測者。結果這些推論的效果很小。偏好遞增型態的受測者比例只從76%降到69%。

對於遞增所得流的偏好，用上述討論過的兩種解釋來說明是可以理解的：損失趨避及自我控制。損失趨避解釋了為何員工偏好逐漸增加的消費型態（因為目前消費的效用決定於過去的消費）。成本較高的自我控制解釋了為何員工會要逐漸增加的所得型態，因為他們不能從固定（或逐漸降低）的所得型態中，靠自己存到足夠的儲蓄，讓他們能支應想要的漸增式消費型態。

享受與恐懼

標準的折現效用模型，假設折現率是固定值且通常是正的。有沒有任何情況是人們偏好延遲實現收益或是提前實現損失？馬歇爾（Marshall, 1891, p.178）認為收益的折現率有一項負的影響：「當我們計算未來利益的折現率時，我們必須小心地承認，預期的喜悅是有份量的。」我們用「享受」（savoring）這個詞來代表從預期未來喜悅的結果所衍生的正效用，而「恐懼」（dread）則代表未來不悅的結果所衍生的負期望。

羅文斯坦（Loewenstein, 1987）所做下列的實驗，呈現出享受與恐懼的影響。他要求受測者說明「你現在最多能付多少錢」以得到（或避免）以下五種結果，在現在立刻、延遲3小時、1天、3天、1年、10年的不同情況下。五種結果是：獲得4美元；損失4美元；損失1,000美元；110伏特的電擊（不會致命）；你選的電影明星給你一個吻。實驗結果如圖8-3所示。

經過折現的效用預測，收益及避免損失的價值，在事件

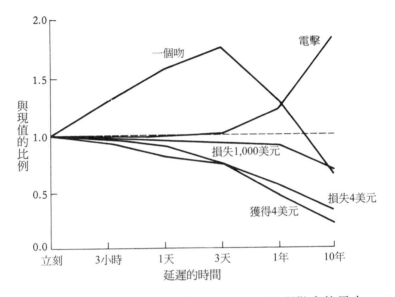

圖8-3　在特定時間點得到／避免五種結果所願做出的最大支付

現值：「現在就得到」這五種情況所願意支付的最大金額

受測人數：30人

資料來源：羅文斯坦（Loewenstein, 1987）

發生前，應該會隨著延遲的時間下降。人們應該要盡快消費收益，盡可能推延損失。如所見，兩個非貨幣結果產生相當不同的時間偏好型態。以明星之吻而言，受測者偏好延遲3天得到結果，想必是享受那份期待。而以電擊來看，為了避免1年或10年後的電擊，受測者願意支付的金額遠大於近期就執行的電擊。這個例子中，受測者似乎願意付錢來逃避長期的焦慮煎熬。

　　或許明星之吻和電擊是相當罕見的經驗，但羅文斯坦從比較世俗的品項中，也得到類似的結果。在證明享受的效用上，他的受測者中有84%指出，他們偏好在三個週末中的第二個週末得到時尚法國餐廳的晚餐，甚於在第一個週末就得到。為了證明恐懼，受測者被問到：「最少要給你多少錢，你才願意去清潔心理系動物實驗室的一百個倉鼠籠，這項支付會立即給你……這份工作雖然讓人不舒服，不過只需要花三個小時。下面兩種情形，要你去清潔這些籠子，各需要付你多少錢你才願意做：(1) 未來七天內清潔一次；(2) 從今天算起一年後的那個星期內清潔一次。」（p.674）下個星期去清潔這些籠子的平均保留工資為30美元，而一年後的保留工資為37美元。事實上，37名受測者中只有2人，回答問題 (2) 的金額小於問題 (1)。

評論

　　1. 這一類研究的政策意涵是有趣且變化莫測的。在個體的層次，某些情況下（像是電器用品的採購行為），在某些團體（像是青少年）身上觀察到的高折現率，提出了關於消費者理性的嚴肅問題（如前面提到的，在許多涉及自我控制的跨期情況，個人常會質疑自己是否有能力做出理性、長期的選擇）。一位消費者選擇了一台售價比其他同類機種便宜50美元，但每年需多花至少50美元電費的冰箱，我們怎麼能說這是理性的？雖然這樣的案例不是要要求政府進行干預，但是假設消費者會為自己做最佳的選擇，這是相當靠不住的。

在總體的層面，跨期選擇的心理學，使得原本就很複雜的社會折現率（政府應該用來折現未來成本與效益的比率）的選擇問題，更形複雜。標準的看法是市場利率，做租稅扭曲校正後，代表個人時間偏好的總和，為最適當的社會時間折現率。然而，租稅扭曲校正絕非小事，而資本市場國際化使得情況更為複雜，混淆了一國國內的時間偏好和利率之間的關係。在這些複雜關係下，林德（Lind，即將出版）主張決定社會的時間偏好率唯一可以理解的方式，是在個人層次引出時間偏好。但是，如果個人不是每樣東西都以相同的折現率來折現，那麼哪一個折現率是適當的社會折現率呢？假設某個人的電冰箱購買行為上顯示50%的折現率，但是同樣的這個人，對於在今年拯救10條人命和20年後拯救10條人命，兩者之間感覺無差異的話呢？那麼在建另一座發電廠和改善公路安全之間，我們要如何抉擇呢？

2. 許多經濟學家將決策心理學的研究，視為討厭的東西。這類研究通常提出證據顯示個人違反了理性選擇的特定假設，卻未能提出可以輕易融入經濟模型的替代假設。然而，心理學可以有破壞性，也可以有建設性。例如，在遞增薪資型態的案例中，心理學家觀察到，人們關心所得及消費的絕對水準，也關心其變化（這應該沒有爭議，因為經濟學家不為喜好〔taste〕爭論），這樣的觀察可以使對遞增薪資型態的偏好與標準的經濟學假設中人們將未來損益折現的理論相一致。利用實證研究建議對效用函數做修正，其優點在於提出的修正會比較具一般性。這類推理的一個範例，是康斯坦提尼茲（Constantinides, 1988）在他關於「股票溢價迷思」（equity premium puzzle）（為何股票的報酬率高出債券那麼多？）的文章中提出的。康斯坦提尼茲根據他的假設來做解釋，即目前消費的效用決定於過去消費水準，或是他說的「習慣形成」（habit formation）。諷世之徒可以辯稱，如果你試過夠多的效用函數，就什麼都可以解釋了。然而，此處這樣的批評可能是不得體的。習慣形成的假設似乎符合行為的直覺，且與為數眾多的實證研究相符合。它甚至還可以檢驗。依賴可檢驗假設的解釋（或甚至更好的是，檢驗結果為真！）比起那些根據無法檢驗或難以置信的假設（例如，決定於隨著時間變動、看不見的經濟災難的風險）所做的解釋，要來得更有吸引力。

第9章

儲蓄、替代性及心理帳戶

Saving, Fungibility, and Mental Accounts

> 元旦當天，你一整晚都在為你在「橘子盃」投注的球隊
> 加油，很幸運地，你在大學足球運動彩贏了300美元。
> 然後你轉向如何聰明地花費這筆錢這件大事情上。一箱
> 香檳酒，會比在紐約的晚餐和舞台劇來得好嗎？正在這
> 個時候，你的兒子葛瑞格走進來恭喜你，他說：「嗨，
> 老爸！你應該很高興吧，你贏的那筆錢可以為你一生的
> 消費每年增加20美元耶！」看起來，葛瑞格已經研究
> 過儲蓄的生命週期理論了。

在經濟學裏標準的儲蓄模型，稱為「生命週期理論」
（life-cycle theory）[1]，法藍柯・莫迪里安尼（Franco Modigliani）

---

[1] 想知道莫迪里安尼最近對生命週期理論的看法，請看其1988年的
論文（Modigliani, 1988）。另一位諾貝爾獎得主米爾頓・傅利曼
（Milton Friedman）提出一個類似的理論。他1957年提出的理論被

因此獲得諾貝爾獎。這是經濟推理中的經典。首先，他提出
一個最適化問題並求得解答。然後，它假設人們會像解答同
樣問題般地行動。此處假設一個人不打算留下任何遺產，且
認為每一段期間的消費，價值都相同。這樣的一個人在某個
特定的一年中，應該要消費多少？答案是這樣的：在任何一
年，計算金融財富的現值，包括目前的所得、淨資產、未來
所得的預期價值；算出可以購買的平均年金；然後以這樣的
年金收入金額來消費。這個理論是簡單、精緻且理性——經
濟學家對其品質給予極高的評價。不幸的是，如同柯朗特、
葛林區及萊特納（Courant, Gramlich, and Laitner, 1986, pp.
279-280）所觀察的：「儘管生命週期模型是如此地精緻及理
性，但實證檢驗的結果並不是很好。」

消費的反常實證證據大約可以分成兩大類。第一類，消
費對所得看起來是過分敏感的。整個生命週期，年輕人和老
年人看起來都消費得太少，中年人則消費得太多。同樣地，
消費的年增率與所得的關聯太高，與模型不符合。第二類，
不同型態的財富，看起來不像模型所主張有那麼高的替代
性。尤其，家計單位看起來對於年金財富（pension wealth）
或是房屋淨值（home equity）的「邊際消費傾向」[2]（marginal

稱為「恆常所得假說」（permanent income hypothesis）。這兩個理論
之間的區別，對這一章討論的要點不是特別重要。

2 邊際消費傾向（marginal propensity to consume，或簡稱MPC）為新

propensity to consume），與其他資產相較是非常低的。實證與理論模型預測不一致的問題，現在已經找到幾個可能的解釋。可能是人們沒有理性到會去計算現值及年金收入。但是，也可能人們是過分理性或是利他主義的，導致他們納入現值計算的，不只是他們自己的財富，還包括了他們繼承人的部分。或者，也許應該要怪信用市場，流動性的限制使得人們無法達成生命週期計畫，否則他們是會選擇照計畫進行的。這些及其他的解釋，在眾多關於儲蓄的文獻中，都有一些支持及批評。然而，在本章，我聚焦在一項未獲得太多注意的生命週期模型的假設，這項假設如果經過修正，將使得這個理論可以解釋我們觀察到的許多儲蓄的反常現象。這項關鍵假設是「替代性」（fungibility）。

替代性的觀念是說金錢沒有標記。在生命週期理論的概念中，替代性假設使得財富的所有組成成分都可以整合為一個數字。根據生命週期假設，贏得300美元運動彩對目前消費（假設指的是一年內）的影響，應該和我所擁有的100股股票，每股價格上漲3元一樣，或是我的年金價值增加300美元一樣。每種型態的財富，其邊際消費傾向應該是相同的。

人們對於不同種類的財富實際上是如何作為的，有一

增一元所得用於消費而非儲蓄的部分。如果一個人得到100美元的意外之財，花掉其中95美元，儲蓄5美元，那麼MPC就是0.95。

個簡單的思考方式，就是假設家計單位有一套心理帳戶（mental accounts）系統。一個簡單的形成方式是想像有三個帳戶，一個是目前的所得帳戶C，一個是資產帳戶A，還有一個未來所得帳戶F。將C帳戶視為相當於支票存款帳戶，而A帳戶視為儲蓄存款帳戶，是頗適當的。粗略地說，C帳戶的邊際消費傾向接近於1，F帳戶的邊際消費傾向接近於0，而A帳戶的邊際消費傾向則介於前面兩者之間。由於虛無假設（null hypothesis）是三個邊際消費傾向都要相同，這些預測是相當強的。

除了有不同邊際消費傾向的心理帳戶系統，標準生命週期理論還有其他兩個地方要做修正，在本書稍早在討論跨期選擇的章節中都討論過了。第一個，人們是沒有耐性的，尤其在短期間，人們表現出來的行動，就像是他們的折現率超過利率。出現較高的短期折現率，產生了第二個問題，即自我控制的問題。生命週期理論假設個人是在為最適消費計畫求解，然後以鋼鐵般的意志去執行這個計畫。在真實生活中，人們了解自我控制很困難，所以他們會採取行動來限制自己的未來行為。一個方式就是採取無法反轉的行動，例如：加入年金計畫，或是購買完整的人壽保險。社會保險制度，也許是這個世紀最風行的社會政策，即是法定的自我控制例子。另一個方式是採取內在強制性的行事法則（rules of thumb）。這類法則的例子有：在資產帳戶裏維持兩個月所

得的金額；除非買耐久財，像是房屋、汽車或大型的家電用
品，否則絕不去借錢。請注意，遵循後面這項法則的家計單
位，看起來像是受到流動性限制而無法借錢，但其實是不願
意去借錢。這個議題等一下會有詳細的討論。

總而言之，上述家計單位，可以被想成是遵循以下審慎
法則[3]（prudent rules）的。(1)量入為出。不從F或A帳戶借
錢來增加目前的消費，除非是在明確的緊急狀況，像是失業
期間，即使是那時，也盡可能縮減消費。(2)保留所得的某
部分以備不時之需。除非緊急狀況，不動用這個帳戶。(3)
以不需太多自制力的方式來存退休所需。這些法則是為了解
決人們面對退休金儲蓄問題，所提出的實用解答。

本章將回顧一小部分關於儲蓄的實證文獻，目的在呈現
替代性的違反，及比較一般性的自我控制角色的違反，是如
何強烈地影響儲蓄行為。

目前所得帳戶：消費追隨所得

在經濟學家之間似乎出現了一個共識：消費水準對於目
前的所得太敏感了，以致不符合恆常所得的終身概念。支持

---

3 這一章大量引用我和赫許・薛弗林1981年及1988年的共同論文
（Thaler and Shefrin, 1981; Shefrin and Thaler, 1988）。根據心理帳戶
及自我控制所做的儲蓄行為模型，詳情可見1988年那篇論文。

這個看法的證據來源很廣，而結論都是一樣的，無論研究的是所謂低頻繁的決策（low-frequency decisions）（因而形成了終身消費型態），或是高頻繁的決策（平緩每年消費水準的波動）。

終身消費曲線

儲蓄的生命週期理論，其核心是一個小丘形狀的年齡——儲蓄曲線。所得低於恆常所得的年輕人，會借錢來消費；中年人會為退休做儲蓄；老年人則是反儲蓄的，靠過去的儲蓄來消費。但眾多作者研究過整個生命週期的消費曲線的形狀，結論是它們太像所得曲線了，不符合生命週期理論及理性預期，除非是有重要的流動性限制存在。（Kotlikoff and Summers, 1981; Courant, Gramlich, and Laitner, 1986）

近來對這個問題的檢視，卡洛爾及桑默斯（Carroll and Summers, 1989）從國際觀點對生命週期理論做了評估。恆常所得儲蓄模型預測，一個國家的消費成長率主要決定於利率水準。因此，如果全球的利率都一樣，那麼長期消費成長率也應該都一樣（假設「喜好」〔taste〕——性急的程度——在每個國家都是一樣的）。但是，卡洛爾及桑默斯發現，消費成長率與所得成長率高度相關。他們研究並反駁了這樣的結果是源自於國家成長率的預期外波動、跨國資本市場不完善、或是喜好的差異。

生命週期理論另一項預測是，恆常所得水準不變時，消費曲線的形狀應該與所得曲線的形狀無關。非正式的實驗觀察顯示這不是真的，因為大多數的研究所學生，即使是那些高所得預期者，像是醫學院學生，在學校時消費都低於他們的恆常所得。實際資料的佐證也給了我們相同的印象。卡洛爾及桑默斯檢視在美國的不同職務及教育程度團體，他們的消費曲線及所得曲線，發現年齡—消費曲線受到所得曲線強烈影響。這個結果部分是因流動性限制造成的，稍後討論。

短期儲蓄

生命週期理論及恆常所得假說都意指，年復一年的所得變化會被平滑化，以致消費會占恆常所得的一個固定比例，而非目前所得的固定比例。哈爾及密施肯（Hall and Mishkin, 1982）的研究顯示普遍性地違反這個預測。尤其是，年消費對於目前所得似乎是極度敏感的。雖然這是與恆常所得的現代、理性預期模型有關的研究結果，但是實證結果相當類似米爾頓・傅利曼在消費函數原始著作（Milton Friedman, 1957）的結果。他估計消費者的折現率介於0.33到0.40之間，意指計畫的範圍在三年或更短，因此消費函數是強烈受到目前所得的影響[4]。

---

4 在一篇頗具顛覆性的論文中，迪頓（Deaton, 1987）主張實際上消

　　有一個方法可以估計對所得敏感的行為，是考慮兩種類型的消費者：一種符合恆常所得假設，另一種則是遵循「量入為出」的行事法則。坎貝爾及曼昆（Campbell and Mankiw, 1989）考慮到這樣的模型，估計出相對比例約為50比50。[5]恆常所得模型看來並不能代表典型的消費者。（亦可見弗拉凡〔Flavin, 1981〕）

　　在消費上所發現的時間序列特質，要解釋這類證據是一件難以處理的工作。然而，其對所得過分敏感的特點，在威爾喀克斯（Wilcox, 1989）一篇簡單的論文中做了證明。威爾喀克斯利用1965到1985年的月資料，研究社會保險利益的變化對消費者支出的影響。在那段期間，保險利益增加了17次，每次都至少在發生之前六到八週先宣布[6]。標準的生命週期模型對這些保險利益的增加所做的預測為，至少在改變宣布的時候，消費應該對恆常所得的新（較高的）水準做出

―――――――――

費是太平滑，而不是太波動。然而，對於消費太受到目前所得的影響這項事實，迪頓並未提出質疑。反而，他主張勞動所得的變化在恆常所得的變化中是被低估的，所以消費變化應該是大於所得變化。正確的解釋應是決定於所得的隨機屬性（stochastic properties of income）。

5 值得注意的是，在他們的模型中，即使是恆常所得類型的消費者，其跨期消費彈性也接近於零。哈爾（Hall, 1988）在恆常所得模型的情況下，也得到類似的結果。

6 事實上，由於1975年起保險收益水準已以消費者物價指數做為變動的指標，因此相當容易在宣布前幾個月就預測到會有變動。

反應。而威爾喀克斯發現,在開始收到保險利益之後,而不是在宣布的時候,消費者支出才增加。這個效果在耐久財的銷售上尤其強烈。

所得、紅利及意外之財的來源

財富上的所有變化都會在消費上產生相似的短期變化嗎?心理帳戶對意外收益的邊際消費傾向所做的預測,決定於收益的大小。小的收益(相對於所得),會被標記為目前所得,然後花費掉。較大的收益會歸入資產帳戶,而資產帳戶的邊際消費傾向是較低的(雖然還是會高於年金價值〔annual value〕)。財富變化的來源也可能很重要。有些意外之財,像是未實現的資本利得,會很自然地被視為是資產帳戶上的改變。其他像是賣股票的收益,可能被當作是所得。實證上的證據確認了這個區分方式的真實性。例如,桑默斯及卡洛爾(Summers and Carroll, 1987)的報告中指出,從股票市場所產生的資本利得,其邊際儲蓄傾向接近於1。但是哈梭波洛斯、克魯曼及波特巴(Hatsopoulos, Krugman, and Poterba, 1989)發現,當併購對股東產生現金收益時,消費會增加。他們估計從併購案中收到的稅後現金,其邊際消費傾向為0.59(雖然標準差較高),而可支配所得的邊際消費傾向為0.83,家計單位淨值的邊際消費傾向為0.03。同時,以下將討論到的,住屋財富及年金財富上的增加,甚至會有提高其他儲蓄的反向效果。

　　如果是一大筆錢的流入，即使是現金收入也可以計入資產帳戶，而不被看成是正常所得。我們可以考慮的有趣案例是紅利和意外之財。將紅利定義為完全在期待之中，但為整筆的收入。一個例子是學術機構的夏季薪資，那是確定可以收到的。想像兩位教授，約翰年薪55,000美元，每月支領。瓊安基本年薪45,000美元，一年領一次，同時保證在暑假那幾個月可以領到額外的一萬美元。標準理論預測，兩位教授會做相同的儲蓄決策。心理帳戶公式則預測，瓊安會存比較多，有兩個相關的理由：第一，由於她的「正常」薪資比較低，她會以這個水準規畫她的生活型態。第二，夏季薪資以一整筆流入時，會進入資產帳戶，邊際消費傾向是比較低的。這個預測的一項檢驗，是分析日本的紅利對儲蓄的影響[7]，日本的勞工，每半年會收到一次紅利，這是相當可預測的。Ishikawa and Ueda（1984）估計了正常所得和紅利所得的邊際消費傾向。在非衰退的年份，他們發現正常所得的邊際消費傾向為0.685，紅利的邊際消費傾向為0.437。[8]在1974年

7　一年內所得流入的時點可能會影響消費行為，這個概念是令人挫折地難以檢驗。也許因為經濟理論的預測是這類事件是不相關的，沒有標準資料庫有涵蓋不規律所得流（像是紅利）的強度及大小問題。

8　兩位作者強烈主張紅利不應該被視為臨時所得，因為它們是在預期之內的。他們也使用預期資料來檢驗這樣的假設：勞工在非預期的

到1976年石油危機造成的衰退期間,紅利所得的邊際消費傾向跳高到超過1.0,顯示在危急狀況時期,用紅利來消費。

藍茲伯格(Landsberger, 1966)檢視二次大戰後以色列收到德國賠償款的情況,是我們了解意外之財用來消費的最好資料。他研究了收到賠償款的297個家庭,金額大小不一。他發現,收到最大意外之財的一群人(金額約為年所得的66%),這筆錢的邊際消費傾向只有23%,而收到最少的一群人(約年所得的7%),這筆意外之財的邊際消費傾向超過2.0。小筆的意外之財實際上還造成兩倍的花費,這個現象在敗家家庭是很常見的。

財富是可替代的嗎?

生命週期理論是強有力的,因為它預測哪些變數應該對儲蓄有影響,而哪些變數不應該有影響。初步的概算,對家計單位的儲蓄應該有影響的因素,只有家庭成員的年齡、家庭的終身財富、利率。至於財富的組成成分有哪些,假設現值固定,不應該有任何影響。對於大多數的家計單位,財富包括三種組成:未來所得、年金及社會保險財富、房屋淨值[9]。

紅利與預期的紅利上,花費行為不同。但是卻發現沒有證據支持這個看法。

9 大部分的家計單位很少持有流動資產,即使當他們剛達到退休年抽離流動性考量，這三種類型的財富，彼此之間應該是接近完全替代品（perfect substitutes）。

年金財富

想像兩個人擁有同樣的終身收入曲線，其中一人在年金財富（pension wealth）上有十萬美元[10]，另一人則沒有年金。生命週期模型預測，沒有年金的那人應該多十萬美元的其他類型儲蓄。也就是，應該有一對一的抵銷（offset）效果。虛無假設是，如果估計因應年金財富的改變，可隨意處分的儲蓄的變化，應該是-1.0。

研究年金對其他儲蓄的影響，最早的作品是卡根（Cagan, 1965）及卡托納（Katona, 1965）所做的。兩篇都獲得令人驚訝的結果，年金財富對其他儲蓄的影響不是接近於-1.0，而是正的！年金財富增加一元會微幅地增加其他儲蓄。這

齡。這個事實支持一個看法，就是自我控制議題在研究儲蓄時是最重要的。絕大多數的家計單位實際上不做長期的「可隨意處分的」（discretionary）儲蓄。

10 美國年金財富有兩個重要的組成成分，社會保險利益及私人年金。每個領域都有許多文獻估計這項儲蓄的抵銷效果。對社會保險財富的估計問題要困難許多，因為個人社會保險財富與年齡及先前的收入有高度的相關。在控制了這兩個因素後，社會保險財富在本質上就沒有橫斷面的變異存在。因此我將只彙總私人年金的文獻。然而，有關社會保險儲蓄的文獻回顧，請見巴洛（Barro, 1978），文中並包括了菲爾德斯坦（Feldstein）的回覆。

個結果可否以選擇性偏誤（selectivity bias）來解釋呢？也就是，有儲蓄喜好的人會傾向於為有提供年金規畫的公司工作嗎？格林（Green, 1981）間接地對這個假設做了檢驗。他估計年金對次級樣本（只包括有年金的人）的抵銷效果，再次發現抵銷效果是很小的正數。這個結果要以選擇性偏誤來解釋，那麼人們必須根據年金福利及儲蓄偏好，去挑選完全符合的公司，而這似乎是令人難以相信的。在生命週期的架構下，為何有儲蓄喜好的人不是接受整體上最好的工作，然後根據公司既有的年金政策，將自己的可自由處分儲蓄調整到最適水準？其他對年金儲蓄抵銷效果的估計，得到「正確的」負值，但是沒有一個是接近-1.0（彙總及參考，請見薛弗林及塞勒〔Shefrin and Thaler, 1988〕）。人們看來並不是將年金財富視為是其他財富的近似替代品。

在「個人退休帳戶」（IRAs, Individual Retirement Accounts）方面也有類似的議題產生。核心議題在於，個人退休帳戶是否真的會產生「新的」儲蓄，或它們只是從其他（應課稅）儲蓄，重新洗牌搬到這個新的避稅帳戶中。就如凡提及懷斯（Venti and Wise, 1987, p.6）所述：「將個人退休帳戶及傳統的儲蓄帳戶視為相等的資產，或財貨，只是價格不同而已，這是很吸引人的想法，在這樣的情況下，人們可能會認為個人退休帳戶只是有價格補貼的傳統儲蓄，而能獲得價格補貼的儲蓄則有數量上的限制。……但是，……分析相當強烈地指出，消費者可不是將這兩者視為是相等的。」凡提及懷斯用「消費者支出調查」（Consumer Expenditure Survey）去分析個人退休帳戶的經驗，結論是「絕大部分的個人退休帳戶儲蓄代表新的儲蓄，不會有其他儲蓄減少的情況伴隨發生。」（P. 38）他們同時也發現，大多數個人退休帳戶使用者，在引進個人退休帳戶制度之前，並沒有做那麼多的儲蓄。

芬柏格及斯金納（Feenberg and Skinner, 1989）用報稅資料樣本，檢視「新」儲蓄與儲蓄重組假說。如果個人退休帳戶主要是重組來的儲蓄（reshuffled savings），那麼個人退休帳戶使用者比起非使用者，應該有較低的應課稅利息所得（因為使用者會將他們其他的儲蓄重組進個人退休帳戶中，因而有較低的應課稅利息所得）。然而，他們發現在每個財富階層中，個人退休帳戶的使用者都有較高的應課稅利息所得，顯示出正的抵銷效果，類似在年金研究中的發現。

其他關於使用個人退休帳戶的事實，顯示出心理帳戶及自我控制因素的重要性。因為個人退休帳戶可以為利息所得避稅，一個理性的人會盡可能提早購買個人退休帳戶，好使所得可以盡早放在此處以規避所得稅。這對於那些將資產從應課稅帳戶挪到個人退休帳戶的人來說，尤其真確。然而，根據法令規定，納稅人可以在截至次年四月中的特定一年內做可抵稅的個人退休帳戶購買。桑默斯（Summers, 1986a）

報告中揭露在 1985 年租稅年度，幾乎有一半的個人退休帳戶購買行為是在 1986 年進行的。同時，芬柏格及斯金納也發現，其他條件固定不變，一個家計單位是否會購買個人退休帳戶的一項重要預測指標，是他們在 4 月 15 日報稅截止日當天是否必須要開支票付錢給國稅局。那些必須再繳稅的人，比起會收到退稅的人，是比較可能購買個人退休帳戶的。這個結果需要心理帳戶的解釋。（「我寧願放二千美元在個人退休帳戶，也不願付給政府八百美元。」）芬柏格及斯金納發現，財富比起所得，更是購買個人退休帳戶的一項重要預測指標，顯示出那些擁有流動資產的家計單位，更可能購買個人退休帳戶。

如果個人退休帳戶的購買常常是來自於流動資產，那麼為何個人退休帳戶的購買會使得總儲蓄增加呢？一個理由是個人退休帳戶中的錢，變得流動性較低（因為有如果在 59 歲半之前提領，必須要課 10% 的特別附加稅的限制）及比較沒有吸引力。在個人退休帳戶內的資金被當作是「禁區」，除非是最最緊急的狀況才會去動用。如同凡提及懷斯（Venti and Wise, 1989, p. 11）所述，「當然，有些人可能會將個人退休帳戶的缺乏流動性當作是優勢：它有助於確保該做的事。這可能是一種自我控制的手段。」[11] 同時，如果家計單位

---

11 401-k 租稅遞延退休計畫的經驗，顯示出人們可能認為退休儲蓄的

對他們的A帳戶有一個想要的水準,那麼購買個人退休帳戶只會暫時降低A帳戶而已。類似地,那些借錢購買個人退休帳戶的人,通常會很快償還貸款(在他們達到退休年齡之前),且因而提高了淨儲蓄。

住宅財富

如同在年金財富的案例,生命週期理論假設房屋淨值是可替代的,因此是其他形式財富很好的替代品。要評估這部分的理論,從一些簡單的事實開始是很有用的。克姆及米勒(Krumm and Miller, 1986)使用1970年到1979年間的「所得動態追蹤調查」(Panel Survey of Income Dynamics)資料,研究住家擁有權對其他儲蓄的影響。他們發現以下型態。年輕的家戶會累積流動資產,以便支付他們人生的第一棟房屋所需的頭期款,然後在購買他們的住家時,提領出這些資產。之後很快地,他們又會開始累積流動資產。同時,他們也會以償還房屋貸款及累積房屋的資本利得方式,建立起房屋淨值。如果他們的住家這項資產,是其他儲蓄的良好替代品,那麼我們就可以預期,在其他條件不變的情況下,擁有

不流動性是有價值的。有些計畫容許因為「艱困」而提領,而其他的則不准。政府審計部門(Government Accounting Office, GAO/PEMD-88-20FS)報告中指出,那些不容許提領的計畫,有較高的參與率及遞延率(如果有的話)。

住宅的人在其他資產上儲蓄較少。然而，相反的情況才是真的。調查中那些從1970年到1979年之間一直都擁有住家的家戶，與那些從未買房子的家戶比較，其他情況不變的情況下，擁有自宅的家戶，其非住家儲蓄要多出16,000美元。除此之外，他們還有29,000美元的房屋淨值（home equity）。（類似的結果，請見曼徹斯特及波特巴〔Manchester and Poterba, 1989〕）

　　另一個檢視替代性問題的方法，是對住宅財富的邊際消費傾向做估計。斯金納（Skinner, 1989）即是採用這個方法。首先他以他的樣本中那些擁有自宅且未搬遷的家戶，在1976年到1981年間的實質消費的變化對住宅財富的變化，跑了一條簡單迴歸。估計出的係數與0沒有顯著差異。在更複雜的模型中，有一套迴歸得到了顯著但是很小的影響，而另一套迴歸，對家庭間的個別差異做過校正後，得到的結果顯示出，住屋價值的改變對消費沒有影響。

　　這些結果有一個可能的解釋，是根據世代間移轉這一類的論點。如果住屋價格上漲，那麼人們要儲蓄更多，好讓他們的孩子能買房子。斯金納為了檢查這個論點，研究了家庭規模對儲蓄是否有任何影響，結果發現並沒有影響[12]。同時，

---

12 我在芝加哥大學舉辦的一個研討會中得到類似的重點。我所討論的是儲蓄率會隨著恆常所得而大幅增加，雖然生命週期理論說它應該是固定的常數。參加研討會的一位來賓辯稱，之所以會觀察到這個

如果世代間移轉是重要的，那麼每個人（平均來說）都會對住屋價格的上漲有所回應，會為他們的繼承人多做儲蓄，而不是只有擁有自宅的人才這樣做。

住宅財富的邊際消費傾向低，反映在生命週期的另一個反常現象上，也就是老年人的儲蓄消耗得不夠快。這是前面討論的消費追隨所得議題的另外一個面向。年輕人及老年人，相對於生命週期的預測，是消費得太少了。雖然年輕人的行為用資本市場的不完善來解釋，是說得通的，老年人的行為則讓人更不解，尤其是那些擁有自宅的老年人。超過65歲的擁有自宅的人，很少有任何房屋貸款債務，所以他們有相當多的房屋淨值可以提用。不願花用房屋淨值顯然是自願的，如同凡提及懷斯在篇名為「但是他們不要降低住宅淨值」的論文所呈現的。（Venti and Wise, 1989, "But They Don't Want to Reduce Housing Equity."）

凡提及懷斯用1969年及1979年的六個退休歷史調查（Retirement History Surveys），來研究這個問題。他們利用一項事實：樣本中的成員，賣掉一棟房子，買另一間房子，

結果，是因為窮人的儲蓄實際上是投入於他們孩子的人力資本（花錢讓小孩唸到大學），而這不是一般儲蓄資料中可以捕捉到的。我問他是否因此將預測，沒有小孩的窮人會有中產階級的儲蓄率。他說，「不必然，一個沒有小孩的家庭可能仍會有姪子和姪女」。我應該補充，這個評語並未從觀眾中引出任何笑聲。

可以將他們的房屋淨值水準調整到較低的成本，因此從他們的行為可以推論出他們心目中想要的住宅淨值水準。他們的行為顯示出，理想的住宅淨值水準和真實的水準之間的差異，平均而言是非常小的，只有1,010美元。精確地說，住宅淨值占財富的理想比例是0.53。目前比例與理想比例之間的差距為0.0107。年齡對理想住宅淨值，實際上是沒有影響的。同時，家庭是否有小孩，對於理想的房屋淨值也是沒有影響的，這使得要當作遺產的解釋變得可疑。凡提及懷斯的結論（p.23）是：「大部分老年人是沒有流動性限制的。與標準的生命週期假說相反的是，典型的老年人家庭並不想要降低他們的住宅淨值。」

流動性限制或是負債趨避？

面對這許多家計消費的證據，許多經濟學家已經發展出假設部分人口是受到流動性限制的模型，因此無法借貸以使消費能夠平滑化（Hayashi, 1985; Zeldes, 1989）。迪頓（Deaton, 1989）有一個為低度開發國家所做的模型，與此處所呈現的看法有較多的共同性，他假設代表性的家計單位是沒有耐性且無法借貸的。這樣的模型是很重要且具啟發性的。然而，我相信流動性限制的另一個重要來源，是不想要陷入債務的家計單位所採用的「自我強加」（self-imposed）

規則。

凡提及懷斯的論文中所呈現的證據與這項看法一致。搬家的老年人如果可能的話是不願背負新的房屋貸款。反轉房貸（reverse mortgages，銀行向老年人家庭買下房子，讓他們住在裏面，並支付他們年金）一直都極不普遍，我認為有一部分原因，是因為它們被稱為「房貸」。

如果將擁有自宅的人當作一個整體來看，肯定是不受流動性限制的。根據曼徹斯特和波特巴的估計，在1988年美國的房屋淨值大約有3兆美元，其中2.5兆美元即使在新的（更嚴苛的）法律規定下，是可以抵押出來做租稅抵減的。（為了讓大家了解這個數目有多大，此處提出一個數字來做比較：1985年無擔保債務加上汽車貸款的總額為4,050億美元。）曼徹斯特及波特巴的報告提到，當人們做二胎房屋貸款時，主要的原因是要做投資，而不是要增加消費。大約一半的二胎房屋貸款都用在做房屋修繕，使得這筆錢放在同樣的心理次帳戶中[13]。

---

13 我的同事傑克·克尼區（Jack Knetsch）告訴我，在加拿大英屬哥倫比亞，超過65歲擁有自宅的人，如果願意的話，可以將房地產租稅延遲到他們死後或是出售房屋時。到那時，租稅（加上低於市場利率的利息）才需要支付。雖然許多老年人似乎是現金有限制的，且是坐擁大筆資本利得，尤其是在房屋價格大幅增值的溫哥華地區，那些合格者只有1%做了這樣的選擇。克尼區對該省提出建議，如果這個計畫的描述上能做一點小小的改變，可能會較受歡

另一個相對未開發的流動性來源，是終身壽險的現金價值。大部分的終身人壽保險保單都有一個條款，就是保單所有人可抵押並獲得一些價金，且較舊的保單，其借出的利率是相當吸引人的。例如，1979年平均保單貸款利率只有5.65%，而國庫券的短期利率平均為9.5%。雖然保單所有人無法靠保單貸款變成有錢人，但是他們肯定能夠以負的實質利率獲利。華沙斯基（Warshawsky, 1987）用1979年資料，發現合格者使用這些貸款的比率低於10%。他同時也檢視一項假說，就是人們會逐漸了解套利的機會。他的結論是，如果保單的所有人有在學習，他們可是學得相當地緩慢。根據他的估計，保單所有人花了九年的時間，才做了一半的適當調整。

前述評論不應該被視為是認為流動性限制不重要的聲明。反而，我是在主張流動性限制有兩個重要的來源：資本市場所強加的，以及個人自己強加的。後面這項來源在經濟學文獻中並未受到注意，但是可能是更為重要的。

評論

前一代的經濟學家對於儲蓄行為提出了較多的行為上

迎。就是告訴擁有自宅的人，租稅負擔會由買這個房子的人來承擔。我敢說這樣的操作會增加這個計畫的利用率。

處理。例如，艾文・費雪（Irving Fisher, 1930）強調遠見、自我控制及習慣所扮演的角色。即使是傅利曼（Friedman, 1957）的恆常所得假說也與理性預期完全不同。他說，「恆常所得因素不被視為預期的終身收入……它被解讀為消費單位將每個年齡的平均所得都視為是恆常的，決定於其經驗的範疇及遠見。」[14]現代的儲蓄理論將代表性的消費者做了愈來愈複雜的假設，假設他們的預期是與複雜的計量經濟學者相同。現在的問題看起來是這樣的：當經濟學家變得愈來愈複雜和聰明時，消費者卻很確定地還是平凡人。我們嘗試要做的模型，到底描述的是哪種人的行為，變成有待討論的問題。數年前在一個NBER研討會上，我解釋我的模型和羅伯・巴洛（Robert Barro，著名的理性主義者）的模型之間的不同在於，他假設在他的模型中所描述的人，是和他一樣聰明的，而我則將人描繪成和我一樣笨。巴洛同意我這項評估。

---

14 在卡洛爾及桑默斯（Carroll and Summers, 1989）引用這段話時，特別強調這一點。

第 10 章

按注分彩投注市場

Pari-mutuel Betting Markets

經過多次嘗試失敗之後,你終於邀得夢中情人同意與你
約會,而在辯論要去看芭蕾(你的選擇)還是去看曲棍
球(她的選擇)之後,你們總算同意一起去賽馬場。很
自然地,你打算要好好地炫耀一下對於馬匹和投注策略
的敏銳知識,因此,你買了一張比賽表,開始仔細研
究。你宣布要投注十美元在稱為「這個老牛仔」的二
十比一的冷門賭注上。你計算如果你贏了,你會得到驚
人的鈔票可以花在晚餐上,而如果你輸了,至少你會看
起來頗有男子氣慨。當你一直在研究比賽表時,她則是
晃晃悠悠,所以你就問她是否要參加你的賭注。她說,

本章與威廉·辛巴(William Ziemba)合著。

編按:威廉·辛巴(William Ziemba)為英屬哥倫比亞大學索德商
學院(Sauder School of Business)名譽教授,財務模型與隨機最適
化的校友教授。1968-2004 年他於該大學執教。

「不，我要到時候再決定。」時候終於到了，第一場比賽前五分鐘，她開始盯著賽場中央顯示賠率的大看板，然後掏出計算機，敲入一些數字算了起來。兩分鐘後，她拿給你一些錢說道，「50美元賭三號馬，玩法是前三名。」那匹馬是比賽中的大熱門之一，你很有耐性地跟她解釋，這樣的賭法即使最後贏了，所能贏得的錢也很少。她堅決地看著你，你只好照她的意思去投注。

很自然地，「這個老牛仔」是落在最後，看起來牠的名字取得很適當，而三號馬跑了第二名，2美元賭注可以贏得2.8美元。這表示她的賭注贏得70美元，整整獲利20美元。同樣的場景在每場比賽前重複上演。她從不看比賽成績表，或是任何有關的東西，直到比賽前五分鐘，才在她的計算機上敲數字。有超過一半的時間她是不下注的，她有下注的，都是賭在熱門馬身上，玩法不是賭跑進前三名就是前兩名。那天結束時，她共下注四次，全贏，她的錢累積到75美元。而在此同時，你則是忙著確認今晚的餐廳可不可以刷卡。

終於，你開口問她到底在計算些什麼。她微笑地從超大皮包中拿出一本書叫做《Z博士的跑馬賽必勝法》（*Dr. Z's Beat the Race Track*）。她說，「下次你要在跑馬場上讓另一位約會對象刮目相看，也許應該先讀讀這個。另外，你喜不喜歡玩樂透？」……

　　經濟學家投入非常多的關注在股票市場，要測試市場效率和理性的觀念。本書後面幾章會專注在這些市場。然而探險華爾街之前，我們認為先看看另外一種市場會很有用處，就是賭注（bets）或是投注（wagers）市場。投注市場在某個關鍵面向上，是更適合於測試市場運作的情形。投注市場的優點在於每一項資產（賭注）都有一個界定良好的終點（termination point），其價值在這個終點將是確定的。股票市場因為缺乏這個特點，是使得我們很難在股票市場上測試理性的原因之一。由於股票會在市場上無限期地存活，它今天的價值決定於未來現金流量的現值，以及明天別人願意購買的價格。的確有人會說，投注市場因為具有有助於學習的那些條件（快速、重複的回饋），所以會比較有效率。然而，實證研究揭發了一些有趣的反常現象。雖然有許多不同類型的投注市場存在，合法及不合法的，本章將專注在跑馬賽（racetrack）的投注及抽數碼類型（lotto-type）的樂透賽局。

跑馬場投注市場

　　跑馬場上的「市場」聚集時間約在二十到三十分鐘，在這段時間內參與者將賭注下在即將出賽的六到十二匹馬上。典型的比賽，玩法有三種，參與者可以賭哪一匹馬會跑「第一名」（to win）、「前兩名」（to place）或「前三名」

（to show）（還有「另類」的賭法，是決定於兩匹或更多匹馬的比賽結果組合）。比賽結果跑第一、第二、第三名的馬稱為「有獎金的」（in the money）。選擇跑第一玩法的參與者，只有在他們投注的馬跑第一名時才能贏錢；而玩法是前二名的參與者，只有投注的馬跑第一名或第二名才能贏錢；玩法是前三名的參與者，只有投注的馬跑了第一、或第二、或第三名才能贏錢。每種玩法都有一個分開的賭盤，彩金是以「按注分彩」（pari-mutuel）的方式來決定，也就是，彩金是用賭輸的投注總額減去交易成本後再來分配[1]。交易成本是固定比率t，包括「場地費用（trace take）」及「分彩（breakage）」費用，由於每一元賭注的報酬都是以最靠近的五美分、十美分或是二十美分來計算，為額外的成本。這些交易成本是很大的，視投注類型和場地，通常在15%到25%的範圍。

投注在每一匹馬的贏彩賭注部分，可以被解釋為這匹馬會贏得比賽的「主觀機率」（subjective probability）。加總多場比賽的結果，我們可以去檢驗主觀機率在例如0.2到0.25之間的馬真正贏得比賽的比率。這項分析的結果讓人印象非

---

1 由於彩金只以最後剩下的錢來決定，投注的人在下注時並不知道潛在可能的彩金。在英國及其他一些地方，開賭盤的業者會採固定賠率系統（fixed odds system），投注者如果賭的馬贏了錢，保證有特定金額的彩金可拿。

常深刻。群眾認為贏面最大（最熱門）的馬，的確最常贏得比賽（約三分之一的時候會贏），主觀機率和客觀機率之間的相關性非常高[2]。顯然這些市場的投注者有相當的專業技能。

主觀機率與客觀機率之間的高相關性，是否表示賽馬市場是有效率的呢？這要取決於市場效率的定義了。如果我們暫時假設，所有的投注者都是基於理性預期將預期價值[3]最大化的人，那麼市場效率的這兩個定義似乎是合適的。

市場效率條件一（弱）：所有投注都不應有正的預期價值。

市場效率條件二（強）：所有投注的預期價值都相同：（1−t）乘以投注金額。

雖然跑馬場可能是驚人地有效率，但是有許多證據顯示它違反上述這兩個條件。最堅實的反常實證規律被稱為「熱門—冷門偏誤」（favorite-longshot bias）。也就是，每元賭金

---

2 請看例如：懷茲曼（Weitzman, 1965）、羅塞特（Rosett, 1965）、亞利（Ali, 1977）以及斯奈得（Snyder, 1978）的論文。

3 風險中性似乎是合理的初步假設，因為大多數投注者可能只是賭上他們總財富的一小部分。其他對於風險特性的假設會在評論那一節再做討論。

的預期報酬，會隨著馬匹贏賽的機率而單調增加。熱門馬贏
的次數高於主觀機率所顯示的，而冷門馬則低於主觀機率所
顯示。這表示投注在熱門馬身上是比較好的下注。的確，極
端的熱門馬——那些賠率[4]（odds）低於3比10的馬（有大於
70%機會贏得比賽），實際上有正的預期價值。這違反了條
件一。

　　圖10-1以之前出版的研究數據（涵蓋了超過五萬場的比
賽），顯示出「熱門—冷門偏誤」。圖上的點，為不同市場
賠率馬匹的每元賭注預期報酬，交易成本t假設為15.33%，
這是加州所用的交易成本比率。水平線表示預期報酬為
$0.8467 \times (1-t)$，這會發生在賠率約為9比2（亦即，約有
15%的機率會贏）。對於賠率高於18比1者，在預期報酬上
會陡降，在100比1時每元賭注的報酬掉到只剩13.7%。這
表示如果你賭一匹賠率為100比1的馬，你在730場的比賽
中才會贏一次！對於賠率低於3比10的馬匹而言，預期報酬
是正的，最小賠率的馬匹報酬約為4%到5%。（這可以用最
低報酬的存在來做部分解釋，幾乎全美的賽馬，每1美元投
注的最低報酬通常都為1.05美元）。雖然這樣一面倒的熱門
馬太少了，但還有其他可獲利的投注策略將在以下討論。

---

4 跑馬賽中的機率傳統上稱為「賠率」（odds）。如果一匹馬的賠率
　是「x比1」，那麼這匹馬會贏的隱含機率（implicit probability）為
　$1/(x+1)$。

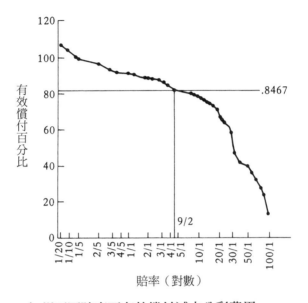

圖10-1　加州不同賠率下有效償付減去分彩費用

資料來源：辛巴及浩許（Ziemba and Hausch, 1986）

　　市場效率的另一個檢驗，是和相當的賭盤作比較。

例如，大部分的跑馬場都有提供「每日連注」賭盤（daily

double bet），玩法是投注者選擇前兩場比賽的贏家。假設一

位投注者考慮買每日連注彩票在第一場賭A馬，第二場賭B

馬。那麼另一個替代性的投注策略（稱為「連本帶利繼續下

注」〔parlay〕），是在第一場比賽賭A馬，如果A馬贏了，

就將所有獲利在第二場賭在B馬上。效率性的要求是賭A馬

和B馬的「每日連注」的報酬，與「連本帶利繼續下注」在

A馬和B馬身上的報酬必須要一樣。亞利（Ali, 1979）、亞序及匡特（Asch and Quandt, 1987）對這項命題都做了檢驗。這些檢驗所得到的結論是，「每日連注」及「連本帶利繼續下注」兩種方式，相對於彼此，在定價上是合理地有效率，雖然投注者應該比較喜歡「每日連注」的賭法，因為它的交易成本較低。

還有一個類似的檢驗，是使用「精確」（exacta）賭法，就是投注者必須以正確的順序選擇跑第一名及第二名的馬匹。正如用「第一名賭注總合」（win pool），不同馬匹的賭注相對金額，可以用來計算該匹馬跑贏機率的隱含預測，「精確」賭法也有類似的計算方法，是用所謂的「哈維爾公式」（Harville formula, Harville, 1973）。如果 q_i 是 i 馬跑贏的機率，那麼它假設 i 馬跑第一名，而 j 馬跑第二名的機率是 $q_i q_j / (1-q_i)$。（類似地，i 馬跑第一且 j 馬跑第二且 k 馬跑第三的機率為 $q_i q_j q_k / [1-q_i][1-q_i q_j]$。）[5] 亞序及匡特（Asch and Quandt, 1987）使用「哈維爾公式」去比較「第一名賭注總合」及「精確賭注總合」所顯示出的主觀贏的機率。他們發現大眾的投注行為，並不符合數學一致性模式。從兩個賭注

---

5 由於哈維爾公式需要的資料非常少，它們是相當準確的。然而，它們傾向於高估賠率低的馬匹會準確地跑第二或第三的機率。更準確的估計公式是由史登（Stern, 1987）演算出來的，但是這些公式需要全部參賽馬匹的資料。

總合所得到的特定馬匹跑贏的隱含機率，常常差異很大。

投注策略

跑馬賽的投注策略，就像在股票市場一樣，有「基本面」和「技術面」的差異。基本面策略都是根據公開可得，用在「拉平」比賽（handicap races，譯注：讓步賽之意，透過加分或給予其他好處予較弱的選手來平衡參賽者贏得比賽的機率）的資訊。使用基本面或是讓步賽策略的投注者，企圖找出哪一匹馬有超過市場決定的賠率的機會贏得比賽[6]，並足以涵蓋場地費用的數額。技術分析的系統需要較少的資訊，只用目前投注的資料而已。使用技術分析的投注者，企圖發現市場的不效率，當正的預期價值出現時，投注在這類目標上。大部分的學術研究都專注在後面這種策略上[7]。

浩許、辛巴及魯賓斯坦（Hausch, Ziemba, and Rubinstein, 1981，簡稱HZR）開發並檢驗了用在「前兩名」市場及「前三名」市場的一項策略。他們使用「第一名賭注總合」及

---

6 魁林（Quirin, 1979）有一本討論讓步賽很有用及有看法的書，是根據眾多的真實資料所做的。而在討論讓步賽方面，目前最進步的是在米歇爾（Mitchell, 1987）及魁恩（Quinn, 1987）書中論述。

7 亞序及匡特（Asch and Quandt, 1986）研究過專業的讓步策略者（"touts"，賽馬情報偵查者）或電腦化讓步系統的建議，是否可以用來發現可獲利的投注方式。他們的結論是，兩種都不是非常有用。請同時參考米歇爾（Mitchell, 1987）。

「哈維爾公式」，根據「第一名賭注總合」計算每一匹馬在「前兩名」及「前三名」玩法中贏錢的機率。使用這些方式，他們可以找出在「前兩名」和「前三名」玩法中被低估的馬匹。基本的概念是將在「第一名賭注總合」中投注在i馬的賭注比率，與在「前兩名」或「前三名」賭注總合中投注在i馬的賭注比率，兩者做比較。舉例而言，如果在「第一名的賭注總合」中有40%是投注在i馬，但是在「前二名的賭注總合」中只有15%投注在i馬，那麼賭i馬會跑進前二名，就是會獲利的。這類會獲利的投注機會通常在一天中會發生二到四次。實證上對兩季賽事資料所做的研究指出，在「前二名」及「前三名」的市場中，每注11%的顯著報酬是可能的[8]。這違反了「弱的市場效率」條件。尤有甚者，這個系統的公諸於世看來並未消除有獲利的投注機會。

　　辛巴及浩許（Ziemba and Hausch, 1986）還開發了類似的技術，可以找出並利用「精確」玩法市場中的不效率。最常獲利的賭注在第二名。圖10-2為他們的研究中所繪製的「第一名」及「第二名」的機率與賠率，圖中顯示出低賠率

---

8 這個系統的詳細資料，請參閱辛巴及浩許的論文（Ziemba and Hausch, 1987），它們1985年的論文延伸HZR的研究結果，分析了交易成本、兩匹馬進場序及多種投注法上的差異，所產生的影響，提出不同財富水準及投注規模下的精確迴歸模型。他們也探討了市場要有效率，需要有多少的投注人採行這樣的系統。

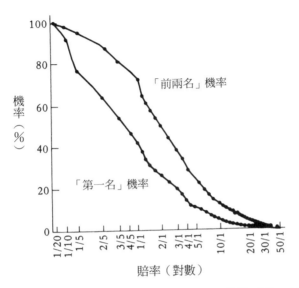

圖10-2　加州不同賠率水準下「第一名」及「前兩名」的機率

資料來源：辛巴及浩許（Ziemba and Hausch, 1986）

馬匹有很高的機率跑第二名。投注大眾很可能會低估了這個機率。其他常見的可獲利下注，是來自「極端的熱門—冷門偏誤」（extreme favorite-longshot bias）。賭極端熱門的馬跑第一名，是可以因此而有獲利的。大眾對這些超級馬匹投下了相當可觀數量的賭注，但是仍不及應該投注的量。在「精確」玩法中，冷門馬的組合幾乎從來都不是好的賭法；這類賭法最常見的報酬為一美元獲得10到13美分。

　　亞序、墨基爾及匡特（Ash, Malkiel, and Quandt, 1984,

1986）與亞序及匡特（Ash and Quandt, 1986）研究在投注期間後半段賠率的下降是否可能反映出內部資訊，並因此指出賭注可能會有正的預期報酬。一般的賽馬習慣顯示，聰明的人都較晚下注。亞序、墨基爾及匡特（Ash, Malkiel, and Quandt, 1982）使用亞特蘭大城跑馬場的729場賽事，賭盤中不同時點的數據資料所做的研究，發現贏得第一名的馬匹最終賠率有低於「早盤賠率」（morning line odds，拉平賽事者〔track handicapper〕所預測的賠率）的傾向，而沒能贏得任何賭彩的馬匹，其最終賠率則是遠高於早場賠率。在接近下注期間結束前，比較明確的是對第一名的影響。第一名的最終賠率為早場賠率的96%，但是在最後八分鐘下注的錢，邊際賠率是早場的82%，而在最後五分鐘下注的錢則更進一步掉到79%。最後一名的最終賠率大約是早場賠率的1.5倍。亞序及匡特（Ash and Quandt, 1986）開發了一個第一名機率的「分類評定模型」（logit model of the probability of winning），使用最後幾分鐘的賠率變化做為因變數，然後用分類評定模型來尋找可獲利的投注策略。他們在第一名的賭注總合（win pool）中，無法找到任何可獲利的賭注，但是他們在前兩名（place pool）及前三名（show pool）的賭注總合中確實有找到。很明顯地，前兩名及前三名的熱門賭注，這些熱門馬匹的賠率在最後幾分鐘的下降，會產生一些小獲利。這與辛巴和浩許（Ziemba and Hausch, 1987）的研究結果是一致的，辛巴和浩許的研究結果顯示前兩名和前三名賭盤有不效率的情況存在。

橫跨不同跑馬場的賭盤

　　賭馬最近的一項發展是投注者可以在當地的跑馬場，對其他跑馬場進行的主要純種馬馬賽投注。橫跨不同跑馬場的賭盤（cross track betting），產生了新的及有趣的市場效率問題。雖然因為交易成本高以及大部分的賽馬場內沒有公共電話，使得套利變得困難，但理性預期似乎暗示我們每個跑馬場的賠率會幾乎相同。不過在事實上，它們常常會劇烈變動。例如，1986年的肯塔基賽馬會（Kentucky Derby）跑第一名的佛帝南德（Ferdinand），二美元賭注支付16.8美元彩金，是由加州好萊塢跑馬場（Hollywood Park）支付的，因為牠常在當地出賽且非常有名。而在紐約的阿夸達特（Aqueduct）付出的是37.4美元，多倫多的戊德拜恩（Woodbine）79.6美元，佛羅里達的海利（Hialeah）63.2美元，路易斯安那的伊凡裘林（Evangeline）90美元。

　　純粹的套利或許困難，可獲利的下注策略則是有可能的。浩許及辛巴（Hausch and Ziemba, 1987）為跨馬場的賭盤開發了一套最適下注模型，其假設為在所有的跑馬場最終賠率都能即時得知，可供計算並在任一跑馬場下注。這套系統的精髓在於假設主場跑馬場的賠率是精確的（經過熱門—

冷門偏誤修正），然後利用不效率性在其他跑馬場選擇一套下注組合。如果不同跑馬場的賠率的差異夠大，甚至可以對每一匹馬在賠率最佳的跑馬場下注，而創造出真正的套利機會。不幸的是，在缺乏精密通訊系統的情形下，這些策略並不實際（也可能不合法）。然而，一位芝加哥商品交易商，開發了一套使用可攜式電話的單一跑馬場系統，用於跨不同跑馬場的賭盤。下注者在電視上看主場跑馬場的賠率，然後在其他跑馬場尋找下注標的。

樂透彩

摸彩遊戲可以追溯到至少是聖經的年代。以色列是以抽籤的方式分割給七個部落的。耶穌的聖袍則是給了摸彩的得主，因而不必裁切。西斯汀教堂（Sistine chapel）及其著名的壁畫是靠樂透彩支應的。義大利的樂透彩從 1530 年開始經營。有超過一百個國家有樂透彩。樂透彩跟隨英國清教徒一起進入北美洲，它們用於部分資助新學校的成立，像是哈佛、普林斯頓及耶魯大學。之後它們也被用於募款及支付名人的債務，如傑弗遜（Thomas Jefferson）。十九世紀末期的極端腐敗導致樂透在美國及加拿大被禁止。1964 年它在新罕布夏州再度現身。在加拿大則是用來支付 1967 年蒙特婁世界博覽會（Expo 1967）。從那時起，在普及率及銷售量上就有爆炸性的成長。然而,由於其報酬率一美元為40到60美分,對於理性的投資人而言,通常算是很差的投資。

即使報酬率是如此之低,在樂透彩遊戲中卻有可能獲得正的預期價值。會發生這樣的情況是因為並非所有的數字受大眾歡迎的程度都相等。首位正式開發這個模式的可能性的人是雪諾夫(Chernoff, 1980,並由他的學生做了檢定),他使用的是麻薩諸塞州的數字賽局。在這個賽局中,目標是從0000到9999之中挑選一個號碼。如果你的號碼被抽中,你可分得總合的一部分。如果有三個數字符合將可得到附獎。雪諾夫發現有些特定的號碼是不受到歡迎的:有0的、有9的,程度較輕的是有8的。他的理論分析顯示有些組合是有正值的預期價值,導致他的一些學生會系統性地下注在「好的」數字上。然而,那些學生並未有很好的報酬。第一,冷門的數字隨著時間會變得比較不那麼有利可圖,因為學習加上簡單迴歸值會逐漸接近平均值。第二,他們使受害人墜入可怕的「賭徒的墮落」(gambler's ruin)。學生沒有足夠的財力可以撐過獲得大筆利潤所需的時間。最後,他們的運氣不夠好:冷門數字比預期得更不常出現。

在北美洲獲得最多注目的賽局是Lotto 6/49或是類似的賽局。這個賽局的玩法是從49個數字中挑選六個,如果全部符合,就可贏得累積賭注(jackpot)。三到五個數字符合的可以得到較小數額的彩金。這個賽局中選到頭彩組合的機率是1/13,983,816：如果你一星期玩兩次，可以預期在134,360年後贏得頭彩，即使對於理性的經濟學家來說，這也是非常長的時間！

這個賽局有兩項特性引起理性投資人的興趣。第一，和數字賽局一樣，有些數字會比其他數字熱門。第二，如果沒有人中到大獎，彩金會累積到下個星期。因此彩金可以累積到很大金額[9]。辛巴及其同事1986年的研究，對於這些因素是否會產生有利的投資機會做了研究。使用許多估計方法來計算最佳數字：簡單計算數字被圈選的次數，以及複雜的限制性最大概似模型（constrained maximum likelihood model）。全都導向相同的結論，就是有15到20個數字是相當冷門的。而且，這些數字實際上每年都相同。雖然經過幾年已得到一些學習心得，因此這些數字已經沒有以前那麼不受歡迎，但不受歡迎的冷門數字仍傾向繼續冷門。實際上，預期報酬超過一美元的數字組合有數千個，即使是沒有累積彩金的時候亦然。最佳數字投注的預期價值隨著彩金累積而增加，而且在彩金非常大的時候會趨近於每一美元約為2.25美元。最佳數字傾向是較大的數字（非生日的數字），以及

---

9 在美國，樂透彩金的宣告常常是使用大學募款人及職業運動員經紀人的會計方法，也就是不折現的名目美元（undiscounted nominal dollars）。彩金的稅後現值通常只有宣告價值的三分之一。然而，在加拿大，彩金是以現金支付，且無加拿大的稅負。

那些結尾是0的、9的、以及8的。根據迴歸模型，最冷門的12個數字為32、29、10、30、40、39、48、12、42、41、38及18，這些數字受歡迎的程度約比平均低15%到30%。使用邊際方法（所選數字較平均低兩個標準差），我們發現19個最冷門的數字為40、39、20、30、41、38、42、46、29、49、48、32、10、47、1、37、28、34及45。這些數字的優勢從26.7%掉到3.2%。最受歡迎的數字是7，被選到的機率比平均數字高將近50%。

問題仍然在於——在樂透賽局中賭冷門數字是否賺得到錢？答案是非常保留的「是」。雖然你一美元賭注預期價值可以達到二美元，但是得頭獎的機會是非常小的。以一個例子來看看，一個假設性的大輪盤賭戲，有一百萬個輻軸，在一到一百萬之間選一個數字，投注一美元，如果你選的數字中獎，你可以得到二百萬美元。雖然你有優勢，但贏獎的機會是如此渺茫，你可能在贏得大獎之前就先破產了。要分析這個問題，我們需要一個財富成長（growth of wealth）vs.財富保障（security of wealth）的模型。麥克林、辛巴及布拉新柯（MacLean, Ziemba, and Blazenko, 1987）開發了這樣的一個模型，研究的問題是：一個國家可以靠玩樂透彩增加其長期財富嗎？答案是「可以」。用很小的賭注，可以將最初的籌碼，假設為一千萬，在輸掉五百萬之前增加十倍，機率接近於一，但是即使是全世界的賭局都玩，這個過程也要數千年。如果只是單一的樂透賭局，則需要好幾百萬年。對我們大多數的人而言，更有興趣知道的是：一個人或是一群人用冷門數字能夠致富嗎？這是更困難的，尤其是如果想要風險低的話。資金並不困難，最適賭注可以低到每週對十組數字之一投注十美分，但是這些有志氣的百萬富翁，在他們的繼承人終於達到目標時，極可能已躺在墓地裏了。最好還是玩冷門數字——它們有優勢，如果你中獎將會贏得平常彩金的三到七倍——但你可得要玩上非常長的一段時間才會中獎。

　　樂透彩最吸引人的一點是，賭注總合中指定做為累積彩金的部分，在無人贏得累積彩金時，會累積到下一期的賭局彩金中。贏得龐大累積彩金的願景，正是樂透彩券有這麼多人著迷和購買背後主要的推動力量。是否值得買下所有的數字因而贏得大獎呢？要能獲利有兩個必要條件。簡單地說就是(1)要有龐大的累積彩金（在6/49的樂透彩中，需要770萬美元）；(2)賣出的彩券「沒有很多」。雖然這兩個條件不太可能發生，但是在加拿大和其他地方的小型樂透彩的確發生過，買下這樣大的一筆總數確實是合理的策略。然而，重要的是必須強調，即使符合這樣條件的情況發生了，買下總數會產生龐大的交易成本，因為彩券的買與兌現是要一筆一筆做的，你得祈禱沒有其他人同時也買下全部的數字（詳情請見辛巴及其同事1986年的研究）。類似的情況有時會在另類的賽馬賭局中發生，像是「選六」（在六場連續賽事中選

擇第一名），以及相關的另類賭法。在這些賭注總合中會有
龐大的累積彩金，買下總數有可能獲利。事實上，至少有兩
個主要的組織成功地打入這個領域。

評論

跑馬賽賭局

賽馬賭局市場是令人驚訝地有效率。市場賠率能夠非常
精確地估計贏賽的機率。這顯示跑馬賽的下注者有著非常好
的專業，而且應該認真去研究這個市場。然而，此處出現了
兩個顯著的反常現象：熱門—冷門偏誤，以及前兩名及前三
名市場的不效率性。要如何解釋這些反常現象呢？

匡特（Quandt, 1986）提出以下有關熱門—冷門偏誤的
論點（同時可見Rosett, 1965）。投注人下注在已知有負預期
價值的標的上，意味著他們必定是「局部的」風險追逐者[10]。
這顯示通常的風險—報酬關係是會逆轉的。在達到均衡時，
變異數高的投資（賭注），其平均報酬低於變異數低的投
資。雖然這項論點具邏輯上的一致性，但是我們覺得無法為
觀察到的行為提供令人滿意的解釋。關鍵議題在於，投注人

---

10 局部地追逐風險（locally risk seeking）表示投注人在特定的財富水
　準時，他或她會願意接受不公平的賭局。在其他的財富水準下，相
　同的個人卻可能是風險趨避者。

在跑馬賽中下注的真實情況中，是否可以合理地得出他們是追逐風險者的推論。

何謂「局部地追逐風險」（locally risk seeking）？亞序及匡特（Asch and Quandt, 1986）發現大部分的賽馬迷，包括他們自己，都有買保險，因而認為財富函數的效用可能的型態是如傅利曼及沙瓦吉（Friedman and Savage, 1948）所說的形狀，也就是在目前財富水準以下是內凹的（concave），而在目前財富水準以上是外凸的（convex）。雖然這個假設可以解釋為何跑馬賽的投注人也會購買保險，但是肯定無法適當地解釋投注人的其他行為，例如投資。我們試圖猜測一下，如果涉及退休儲蓄，亞序與匡特教授將不會願意為了獲得較高的風險水準，而接受低於平均的報酬。實際上，在閱讀過他們的另一位合著者的股市書籍後（Malkiel, 1985），我們猜測在涉及投資時，許多跑馬賽的投注人通常都是風險趨避者。因此，「局部地追逐風險」這個名詞可以適用在跑馬賽的投注人身上，唯「局部」這個詞，指的是「置身何處」而不是「財富水準」[11]！

---

11 更基本的問題是個人是否展現出一致的「特性」（trait），可以用風險趨避或風險追逐的指數捕捉到的特性。心理學家發現大部分這類的特性是高度情境性的，風險追逐也不例外。如保羅‧斯拉維克（Paul Slovic, 1972, p.795）的評論：「雖然關於冒險動力的知識仍然很有限，但是有一項重要的觀點已經有充分的研究——就是關於一個人在情境轉換時的獨特冒險偏好的穩定性。最常見的是，在測驗

　　賽馬迷確實會到賽馬場去下注——如果你沒有切身利益相關，觀看賽馬就不會那麼有趣了。真正的問題在於，我們用理性預期、預期效用最大化及風險偏好等假設，對賽馬下注的行為可以解釋到什麼程度。我們來看看下列有關跑馬賽投注人的標準行為：

1. 大部分人所帶的籌碼只是其財富的一小部分。（1985年每人平均賭注每天約為150美元，中數確定會更低。）
2. 他們會將籌碼分散在下賭日的不同場次，意圖在每一場次下注（除非他們在當天賽事結束前就用光了籌碼）。
3. 參與賽事的一群朋友，很少會彼此打賭，雖然他們可因此保證有一個零和遊戲，且能隨他們所欲增加輸贏的幅度。

　　這些事實是否與前面所敘述的假設一致呢？

　　另一個在這個架構內解釋的事實，是在每個比賽日的最後兩場比賽，熱門—冷門偏誤有強化的傾向（麥克葛羅施林〔McGlothlin, 1956〕是第一個指出這一點的）。大部分的觀察家（例如：McGlothlin, 1956; Kahneman and Tversky, 1979;

　　中，一個主體要面對不同的冒險任務，包括問題解決、運動、社交、工作及純粹的賭博情境。這類研究中有接近一打的研究結果顯示，一個人從一個情境轉到另一個情境，其冒險偏好水準之間的關聯性極低。

Asch and Quandt, 1986）似乎都同意是什麼原因造成的。平均而言，投注人一天下來是從頭輸到尾，他們會想要贏錢回家，但是不要冒輸更多錢的風險。因此，他們投注在冷門馬身上，希望能打平當日的損失。請注意，這個行為很難在傅利曼—沙瓦吉的架構下做解釋。為何財富的減少會提高尋求風險的傾向呢？

我們覺得比較可行的賽馬投注（以及其他賭博行為）模型的建立方法，是引入第九章討論過的心理會計（mental accounting）概念。為了了解心理會計在此處如何應用，請試想下列的思想實驗。一對同卵雙生的兄弟亞特與巴特（財富水準也相同），現在正在跑馬場，盤算他們在當天最後一場比賽的賭注。

亞特到目前為止已經輸了100美元，身上還剩100美元。

巴特到目前為止是不輸不贏的狀況，但是在馬賽中場休息時間，他在報上的財經版看到他持有100股的股票，股價在前一天跌了1點。

請注意，這對雙胞胎兄弟都損失了100美元，因此任何以財富做基礎來解釋他們投注行為的說法，一定預測他們會做類似的投注。然而，在心理會計的架構下，亞特在賽馬帳戶上是落後的，而巴特是持平的；因此，他們的行為可以非常不同（符合這個看法的證據，請見Thaler and Johnson, 1990）。一旦引進心理會計的觀念，就比較容易了解為何一個在跑馬場上是風險中立或追逐風險的人,在退休儲蓄方面卻是風險趨避的。

至於熱門—冷門偏誤,可能有許多行為因素發生作用:

1. 投注人可能高估了冷門標的贏得賽事的機會。

2. 投注人可能在計算賭注的效用時給予贏得賽事的微小機率過高的權重(Kahneman and Tversky, 1979)。

3. 投注人的效用可能只來自於持有冷門馬的彩券(譯注:冷門馬跑贏才能感受到興奮)。畢竟花二美元得到這樣的興奮是很便宜的事。

4. 選擇冷門馬而贏到錢,比選擇熱門馬而贏到錢要來得更有趣。預測 1 比 5 的熱門馬會贏得比賽,很難拿來誇口(預測會跑進前兩名或前三名就更不值得提了),但是如果 20 比 1 賠率的冷門馬贏得比賽,就會是相當可以炫耀的事。

5. 有些投注人可能會以本質上不理性的理由來做選擇(例如,馬匹的名字)。由於不可能賣空,這類的投注人會將最差馬匹的賠率拉低,因為「聰明錢」只會引導投注人投注在熱門馬身上。

前兩名及前三名的賭注總合似乎不如第一名賭注總合來得有效率,這個事實也是很有趣的觀察。其中一項重要的因素可能只是因為這些賭注比較複雜。舉例而言,前三名賭法的賭注報酬不只決定於那匹馬是否贏到錢的機率，也決定於其他馬是否贏到錢，以及每一匹馬的賭注。（跑進前三名的馬所得到的賭注比例愈高，報酬就愈少。）投注人可能只是偏好簡單的賭法[12]，或是他們可能只是很難決定在前兩名和前三名賭注總合，何時才是下注的最佳時機。

從這個分析中所導出的一項重要結論是，要建立博奕行為模型是件複雜的事。投注人的行為決定於眾多因素，例如他們在之前的比賽中的作為，以及在事實發生後他們得到什麼樣的心得。此處應該要強調，這些複雜性對投資行為都有相等力道的適用性。如莫頓・米勒（Merton Miller, 1986, S467）所說：「……（對許多個別投資人而言）股票通常不只是我們經濟模型中抽象的『獲利組合』（bundle of returns）。在每一張持股背後可能都有一個關於家族事業、家族爭執、遺產、離婚協議的故事，以及一大堆與投資組合選擇理論幾乎完全無關的其他考量。我們在建立模型時，避開這些故事，不是因為這些故事沒有趣味，而是因為它們可能太有趣了，因而會使我們分心，脫離應該是我們關心焦點的全面性市場力量。」雖然我們同情米勒的自我控制問題——我們也發現這些故事是難以抗拒的有趣——我們覺得要了解市場

---

12 在財務金融文獻中類似的案例，請見 Elton, Gruber, and Rentzler, 1982。

力量，模型中除了「獲利組合」之外，必須包含進更多的東西。的確，即使是專業的投資組合經理人，對於打敗標準普爾指數的關心，也甚於對最大化利潤的關心。事實上，我們懷疑在第四季落後於市場的基金經理人，其行為會很像跑馬賽中的投注人，在當天結束時仍輸錢時，會投注在冷門馬身上。

樂透彩

經濟理論是如何解釋樂透彩的呢？在超低的報酬率下，可能會預測沒有人會買樂透彩券。然而，如果我們說顧客一美元的花費中，50美分買的是夢想，這樣的說法會比較容易合理化樂透彩的購買行為。這樣就是很好的交易。熱門及冷門數字的存在，則是較難合理化的。看起來經濟理論產生了這個自相矛盾的預測：沒有人會選擇最熱門的數字[13]。

要了解這個現象，先知道這項事實會很有幫助：樂透彩一直到紐澤西引進一種玩法，讓投注人自己選數字，才在北美洲開始風行起來。這種玩法受到歡迎，似乎可以用心理學家雅倫‧藍爵（Ellen Langer, 1975）所謂的「控制的幻覺」（the illusion of control）來解釋。即使是在純粹機率的賽局

---

[13] 這讓我們回想起美國職棒球星尤基‧貝拉（Yogi Berra）的名言：「甚至沒有人會再去那裏，因為太擁擠了。」

中，如果他們能控制自己的命運，而不是決定於純粹的「機會」因素，參與者會覺得他們較有勝算。例如，藍爵發現在她的實驗中，受測者會比較不願意放棄自己選號（價格較高）的樂透彩券，甚於隨機選號的彩券。

有一則新聞提供了一個生動的控制幻覺（以及技巧與機會混淆）的案例。有一年，西班牙全國大樂透聖誕節彩券得主，在電視上受訪時被問到：「你怎麼辦到的？你怎麼知道要買哪一張？」我們這位得主回答，他到處找會賣給他結尾數字是48的彩券行。他再被問道，「為什麼要48？」他的回答是，「喔，我連續7個晚上夢到7這個數字，由於7乘7是48……」[14]

---

14 這個引述案例出自 Russo and Schoemaker, 1989。

第11章

股票市場上的日曆效應

Calendar Effects in the Stock Market

你的姊夫是股票經紀人，他老是要你聽聽他的意見。並非你不信任這個姊夫，而是你不信他說的那一套。好了，這時候他打電話來了，說了一件奇怪的事。他說有一份刊物名為《股票經紀人年曆》（*Broker's Almanac*），是出版《農民曆》的同一批人出版的。這本每年12月上市的刊物，似乎是預測未來一年中，華爾街會有好行情的一些特定日子。對於一年中的每個交易日，它都標記了金錢符號$，從一到五個$不等。這份刊物聲名遠播，因為它在1987年10月19日那天，只標記了一個$，而當天股市大跌五百點。證券公司裏有許多人真的開始注意這份刊物，引起公司裏做研究的人的興趣。其中有位專家蒐集了過去幾年的刊物，檢視年曆上的紀錄。他很驚訝地發現，每天的$數目與實際上的獲利，真的有顯著的相關性！他在週末花了很多時間，嘗試找出這是怎麼一回事。他的發現相當有意思。
年曆上的預測有很明顯的特定模式。通常，星期五都被
預測有好行情，而星期一是壞行情。一月份通常有較多
的$，尤其是每個月的月初那幾天。事實上，所有月份
平均來看，每個月的最初幾天和最後幾天，都有高於平
均的預測。最後，在法定假日之前幾天，會有最高的預
測。他們每年都使用這個相同的模式。尤其是，他們預
測的全部解釋能力都來自這些「特殊日子」。他們對其
他日子的預測與實際上的結果並無相關性。好了，這釐
清了這些年曆編輯的運作方式，但是對於為什麼會準
確，仍得不到解答。除非，這些模式的確是存在的……

基於許多理由，證券市場是尋找反常現象的好地方。首
先，該市場有足夠的數據資料：從1920年代起，在紐約證
券交易所上市的公司，每家股票的月價格資料都有。第二，
證券市場被認為是所有市場中最有效率的。如果在那裏出現
反常現象，很難將之歸咎於交易成本或其他的市場失靈。第
三，在證券價格方面，已有發展成熟的理論，像是「資本資
產訂價模型」（Capital Asset Pricing Model, CAPM）[1]，為可能

---

1 CAPM為現代財務市場理論的基礎。其最重要的貢獻在於將分散化
的觀念融入資產訂價之中。很顯然地，持有許多股票的投資組合，
比起將所有的錢放在單一種股票上，風險要來得低，只要個別股價

的檢驗增加一些架構。然而最近幾年來，已有些不同了。研究的結果指出，那些本益比（price-earnings ratios）很低的廠商、小型廠商、不配發股利的廠商、在過去虧掉大半價值的廠商，全都賺到超過CAPM預測的獲利。然而，另一群反常現象已經浮現，是更令人疑惑的，就是季節性模式（seasonal pattern）。

一月效應

　　效率市場假說的預測告訴我們，股價是「隨機漫步」（random walk）的。應該不可能從過去的事件預測未來的獲利。檢驗這項假說的首次嘗試，檢視了短期股票價格的序列相關性（serial correlations）。證據符合隨機變動，因而判斷其為「無顯著序列相關」。然而，近來研究人員進行了一種不同型態的檢驗。在羅柴夫及金尼（Rozeff and Kinney, 1976）深具影響力的論文中，他們發現1904到1974年間，紐約證券交易所（New York Stock Exchange, NYSE）的平均加權股價指數（equal-weighted index），有季節性模式存在。尤其是，一月份的獲利較其他月份要高出許多。一月份的月平均獲利

變動之間不是完全相關。在CAPM中，風險較高的股票必須支付較高的獲利，在此，風險是以與其他股票報酬的相關性來衡量的。這項風險指標稱為「beta」。

約有3.5%，而其他月份的平均約為0.5%。整年度的獲利幾乎有三分之一發生在一月份。有趣的是，在只包含大型廠商的股價指數中，卻觀察不到一月份的高獲利情況，例如「道瓊工業平均股價指數」（Dow Jones Industrial Average）。由於平均加權股價指數是在NYSE上市的全部廠商股價的簡單平均，給予小型廠商的權重高於他們在市值中的比重。這表示，一月效應主要是小型廠商效應。事實上，的確是如此。

在一份對小型廠商效應的研究中（請見Banz, 1981），唐納·侃姆（Donald Keim, 1983）發現，小型廠商的額外獲利（excess returns）在時間上是集中的。小型廠商的額外獲利有一半在一月進來，而一月份獲利的一半發生在前五個交易日。因此，NYSE平均加權股價指數一月份的高獲利，主要是小型廠商一月份的高獲利所推升的。馬克·瑞恩加納（Marc Reinganum, 1983）進一步澄清這個狀況，他指出一月份獲利較高的小型廠商，是那些在前一年有價值損失的廠商；而那些前一年的小「贏家」，則未觀察到前五個交易日的額外獲利。

瑞恩加納的研究動機是一月效應有一個可能的解釋，是「租稅損失出售」（tax-loss selling）。這項假說的主張是，前一年股價下跌的廠商，在該年的最後幾個月，股東會認賠殺出手中持股，所以股價會進一步下跌。然後，到了新的一年，出售持股壓力消失後，股價就會反彈。無論這項主張的

根據是什麼，我們必須強調，這不是根據所有市場參與者的
理性行為。事實上，理查·羅爾（Richard Roll, 1983, p.20）
將這項主張稱為「明顯地荒謬」（patently absurd）。他指出
即使有些投資人的交易行為受到避稅動機的驅使，其他投資
人也會預期到一月份有這樣的額外獲利，而提前買進。雖然
羅爾以明顯嘲笑的口吻描述這個假說，但和瑞恩加納一樣，
他也發現一些符合這個效應的證據。他指出，在前一年有負
報酬的股票，在一月份的獲利是較高的。

　　為了探索租稅損失出售假說，同時也想要了解一月份
的獲利是否可能只是統計上的人為因素所致，一些研究者
檢視了其他國家的季節性模式。古特金及古特金（Gultekin
and Gultekin, 1983）檢視了十六個國家的季節性模式，發現
在其中的十五個國家中，一月份的獲利都異常地大。事實
上，美國的一月效應比起其他國家，還算是小的。比利時、
荷蘭及義大利，一月份的獲利比平均整年獲利還要大！這項
國際性證據同時也顯示出，雖然租稅似乎與一月效應有相
關，但是不能完全解釋一月效應。首先，在日本有觀察到一
月效應，但是日本並無資本利得稅或是資本損失抵減（Kato
and Schallheim, 1985）[2]。第二，加拿大在1972年之前並無資

2　該研究還很有趣地發現，日本股市好行情的時段是在十二月到一月
　　及六月到七月這兩段時間。這兩段期間與大部分勞工拿到半年發放
　　一次紅利的時間是一致的。

本利得稅，然而1972年之前就已經有一月效應了（Berges,
McConnell, and Schlarbaum, 1984）。第三，英國及澳洲都有
一月效應，但英國的租稅年度是從四月一日開始到隔年三月
底，而澳洲是從七月一日開始到隔年的六月底[3]。（然而，英
國的四月和澳洲的七月也有高獲利情況，所以租稅似乎脫不
了關係。）

在其他方面，一月看起來也是特別的。本書下一章將會
討論到，過去五年裏虧損最多的廠商，其表現會勝過大盤。
而他們的傑出表現大部分都是在一月。

提尼克及威斯特（Tinic and West, 1984）重新評估「資
本資產訂價模型」（CAPM），看看風險溢價（risk premia）
是否有任何季節性模式。他們有了驚人的發現，所觀察到
的較高風險（β值較高）股票，其獲利都只發生在一月。在
其他所有的月份，較高風險的股票並未賺得較高的獲利。
CAPM就只是一月現象而已！

一月效應令人驚訝的第三個地方，是一系列研究高配息
股票是否賺較高獲利（補償股東必須支付股利的租稅）的

---

3 有些作者曾指出，沒有資本利得稅的國家，或是租稅年度與日曆年
度不同的國家會有一月效應，原因是其國內的外國人為了避免以一
月為基礎的稅收而進行交易。但是鮮少證據支持這種說法。以日本
為例，研究發現日本股價與美國股價之間關聯極低，這樣的結果似
乎大幅削弱了這項主張。

論文最新的發現。侃姆（Keim, 1986a）發現兩項反常的結果。在發放股利的那些廠商中，獲利似乎隨著股利殖利率（dividend yield）而增加。然而，最高的獲利卻是發生在那些沒有配發股利的廠商股票上。同時，在高股利及零股利的兩個族群中，額外的獲利都集中在一月。

週末效應

我們將一週中某一個特定日的日獲利（daily return，股價變化加上股利）定義為自前一個交易日的收盤價到當日收盤價所得的獲利。使用這個定義，對於週一的獲利相對於其他幾天的獲利，我們要如何預期呢？最富邏輯性的假說（法蘭區稱之為日曆時間假說〔calendar time hypothesis〕，French, 1980）是這樣的，股價在週一比其他幾天上漲得多，因為週五收盤到週一收盤之間有三天的時間，而不是其他交易日的正常一天。因此，週一的獲利應該較其他日子高三倍。法蘭區提出另一種看法，「交易時間假說」（trading time hypothesis），獲利只會在有交易的期間產生，意味著每個交易日的獲利應該都相同。我認為這個假說是不合理的。舉例來說，假設在夏季每個星期只限定交易一天，我們難道不會預期那些交易日的獲利會相當於平常的每週獲利嗎？在任何情況下，這兩種假設都不符合資料數據。

第一個證券市場上週末效應（weekend effect）的研究出現在1931年的《商業期刊》（*Journal of Business*）上，作者是哈佛的研究生菲爾茲（M. J. Fields）。他研究的是當時華爾街的傳統智慧，「交易人不願擁抱持股度過充滿不確定性的週末，導致多頭帳戶了結，造成週六股價下跌。」（Fields, 1931, p.415）菲爾茲檢視了1915年到1930年之間的「道瓊工業平均指數」（Dow Jones Industrial Average, DJIA），以了解這項傳統的智慧是否屬實。他將DJIA的週六收盤價與相鄰的週五及週一的收盤價平均做了比較。結果發現，股價在週六其實有上漲的傾向。在他研究的717個週末，週六股價比週五及週一股價高0.1點以上的占52%，而只有36%是較低的。

在後來的四十年間，學術文獻上沒有再出現每日獲利模式的研究。直到法蘭克・克洛斯（Frank Cross, 1973）研究1953到1970年之間的「標準普爾五百指數」（Standard and Poor's index of 500 stocks, S&P 500）。他發現有62%的週五指數是上漲的，但是只有39.5%的週一是上漲的。週五的平均獲利為0.12%，而週一的平均獲利為−0.18%。就如克洛斯所說，「這樣大的差異，要說是偶然發生的，其可能性小於百萬分之一。」

肯尼斯・法蘭區（Kenneth French, 1980）也使用標準普爾五百指數研究每日獲利，得到類似的結果。他研究1953年到1977年期間，發現這整個期間的週一平均獲利是負的

（平均數為 −0.168%，t 統計量為 −6.8），同時以每五年為區間去做研究也都是負的。而其他幾天的平均獲利是正的（正如預期），其中週三和週五的獲利最高。法蘭區因而質疑是否週一的負獲利是因為一些無法確認的「封閉市場效應」（closed-market effect）。如果真是如此，假期和週末之後的預期獲利應該會較低。他發現，反而是假期之後的週一、週三、週四及週五，平均獲利較正常的要來得高。週一如果是假期，那個週二的獲利則是負的，也許這只是比較晚出現的負的週末獲利。他對這些結果的詮釋是，相對於一般的市場收盤，週末是特殊的。

　　克洛斯及法蘭區的研究，都以週五收盤價與週一收盤價之間的差異來衡量週一的獲利。週一盤中以及週五收盤和週一開盤之間，是否有價格下跌情形，則有待探討。理查・羅加斯基（Richard Rogalski, 1984）研究了這個議題，他拿到從 1974 年 10 月 1 日到 1984 年 4 月 30 日期間，「道瓊工業平均指數」的開盤及收盤價格，以及從 1979 年 1 月 2 日到 1984 年 4 月 30 日期間，「標準普爾五百指數」的開盤及收盤價格。他發現，週一從開盤到收盤價格都是上漲的。負的獲利全是發生在週五收盤和週一開盤之間。因此，「週一效應」變成是「週末效應」[4]。他同時也發現，一月的週末與其他月份的

---

4 斯密拉克及史塔克斯（Smirlock and Starks, 1986）研究 1963 年到

週末不一樣。在一月份，週末及週一的報酬是正的。不令人意外的，依照前一節所述的研究結果，一月獲利也與廠商規模有關聯。最小的廠商有最高的週一獲利（就此而言，在其他日子也有最高的獲利）。

如果週末對股票不好，對其他證券又如何呢？吉本斯及海斯（Gibbons and Hess, 1981）檢視了國庫券的每日獲利模式，發現週一的獲利明顯低於其他日子。他們也研究了股票週末效應的幾項可能解釋，最可行的解釋是關於「結算期間」（settlement periods）。買股票的價款不是立即支出的，幾天後才需付款。結算期間的長度有逐漸延長的趨勢。顯然，程序愈電腦化，時間就花得愈長！從1962年3月4日到1968年2月10日，結算期間是四個營業日；之後，變成五個營業日。在前一段期間，投資人在週一賣掉股票，四天後會入帳，而在其他日子賣股票的人，則要六天後才會入帳。由於1968年後負的週一獲利持續存在，結算效應（settlement effect）不可能是完整的解釋，而吉本斯及海斯的研究顯示，即使在1968年之前結算期間不同，也無法解釋週末效應。

1983年期間的道瓊工業平均指數。他們發現負的獲利在時間上有向後移動的現象。1963到1968年期間，負的獲利發生在週一交易的時間內。從1968年到1974年，負的獲利則集中在週一交易開始的幾個小時。從1974年起，損失則是發生在週五收盤到週一開盤之間。

　　奇特的實證研究結果，像是週末效應，令人對「資料採礦」（data mining）產生合理的疑慮。畢竟，有許多方式可以檢視資料；如果有夠多的人對於同樣的資料磁帶鑽研得夠久，必然會發現一些顯著的結果。研究人員使用兩種方法來看這些反常現象是否是人為操控的。一個方法是對不同的期間再次研究。在週末效應的情況，所有的近期研究都被認為是複製菲爾茲最初的研究，其研究期間涵蓋1915到1930年。克洛斯及法蘭區使用1953年開始的資料（之所以選擇那個時點，是因為自那時起紐約證交所停止在週六進行交易）。之後，侃姆及史坦堡（Keim and Stambaugh, 1984）確認了在1928年到1982年期間的標準普爾綜合指數（S&P Composite Index）上，週末效應是成立的。拉柯尼夏及史密特（Lakonishok and Smidt, 1987）研究1897年到1986年期間道瓊工業平均指數的季節性變化，再次發現具一致性的負的週一獲利情形，即使是先前都沒被研究過的1897年到1910年期間亦然。

　　科賽及戴爾（Coursey and Dyl, 1986）使用一個完全不同的方法研究週末效應。使用實驗室的市場實驗，他們引進交易中斷（trading interruptions），然後觀察所產生的價格模式，在他們的實驗中，受測者以不確定價值的資產進行交易。以三天為「一週」，在前兩個交易日，資產的壽命只有一天。在第三日，之後會有一段不進行交易的「週末」，資產有兩天的壽命。實驗的結果符合真實證券市場上的證據。在交易中斷前的那些日子，價格（每單位的獲利）明顯地高過其他的日子。

假期

在法蘭區的週末效應研究中，他檢視假期之後的價格行為，發現沒有特別的情況發生。然而，在另一個早期的研究中，菲爾茲（Fields, 1934）發現道瓊工業平均指數顯示，在假期前一天上漲的比例很高。這個案例，經過了五十年才由羅伯・亞利爾（Robert Ariel, 1985）讓菲爾茲的研究從沒沒無聞到重見天日。亞利爾檢視 1963 年到 1982 年期間假期前 160 天的獲利情形。在平均加權股價指數（equal-weighted index）的情形，他發現假期前的日子獲利平均為 0.529%，而其他日子為 0.056%，比率高於九比一。在加權股價指數（value-weighted index）的情形，假期前的日子獲利平均為 0.365%，而其他日子為 0.026%，比率高於十四比一。這個差異在統計上及經濟上都是顯著的。拉柯尼夏及史密特（Lakonishok and Smidt, 1987）以九十年的道瓊工業平均指數作研究，再次獲得同樣的結果。他們得到假期前的日子獲利平均為 0.219%，平常每日獲利率平均為 0.0094%，比率高於二十三比一。下列驚人的事實可以彰顯出這些數字的規模：

在過去90年間，道瓊工業平均指數的資本利得中，有51%
是發生在每年大約10天的假期前日子。

換月效應

　　亞利爾（Ariel, 1987）也檢視了每個月內的獲利模式。
他將1963年到1981年期間的每個月分為上半月和下半月兩
部分，上半月是從前一個月的最後一天開始。然後他比較
這兩部分的累積獲利，使用平均指數和加權指數兩種。結
果相當令人驚訝。下半月的獲利是**負的**，那段期間所有的
獲利都是發生在上半月！拉柯尼夏及史密特的研究得到的
結果是相同的，且更戲劇化。用他們的九十年道瓊系列數
據，發現換月（turn of the month）的那四天（從前一個月的
最後一天開始），獲利為0.473%（一般四天期間的平均獲利
為0.0612%）。同時，這個四天獲利也大於每月平均獲利的
0.35%。換言之，如果扣除換月的那四天，道瓊工業平均指
數是下跌的！

盤中效應

　　對季節性價格變動的分析，因紐約證交所的新資料磁
帶才有了最新的研究貢獻。紐約證交所的這個新磁帶提供

1981年12月1日到1983年1月31日十四個月期間每筆普通股交易的時間序列紀錄（共一千五百萬筆！）勞倫斯·哈瑞斯（Lawrence Harris, 1986a）使用這個磁帶資料研究每日盤中（intraday）的價格變動。他計算盤中每十五分鐘期間的獲利率，發現週末效應分散在週一交易的前45分鐘內，這段時間價格是下跌的。週一之外的其他日子，在開盤後的45分鐘內，價格劇烈上揚。同時，每日將要收盤的時候，獲利都很高，尤其是當天的最後一筆交易。尤有甚者，最後一筆交易若是在最後五分鐘內敲進的，當日的收盤價格變化最大。哈瑞斯（Harris, 1986b）研究這個奇特的結果是否因為資料錯誤或專家進行價格操控造成的，但是研究的結果否決了這些可能性。否決這些假說的一項事實在於，開盤時的價格變動傾向於是正的，然而如果每天收盤時的價格上漲是人為操控，那隔天開盤的價格變動方向應該是負的才對。這個收盤結果最有趣的地方之一，是在市場實驗中也觀察到類似的模式。例如，佛西施、帕弗瑞及普拉特（Forsythe, Palfrey, and Plott, 1982, 1984）以及普拉特及桑德（Plott and Sunder, 1982）發現在他們的實驗性資產市場，正向的價格急變（急漲）都發生在臨收盤前。這在最初被認為是市場實驗的反常現象，但是顯然也發生在紐約證交所。

評論

這一章所敘述的股價變動有令人驚訝的模式存在。不尋常的股票獲利發生在換年的時候、換月的時候、換週的時候、換日的時候,以及假期之前的日子。為什麼?大部分合理,或甚至不是那麼合理的解釋,都經過檢驗並遭到否決。我們確定這樣說是安全的,就是直到1975年沒有人會預測到這些結果,當時「效率市場假說」被大多數的財務經濟學家認為是根深柢固的事實。然而對於有顯著交易成本的交易人而言,這些效果並沒有大到可以開發利用的程度,因此它們依舊是謎。無論如何都打算要進行交易的投資人,可以改變他們交易的時機,善加利用可預測的價格變化。什麼樣的新解釋是有希望的呢?我們很難想像任何單一的因素可以解釋全部這些效應。然而,似乎有許多種類的因素值得研究探索。

1. 價格變動可能與影響市場資金進出的習慣有關。例如,退休基金及共同基金會收到款項(及相對應地改變其持股)的日子,與日曆上的變化恰巧符合,因為廠商及個人習慣上在例行的時間會支付這些款項。在個人的層次來看,瑞特(Ritter, 1987)發現小型廠商的股價變動時間接近於年度變換的時候,似乎與個別投資人的股票買賣有關(個別投資人和機構投資人比起來,擁有小型廠商的股份多過大型廠商

的股份）。更具體地說，美林證券的非機構客戶的買單與賣
單比率，在一月初較高，而在十二月底較低。換言之，個別
投資人這個族群在十二月賣股票，在一月買股票。同時，買
賣單比率的變化，對於小型廠商異常的一月獲利（定義為紐
約證券交易所廠商中最小的十分之一，其股票的獲利，減去
最大的十分之一廠商的獲利）的年變異有46%的解釋能力。
對於機構投資人的習慣，進行類似的研究，將會非常有價
值。

2. 為何機構投資人會對他們的持股組合做季節性相關
的改變，另一個理由是稱為「粉飾門面」（window dressing）
的實務做法。華爾街的慣例就是投資經理人在報告日期之前
會清理他們的投資組合，處理掉那些會讓人難堪的持股。由
於報告日期符合日曆日期，這樣的行動可能連結到某些季節
性的股價變動，尤其是年終及月底效應。

3. 日曆效應有另一種解釋，就是它們與好、壞消息出現
的時點有關。這個假說對於週末效應而言，似乎是最合理
的，如果壞消息通常都會延遲到週五收盤後才宣布。本章所
引述的作者有一些也提到這個假說，雖然這尚未經過嚴謹的
研究。

這些假說全都能解釋與日曆時間符合的股票買賣，為何
可能有模式可循。當然，這是不符合效率市場假說的，因為
效率市場假說係假設有無限多的套利者及交易人，在股價背

離它們內在價值時，隨時進場買賣股票。然而，我們有理由相信套利者的供給與需求彈性是有限的。舉例而言，史列佛（Shleifer, 1986）以及哈瑞斯及古瑞爾（Harris and Gurel, 1986）幾乎同時發表的兩篇論文，發現最近幾年，當某檔股票被列入標準普爾五百指數，這檔股票立刻就以幾近3%的漲幅上揚。作者很有說服力地主張，並無資訊顯示宣布一檔股票列入指數是與品質相關的。他們反而認為股價的上漲是需求增加所致，來自模擬標準普爾指數的指數基金及共同基金對該檔股票的需求增加。與這個解釋一致的是，最近幾年指數基金成為機構投資圈裏一個重要的部門，這項效應就更顯著了。哈瑞斯及古瑞爾也發現這樣的股價上漲是暫時性的：在三個星期內，上漲的情形就消失了。一旦我們承認股票的需求曲線是負斜率的，我們就不能忽略那些反常價格行為的可能解釋。

上述三種解釋都是根據制度性的考量。有個反對這些假說的主張，認為這些效應有些在市場實驗中已經觀察到了，而那些實驗性的市場中並無相關的制度性特徵。在研究的實驗性市場裏沒有現金流入，沒有投資組合需要粉飾門面，也沒有消息宣布。因此，科賽及戴爾認為週末效應可以用心理因素來解釋，例如喜歡複合賭局勝於簡單賭局的偏好。其他行為上的解釋，可能融入市場參與者心情上的變化（週五及假期前心情好，週一心情壞，之類的）。例如，大家都知道，自殺比較常發生在週一。

在此時，我們可以自季節性反常現象的文獻中，得到什麼樣的結論呢？這個領域的一位研究者馬克·瑞恩加納（Marc Reinganum, 1984）將這些結果詮釋為對理論家的一項挑戰：「那麼反常現象的意義為何？它們代表資本資產訂價的理論（至少當它們適用到股票市場時）是搖搖欲墜的。它們代表對於股票訂價行為最有趣的洞察與理解，是靠著對數據資料冗長乏味及不辭辛勞的徹底檢視而得來的。它們代表，在理論派與實證派不斷的起伏中，目前是實證派占上風。」（p. 839）。我不同意這個說法。球現在仍在實證派的手上。能讓我們了解這些迷惑的線索，還需要額外的計量及實驗研究。只有到那時，正式的模型建立者才能嘗試在觀念上將這些片片段段組合起來。然後，對於所有的經濟學家才是真正的挑戰，嘗試了解為何會發生季節性價格變動，以及如何能持續至少90年之久，且在它的存在被發表後仍然持續了50年。

第 12 章

華爾街回歸平均值

A Mean Reverting Walk Down Wall Street

你那位當股票經紀人的姊夫又來電了。這次，他在研究統計學，這是令人讚賞的事。他很興奮地告訴你他目前的「發現」──向平均值靠攏（或說回歸平均值〔mean reversion〕）。回歸平均值是關於在偶發機會的過程中，非常極端的觀察值之後可能會出現較不極端的觀察值。身高非常高的父母所生出來的小孩，可能也會是高的，但是會比他們的父母來得矮。一家去年營收加倍的公司，下一年的成長可能就沒那麼高了。以此類推。回歸平均值是大自然的事實。你的姊夫有個想法，這個觀念可以應用在股票市場上。他認為那些已經有一段期間都表現得不好的股票，應該在未來會有好的表現，同時，

本章與韋納・狄邦特（Werner F. M. De Bondt）合著。

編按：韋納・狄邦特（Werner F. M. De Bondt）為美國德保羅大學（DePaul University）行為財務學 Richard H. Driehaus 講座教授。

相反地，上一段期間的大贏家應該會是下一段期間的輸家。他問你意下如何。

你很有耐性地跟他解釋，他的想法是錯的。你提醒他柏頓・墨基爾（Burton Malkiel）著名的大作《漫步華爾街》（*A Random Walk Down Wall Street*），書中綜合了大量的證據，結論是股票價格遵循的是「隨機走勢」（random walk）。也就是說，未來的股價無法從過去的價格變動方向來預測。如果股價是會回歸平均值的，那麼股價就是可以預測的，而所有的經濟學家都知道那不是真的。「哈！」你的姊夫說道，「我就想說你可能會提到這個。很明顯地，你並沒有跟上財務方面最新的一些文獻。『隨機』已經是過去式了——現在是『回歸平均值』當道！」他隨即掛掉電話，而你立刻衝到圖書館去。

財務市場是「有效率的」以及在這類市場上的證券價格等於其內在價值，經濟學上很少有命題是像這樣被熱烈地支持。對股票而言，其價格應該反映出我們對未來股利之現值所做的預測。效率市場假說（efficient market hypothesis）在傳統上也一直伴隨著一個主張，就是未來價格變化是不可預測的[1]，或是，以財務的語言來說，效率資本市場「沒有記

1 如果預期獲利為零，那麼價格變化將被預期為完全無法預測。實際

性」（Brealey and Myers, 1988, p.289）。這個主張的邏輯很簡單且令人信服。如果股價是可預期的，有知識的投資人將會買低賣高。很快地，競爭的力量及理性套利將保證價格會做調整，然後以隨機的方式移動，以回應不可預期的事件。

然而，財務市場早期的許多觀察者相信，證券價格可能會背離它們的基本價值。例如，凱因斯的《一般理論》（*The General Theory*, Keynes, 1936, pp.153-54）主張「既有投資利潤上的每日波動，很明顯地是短暫且不顯著的，對市場有整體來說是過度、甚至是荒謬的影響。」威廉斯（Williams）在他的《投資價值理論》（*Theory of Investment Value*, 1938; 1956, p.19）中論道：「價格的根據，一直都放太多在目前的盈餘能力，放太少在長期的股利發放能力。」

近期，有種看法認為投資人態度的潮流（或是其他的系統性「不理性」）可能會影響股價。這種看法因許多人的研究而得到新的推崇，這些研究包括了席勒（Shiller, 1984）、迪龍、史列佛、桑默斯及華德曼（De Long, Shleifer, Summers, and Waldmann, 1987）以及薛弗林及史塔德曼（Shefrin and Statman, 1988）。這些論文研究的經濟體裏有

上，由於股價是向上漂移的，所以有可預測的正面獲利。然而，在短期間，由於預期獲利太小，以致被獲利的波動所淹沒了。有些效率市場假說的追隨者不再相信「可預測性」就代表市場的無效率。新的看法會在後面做說明。

理性的「資訊」（information）交易人及非理性的「雜訊」
（noise）交易人。即使特性不同，「理性資訊交易」（rational
information trading）通常被認為是以在當時已知的條件下，
客觀正確的獲利機率分配為基礎。相對地，「雜訊交易」
（noise trading）是根據不正確的條件機率評估。在一個充滿
雜訊交易人的世界，沒有理論上的確定性，可以確定理性交
易人會宰制市場，或是雜訊交易人會絕跡，即使在長期的情
況亦然。事實上，在合理可行的情況下，雜訊交易人甚至可
以打敗「理性套利者」。同時，股票價格也不必然等於其內
在價值。然而，只要價格有任何倒向基本面的傾向，它們在
長期就是回歸平均值，也就是說，它們就或多或少可以預
測，而不是隨機走勢。

股票價格是否可預測，是一個老問題。尤金・法馬討論
這個主題的經典論文（Eugene Fama, 1965, p34），一開始就
是：「許多年來，下列的問題就一直是學術界裏和商業圈內
爭論不斷的來源：用普通股股價的歷史資料，對未來的股價
做有意義的預測，可以到什麼樣的程度？」他的結論在長長
的六十頁之後：「這樣說看起來應該是安全的，這篇論文呈
現強烈及眾多的證據，有利於隨機走勢假說。」然而，在法
馬及法蘭區（Fama and French，即將出版，p.1）較近期的論
文中，有相當不同的一句開場白：「有許多證據顯示股票的
獲利是可以預測的。」

的確,股票價格看來是或多或少可以預測的。尤其是,
如果有人採長期的觀點(三到七年),或是檢視那些經歷過
極大價格變動的個別股票,那麼股票獲利表現出的是顯著的
負向序列相關,換言之,價格是回歸平均值的。我們要在這
一章中回顧部分的證據[2]。

股票市場平均指數回歸平均值

法馬 1965 年認為股價是不可預測的早期研究,強調的
只是短期的相關性,使用的資料數量,至少以現代的標準來
看,似乎是太小了。法馬的研究探討的是,在 1957 到 1962
年期間道瓊工業平均指數中的三十種股票,其每日價格變化
是否存在任何序列相關性(serial correlation)。雖然法馬發
現統計上顯著的正向序列相關性,但他的結論是,相關性太
小了,不構成經濟上的重要意義。然而,如果將資料期間拉
長,並增加股票檔數,就出現新的模式。舉例而言,法蘭區
及羅爾(French and Roll, 1986)對 1963 年到 1982 年期間紐

---

2 更周延的文獻調查及更完整的參考書目,請見狄邦特(即將出
  版)。我們未討論到的一個主題是在 1987 年 10 月之前被稱為過度波
  動的「辯論」。這項文獻的回顧,請見威斯特(West, 1988)。正如
  坎貝爾及席勒(Campbell and Shiller, 1988)所強調的,過度波動表
  示可預測性,所以這些議題是密切關聯的。

約證券交易所（NYSE）及美國證券交易所（AMEX）所有
的股票，重複法馬的檢驗。他們指出在每日獲利上有小但是
顯著的負向序列相關性——在負的獲利之後發生正的獲利，
反之亦然。

　　檢視較長的期間，可以發現更大及經濟上更重要的相關
性。例如，法馬及法蘭區（Fama and French, 1988）所採用
的程序，只是將時間長度為T的股票市場指數上的獲利，與
前一期（同樣長度）的獲利進行迴歸分析。如果股價是隨機
走勢，那麼此迴歸式的斜率應該是零。如果股價是回歸平均
值的，那麼斜率就應該是負的。法馬及法蘭區使用1926年
到1985年在紐約證券交易所上市的廠商每月的名目獲利資
料。他們研究了平均權重及價值加權指數，以及根據廠商規
模的十分位投資組合的獲利資料[3]。

　　該研究的結果顯示出相當顯著的回歸平均值現象。從
十八個月到五年的迴歸式，斜率通常都是負的。解釋能力
（R^2）及斜率，兩者都隨著時間拉長而增加，直到五年，之
後便下降。回歸平均值現象，在小型廠商的投資組合及在平

3　平均權重指數在計算時，每檔股票給予相同的權重，而價值加權指
　數給予較大的廠商較大的權重。以規模為基礎的十分位投資組合的
　創造程序，是將紐約證券交易所全部上市廠商按照「證券價格研究
　中心」（Center for Research in Security Prices, CRSP）電腦磁帶上根
　據市值（股價乘以流通股數）順序來排名。因此十分位投資組合的
　第一個投資組合，係由最小10%的廠商們所組成的。

均指數，比在大型廠商的投資組合或是價值加權指數中，要來得強烈。回歸平均值現象也會隨著時間而降低，因為1941到1985年期間的結果，比其前一段期間要來得弱。

股價是向平均值回復的，這個事實意味著股價是可以預測的。以過去每年的獲利資料來做未來三到五年獲利的迴歸式，產生很大的預測能力。在平均指數和最小五分位的情形，R^2大約是0.4；在中間的五分之一，R^2大約是0.3；最大的五分之一及價值加權指數的情形，R^2大於0.2。因此三到五年的獲利中，大約有25%到40%是可以從過去的獲利預測得到。使用目前的市場股利殖利率，也就是股價除以股利，甚至還能得到更好的預測。（Fama and French，即將出版）

法馬及法蘭區上述的研究結果，在波特巴及桑默斯（Poterba and Summers，即將出版）的研究中，也得到重複的結果並有更多的延伸。波特巴及桑默斯用「變異數比例檢定」（variance ratio test），這個檢定探索一項事實，如果股價的對數是根據隨機走勢，那麼獲利的變異數應該隨獲利期間的長度成比例變動。也就是，月獲利的變異數應該是年獲利變異數的十二分之一，而年獲利的變異數應該是五年獲利變異數的五分之一。變異數比例是成等比例的，因此如果獲利之間無相關性，變異數比例就等於1.0。變異數比例小於1，表示是負向的序列相關；而變異數比例大於1，代表正向的序列相關性。雖然波特巴及桑默斯的結論認為變異數比例檢定是最好的，但也顯示出在檢定隨機走勢與其他替代假說上，能力仍是有限的。他們主張在信賴水準高於傳統的0.05時，拒絕（隨機走勢的）虛無假說是適當的。重點在於，雖然檢定不是每次都拒絕隨機走勢，但很明顯地也不會拒絕平均值回歸。

波特巴及桑默斯首先證實法馬及法蘭區的研究結果，即實質獲利及獲利都超過國庫券的收益。他們發現八年獲利的變異數，大約是年獲利變異數的四倍（並非八倍）。而在時間短於一年的情況，獲利顯示有些正向的序列相關性（請同時參考Lo and MacKinlay, 1988）。他們也檢視了不同的次期間（sub-periods）。在較長的時間過程中，如果排除掉二次大戰前的蕭條期，回歸平均值的證據變得較弱。然而，從1871年到1925年期間，在名目獲利及超額獲利（excess returns）上都有顯著的回歸平均值現象[4]。

波特巴及桑默斯也研究了其他國家的股票交易是否也有回歸平均值現象。他們使用加拿大1919年開始的資料、英國1939年開始的資料、還有其他十五個國家戰後較短期的資料。加拿大和英國市場，顯示出類似在美國所發現的現象，亦即在較長時間有強烈的回歸平均值現象，而較短的期

---

4 實質獲利的回歸平均值現象較弱。波特巴及桑默斯認為原因也許是「1900年之前的幾年間消費者物價指數序列呈現鋸齒狀」所造成的。

間有一些正向的序列相關性。加拿大的八年變異數比例為0.585，英國為0.794。大部分的其他國家在較長的期間也呈現負向的系列相關性，只有芬蘭、南非及西班牙是例外。美國以外全部國家的八年變異數比例平均為0.754（如果排除西班牙這個極端例外，平均則為0.653）。波特巴及桑默斯從國際研究所顯示的證據得到的結論是，在基礎較不深厚及較不複雜的（外國）股票市場，回歸平均值的現象較為顯著。

面對這樣的證據，效率市場假設的跟隨者，必須對均衡的預期獲利會隨時間而改變的現象，尋找理性的解釋。根據席勒（Shiller, 1981）所提出的主張，我們可以這樣問，股票市場中預期獲利必須有多大的變動，才能解釋觀察到的股價變動。波特巴及桑默斯（即將出版的論文）計算出預期獲利的每年標準差必須介於4.4%到15.8%之間。如果預期獲利是正的，投資人才會把錢放在股票上——如果預期股票上的獲利不是正的，他們將會把錢永遠都放在銀行帳戶裏——波特巴及桑默斯所計算的變異數意味著預期獲利在正常情況必須超過20%。他們判斷在一個全是理性投資人的世界，這樣的預期獲利是太高了。（我們同意。如果你認為股票的預期獲利是20%，難道你不會去買股票嗎？）由於統計檢定的能力低，以及檢定結果不容許我們拒絕這兩種假設，這類的直覺判斷在評估證據時就是必要的一部分。

橫斷面的回歸平均值現象

　　至少從班傑明‧葛拉漢（Benjamin Graham, 1949）起，就已經開始在文獻中討論橫斷面（cross-section）股票價格回歸平均值現象。葛拉漢是證券分析的先驅，他主張購買股票，要買那些價格比其基本面價值為低的股票。這個「反向操作」（contrarian）所根據的前提是，這種低價格是暫時的，可以預期在一或兩年後價格會反彈上來。

　　現代的實證研究顯示，簡單的反向操作策略確實產生超額獲利。例如，巴蘇（Basu, 1977）呈現出，以低「本益比」（P/E-ratio）購買股票的策略，會產生超過「正常」要求的獲利，正常要求的獲利代表對風險的補償。（相似地，投資高本益比的廠商所賺取的獲利會低於正常。）巴蘇提出「價格比例假說」（price-ratio hypothesis）來解釋這樣的結果。本益比低的股票是暫時地被低估，因為市場對於目前或未來的盈餘有不恰當的悲觀看法。最後，真正的盈餘成長會與價格中隱藏的成長率不同。緊接著價格會修正，而本益反常現象就會跟著變動。同時，與這個假說一致的是，盈餘收益會影響年營收和股價之間的連結（Basu, 1978）。在財報公布日之前的十二個月內，未預期到的盈餘增加，對於低本益比的股票會比高本益比的股票，產生更大的正的殘差獲利（residual returns，譯注：殘差獲利為不能以解釋變數來解釋的獲利，此處是指不能以市場〔大盤〕獲利來解釋的獲利）。

　　類似的結果也可應用在其他反向操作指標上，像是股利殖利率（高股利殖利率可能表示一家廠商的股價太低了）或是股票價格與每股帳面價值的比率（譯注：即「股價淨值比」，price to book value ratio，PBR），為廠商資產價值的會計衡量指標。股利殖利率非常高的股票，或是「股價淨值比」非常低的股票，也會在正常風險調整後，賺取到超額的獲利。（Keim, 1985; Rosenberg, Reid, and Lanstein, 1985）

　　我們自己在這個題目上的研究（DeBondt and Thaler, 1985, 1987）是受到一項假說的驅動，這項假說認為反向操作策略會成功是因為投資人系統性地過度反應。在心理學的文獻中有顯著的證據顯示，個人在做預測和判斷時，傾向於給予最新的資料過高的權重（Kahneman and Tversky, 1973; Grether, 1980）。如果這個行為顯現在財務金融市場上，那麼那些過去幾年經歷極好或極壞獲利的股票，我們預期可以觀察到它們的獲利有回歸平均值現象。

　　為了檢定這個可能性，我們在1985年的論文中，研究了長期贏家及輸家的（35檔股票、50檔股票、或十分位）投資組合的績效，也就是之前一到五年形成期間（formation periods）的績效有例外表現的股票。我們使用1926年到1982年期間的每月獲利資料，包含紐約證券交易所（NYSE）全部上市股票。在一個這類的實驗中，在1928年1月到1932

年12月的五年期間，我們找到35個最極端的贏家及輸家，
記錄它們之後五年（檢定期間）的績效表現。同樣的實驗
進行46次，每次將起始資料向後推一年。最後，計算出檢
定期間績效超過紐約證券交易所指數（給予每家公司相同權
重）獲利平均值的平均。

　　檢定期間的發現顯示在圖12-1。結果有三個面向值得注
意。第一，贏家與輸家的獲利都有回歸平均值現象。之前
的輸家後來表現超過市場平均，而之前的贏家則低於市場

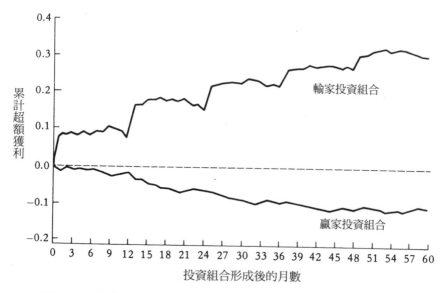

圖12-1　贏家及輸家投資組合的累計超額獲利

資料來源：DeBondt and Thaler, 1985

平均。第二，輸家的價格反轉現象[5]，比贏家要來得明顯（大約是超額獲利的+30%比-10%）。第三，輸家的超額獲利大部分發生在一月，如圖中所示，在獲利線上有五個明顯的彈跳。這三個質性的（qualitative）結果在我們進行的所有版本的研究中，都可以看到。除此之外，與「過度反應」一致的是，看起來起始價格變動愈極端，後續的反轉就愈大。以三到五年形成期間來說，以賣空贏家來購買輸家的「套利」策略（'arbitrage' strategy），每年獲利在5%到8%，而大部分的獲利發生在一月[6]。

輸家明顯有超額獲利這個現象，有兩種解釋。第一，輸家的規模通常小於平均廠商。小型廠商會賺到不尋常的高獲利，已經有研究（雖然大部分是在一月；請見Banz, 1981, Keim, 1983），所以也許「輸家效應」（losing firm effect）只是小型廠商效應的化身罷了。第二，由於輸家明顯地在財務上有艱困時期，也許它們的風險提高了，明顯的超額獲利只是它們高程度風險的正常獲利而已。我們發現這兩個解釋都

---

5 輸家的超額獲利不是「生存偏誤」（survivorship bias）造成的。要進入樣本中，廠商必須在檢定期間開始時就已經上市。如果在檢定期間廠商破產或是下市了，我們以股票成交的下一個價位「賣出」該股票；必要時價格可以是零。然而，實際上很少紐約證券交易所的上市廠商真的破產，即使是我們輸家樣本中的廠商亦然。

6 一月份的超額獲利無關於投資策略何時開始。例如在七月形成的投資組合，在一月仍然會有超額獲利。

無法令人完全滿意。

當然，廠商規模效應與輸家廠商效應之間有關聯性存在。在我們輸家投資組合中的廠商已經損失了相當一部分價值。由於廠商規模通常是以股票的市值（股價乘以流通在外股數）來衡量，輸家廠商在形成期間變得更「小」了。然而，輸家並不是那些有小型廠商效應的小型廠商。在我們1987年的論文中我們重複之前的研究，使用COMPUSTAT抽樣，涵蓋1966年到1983年期間紐約證券交易所及美國證券交易所（AMEX）的廠商。我們發現，即使是五分位的輸家廠商投資組合（這些廠商比起先前論文所研究的股票，有著比較不極端的績效表現），在投資組合形成後的四年期間，也能賺到超過市場25%的獲利。這些廠商平均市值為三億零四百萬美元。相對地，最小五分位的廠商，其平均市值只有九百萬美元。同時，這些非常小的廠商，平均而言，在過去幾年股價是下跌的。也就是說，它們是輸家。所以，雖然輸家廠商的規模有小於平均的傾向，而小型廠商傾向於是輸家，看來此處是有兩個反常現象，而非一個。

然而，法馬及法蘭區（Fama and French, 1986）及扎洛文（Zarowin, 1988）都主張輸家廠商效應該納入規模效應之中。法馬及法蘭區先是以規模排序將投資組合依序分成十等分。然後在每個規模組合內，他們又將贏家及輸家分成四等分並觀察其三年期獲利情形，他們發現輸家的表現超過贏

家。但是除了一月份之外都不顯著。與我們的結果相反的
是，他們發現贏家比輸家有較強烈的反轉。使用類似的方
法，扎洛文發現套利（輸家減去贏家）策略的投資組合，最
小的四個五分之一的獲利率從7到19%，但是最大的五分之
一，其獲利率實際上為零。然而，所有的獲利率在統計上都
與零無異。

　　由於贏家和輸家都有規模相對小的傾向，因此會自動地
產生這樣的結果：與相同規模的投資組合比較，計算出超額
獲利，這樣的計算，將會降低輸家的獲利，而增加贏家的獲
利。然而，由於沒有任何理論可以解釋一家公司的市值如何
代表它的投資風險，因此很難詮釋經過規模調整後的獲利。
為何許多小型廠商構成的投資組合，與規模相當的一個大型
廠商比起來，就代表是風險較高的投資？

　　更一般性地說，將輸家或小型廠商明顯的超額獲利視為
是風險補償的主張，在沒有由經濟理論提出的風險衡量指標
的情形下，是無法被否決的。財務學上最常使用的風險衡量
指標，仍然是「資本資產訂價模型」（CAPM）的β（beta）。
CAPM的β是證券獲利對市場指數獲利所做迴歸分析中的係
數。β衡量的是證券價格變動無法平滑化及分散化的程度，
即使投資人持有整個市場的投資組合也是如此。只有這個
「系統化的」風險應該在均衡時定價。

　　如果CAPM的β是一個適當的風險指標，那麼贏家與

輸家獲利的差異就無法歸責於風險上的差異。如果 β 計算的是整個形成期間，事實上，輸家的 β 比贏家的低。然而，陳（Chan, 1988）主張應該看檢定期間的 β，因為當輸家一直在輸而贏家一直在贏的時候，風險可能就變了。還有，檢定期間輸家的 β 只比贏家的略高一點（1.263 比 1.043），而這個估計的風險差異，無法解釋兩者獲利的鴻溝。事實上，可以充分主張，至少直覺上來說，因為輸家與贏家都有非常特殊的獲利時間模式，只看兩者 β 的差異會受到誤導。在狄邦特及塞勒（De Bondt and Thaler, 1987）的研究中，我們對這兩種投資組合估計了兩種 β：一種是在市場組合的價值上升的期間，另一種是市場下滑期間的（對CAPM的隱含假設為這兩個 β 是相等的）。在檢定期間，輸家的投資組合有牛市的 β 為 1.39，熊市的 β 為 0.88。這顯示市場上漲了 10%，輸家會上漲 13.9%，而市場下跌 10%，輸家只下跌 8.8%。在我們看來，風險一點都不高！相對地，贏家投資組合的牛市和熊市 β 分別為 0.99 和 1.20。結合兩者，我們發現「套利」投資組合的牛市 β 為 0.40，熊市 β 為 -0.32。這表示，平均而言，套利投資組合在市場上漲時是上漲的，在市場下跌仍是上漲。

短期回歸平均值現象

輸家價格反轉的規模及風險解釋，有一個方法可以檢定這兩種解釋。如果一檔股票價格一天之內下跌或是上漲10%，不可能是該股票的客觀風險有如此大的變化，規模最多也只改變了10%。因此，如果在非常短的時間內觀察到回歸平均值現象，應該可以假設是規模或客觀風險之外的因素在作用。

有一些研究使用的一項設計，是類似我們用來檢視短期價格變化用的。我們將對其中的一個研究做詳盡的敘述，同時也在表12-1呈現其他研究的關鍵結果。我們要專注討論的研究是由布瑞莫及史威尼（Bremer and Sweeney, 1991）所做的。他們對於從1962年7月到1986年12月這段期間，財星雜誌五百大公司（Fortune 500）中，一天價格變動10%以上的所有案例都列入考慮（他們同時也報告了變動為7.5%或15%的結果）。由於只考慮大型公司，布瑞莫及史威尼排除了許多對他們研究結果的可能反對聲浪。例如，非常低價的股票發生比例很大的價格變動，可能是反映（部分）買單─賣單的價差（bid-ask spread）。然而，由於大型廠商的股票交易價格每股通常都超過10美元，這個問題應該不是很重要[7]。同時，顯然地，在此無法提出小型廠商效應來解釋任何反常的結果。

---

7 事實上，布瑞莫及史威尼針對這個問題，刪除所有股價低於10美元的股票並做檢定，結果發現事件後第一天的獲利，實際上是不受影響的。

　　布瑞莫及史威尼的樣本，有1,305個價格下跌，3,218個上漲。在漲跌之後，持續追蹤二十天股價變動。對輸家而言，五天後，股票賺到3.95%的獲利（平均的最初跌幅約為13%）。對於變化為7.5%及15%的股票而言，五天超額獲利為2.84%及6.18%。另一方面，贏家顯示出，在事件之後的那段期間，沒有超額獲利。

　　請注意，這些一日大變動的獲利模式（pattern of returns），非常類似在長期贏家及輸家中觀察到的獲利模式。也就是說，輸家有顯著的修正，但贏家卻無，而且修正幅度會隨著最初價格變動的幅度增加。就如表12-1所示，在大部分其他有關大幅、短期價格變動的研究中，也可見到這樣的模式。

表12-1　短期價格反轉：文獻回顧

	樣本	方法	所選結果之總結
戴爾及馬克斯菲爾德（Dyl and Maxfield, 1987）	1. 每日獲利 2. 1974到1984年 3. 紐約證券交易所及美國證券交易所上市公司	隨機抽取兩百個交易日，買／賣一日價格損失／獲利最大的三檔股票	之後十個交易日 贏家：-1.8% 輸家：+3.6%
布瑞莫及史威尼（Bremer and Sweeney, 1991）	1. 每日獲利 2. 1962到1986年 3. 財星五百大	一日獲利超過7.5%、10%或15%的全部股票	之後五個交易日 贏家：-0.004% 輸家：+3.95%

	樣本	方法	所選結果之總結
布朗、哈洛及提尼克（Brown, Harlow and Tinic, 1988）	1. 每日獲利 2. 1963到1985年 3. 標準普爾五百最大二百家	一日（市場模型）殘差獲利超過2.5%的全部股票	之後十個交易日 贏家：+0.003% 輸家：+0.37%
豪伊（Howe, 1986）	1. 每週獲利 2. 1963到1981年 3. 紐約證券交易所及美國證券交易所上市公司	一週上漲或下跌超過50%的全部股票	之後十週 贏家：−13.0% 輸家：+13.8%
李曼（Lehmann, 1988）	1. 每週獲利 2. 1962到1986年 3. 紐約證券交易所及美國證券交易所上市公司	買前一週落後於市場的全部股票（輸家）及賣空約當「贏家」	在無投資套利的一元投資組合中，每六個月賺到39美分；2/3的利潤來自先前的「輸家」
羅森伯格、雷德及藍斯坦（Rosenberg, Reid, and Lanstein, 1985）	1. 每月獲利 2. 1981到1984年 3. 紐約證券交易所上市公司	買前一個月是負殘差的股票（相對於多因素模型）並賣空正殘差者	套利組合每月賺得1.36%；利潤大部分來自先前的「輸家」
傑加德許（Jegadeesh, 1987）	1. 每月獲利 2. 1945到1980年 3. 紐約證券交易上市公司	迴歸式將夏普－林特納（Sharpe-Lintner）的殘差獲利與前一個月的毛獲利及前幾年的獲利連上關係	極端的十分位投資組合：殘差獲利的差異為每月2.5%
布朗及范哈洛（Brown and Van Harlow, 1988）	1. 一到六個月獲利 2. 1946到1983年 3. 紐約證券交易所上市公司	研究一到六個月之間，其殘差獲利增加／減少20%到65%之間的股票	輸家大幅反彈；贏家除了第一個月之外，沒有下跌

其中有個短期價格反轉的研究值得一提，但這個研究與表12-1總結的其他論文都不相同。這是李曼（Lehmann, 1988）所做的，使用每週獲利資料，李曼研究獲利反轉策略的獲利狀況。這項策略是以賣空贏家（績效表現勝過市場者）來買短期輸家（在前一週績效表現不如市場的股票）。與表12-1其他的論文不一樣的是，李曼的研究不限於極端表現者。1962到1986年在紐約證券交易所及美國證券交易所上市的股票幾乎全部都包括在他的策略之中。然而，每一檔股票所投資的金額，與每週的超額獲利是成比例的，也就是說，極端的表現者在套利組合中會有較大的權重。通常，每週會有超過二千筆的來回交易。

因為交易數量的龐大，這個策略的獲利情形關鍵在於交易成本的大小。然而，對於場內自營商（floor traders）而言，這個策略是相當成功。如果交易成本假設一次為0.1%，那麼買進一億美元輸家及賣空一億美元贏家，六個月平均獲利為3,877萬美元，其中大約有三分之二的獲利是由輸家產生的。與其他研究一致的是，獲利或損失最多的贏家及輸家，會體驗到最大的反轉。

評論

風險與感受的風險（Risk and Perceived Risk）。許多調

查領域都有各具特色的免責聲明。在財務金融領域，在論文研究反常現象時，常用的免責聲明是：「當然，我們不可能對市場的效率性做直接的檢定。只可能對市場效率性和一些均衡價格模型做共同的檢定。」法馬及法蘭區（Fama and French, 1986, p.23）在這個問題上的結論為：

> 反轉的傾向……可能反映出的是，理性投資行為及一般總體經濟變數的動態所產生的隨時間變化的（time-varying）預期獲利。另一方面，價格的靜態組成因素所產生的反轉，可能反映出的是整個市場過度反應的浪潮，此處的過度反應指的是市場不效率模型所假設的那種過度反應……預測能力反映的是市場的不效率，還是理性投資人的行為所產生的隨時間變化的預期獲利，至今且未來仍將是懸而未決的議題。

這是一個心胸開放但是悲觀的結論。市場理性及不理性是否無法辨別？我們認為現在就放棄是太早了。

讓我們來看看，是過度反應還是風險，可以解釋回歸平均值現象。如果輸家的超額獲利，或是市場指數的回歸平均值現象，可以用一些大家還很不了解的風險指標做滿意的解釋，那麼也必須能證明這個（隨時間變化的）風險是「真的」。在其他領域有許多證據顯示出，「感受的風險」（perceived risk）和「實際的風險」（actual risk)可以是分歧的。例如，人們覺得死於他殺的風險大於死於糖尿病或胃癌的風險，然而，這些死因的實際死亡人數分別約為每年一萬八千人、三萬四千人及九萬八千人。（Slovic, Fischhoff, and Lichtenstein, 1982）

為了了解一個錯誤的風險感受模型的可能運作方式，我們假設（邊際）投資人判斷極端的贏家和輸家的風險，都大於客觀的風險。輸家被認為是風險非常高的，因為破產的風險被高估了。贏家被認為是有風險的，因為他們看起來「下降的潛力」不小。這類的廠商將承受額外的風險貼水，迫使價格降低。進一步假設投資人對近期的趨勢有過度反應的傾向，未能做適當的貝氏預測（Bayesian forecasts，譯注：貝氏定理為條件機率的公式。在事件B發生的條件下，事件A也發生的機率。在機率的解說中，貝氏定理能夠告知我們如何利用新證據修改已有的看法）。錯誤的感受風險及錯誤的判斷，這樣的組合可以解釋我們在贏家和輸家的獲利上所觀察到的不對稱現象。也就是說，輸家因為反應過度效應和額外風險貼水兩者朝相同方向（壓低價格）運作，因此當資訊進來時，投資人發現他們的恐懼及預測是偏誤的，價格就會上升。然而，對贏家而言，反應過度效應將價格推升過高，而額外風險貼水則是將價格向下壓抑。由於兩種效應是朝向相反的方向運作，贏家的價格反轉應該會較小，或是不存在，正如我們所觀察到的。

事件研究（Event Studies）。將效率資本市場假設融入事件研究方法，在會計學、產業組織及財務金融領域，現在很受歡迎。事件研究嘗試衡量公司環境改變，對財務的影響，焦點為在新聞首度曝光時點的前後，該公司股票市值上的變化。最常見的事件包括收購、發行新股、會計規則或稅法的改變。許多事件研究（例如那些有政策意涵的事件研究）篤信市值變化是「基本面」變化的不偏誤估計。而這個主張之所以成為信條，就我們所知，是因為沒有證據可以支持這個主張。假設一家廠商買下另一家廠商，市值增加了10%，這代表市場對這項收購的淨現值的估計。要檢定這個估計是否無偏誤，我們會想要看看合併發生後一段夠長時間的實際結果。經營者是否合得來？原先所期待的綜效是否真的發生了？最高管理階層是否過度擴張？買方是否碰到贏家的詛咒？也許在五年之後才有可能回答這些問題的大部分。衡量事件發生日的價格是否無偏誤的一個方法，是五年後來看當年價格的預測是否正確。不幸的是，股價是如此多變，我們沒有確實的方法可以檢定這個假說。

在這樣的背景下，布瑞莫及史威尼的論文可以被想成是「事件研究中的事件研究」。由於這類研究焦點在價格上的大變化，布瑞莫及史威尼所做的，本質上是不區分地蒐集一系列的事件。對於正面的事件，市場產生不偏誤的估計（從事件發生兩週之後來判斷），然而，對負面事件來說，價格的立即反應看來是有偏誤的。我們自己對於長期輸家的研究結果，得到類似的結論。對經歷一連串「壞事件」的公司而言，價格修正可能需要花上好幾年的時間。

　　結語。財務金融市場是挖掘反常現象的沃土。然而，我們不認為反常現象在財務金融領域有那麼豐盛，因為比起其他的經濟學領域，財務金融方面的理論是比較不足的。更明確地說，需要理論界定得非常明確（所以可以檢定）及數據資料非常地豐富，才能看到許多反常現象。明確界定的模型、好的數據資料、及許多反常現象，這樣的組合，使得財務金融成為極令人興奮的研究領域。這個領域所面對的真正挑戰，在於發展能與已知的實證事實符合的新的資產訂價理論，及提出新的可以檢定的預測。在傳統模型中所有的個體都被假設是完全理性的，而我們對於傳統模型成功的機會，看法是悲觀的。而模型中有些個體對於未來的現金流量有非理性的預期，或是有錯誤的風險感受，在我們看來這樣的模型似乎有較大的成功可能。然而，這些模型目前的狀況不容許它們被仔細地檢定。當這樣的檢定成為可能時，情況可能會變成，這些模型和傳統架構一樣與資料相互矛盾。

第13章

封閉型共同基金

Closed-End Mutual Funds

你那位當股票經紀人的姊夫又來電了。這次他大叫:「我
幫你找到一筆好買賣!我發現一個方法,可以讓你用折
扣價買股票!」你(充滿希望地)問他,他意思是不是
說你要換到一個有折扣的經紀人呢(你姊夫並不是)。
他說,「不,那只是小錢,即使我只收不到股價1%的
手續費。我說的是以『零售』價格折價10%到20%買股
票,有時候還更便宜。」你當然懷疑這個說法,所以你
逼問他是怎麼做到的。他說,「就是封閉型基金(closed-

本章與查爾斯・李(Charles M. C. Lee)及安卓立・史列佛(Andrei
Shleifer)合著。

編按:查爾斯・李(Charles M. C. Lee)是康乃爾大學博士,現為史
丹佛大學商學院會計學的 Joseph McDonald 講座教授,也擔任北京
大學光華管理學院會計系的共同系主任。安卓立・史列佛(Andrei
Shleifer, 1961-)出生於俄羅斯,麻省理工學院博士,1999年獲美國
經濟學會克拉克獎。現為哈佛大學經濟系教授。

end funds）。」他問你是否知道那是什麼，你嘟囔了一下，所以他就直接告訴你了，「封閉型基金是一種共同基金，它的股份在主要的交易所交易。如果你擁有這些基金的股份，想要賣掉時，是在市場上出售，而不是向基金贖回。有些這類的基金可以用低於其持有股票價值的價格買到。每股價值20美元的基金，可能每股17美元就可以買到——這是15%的折扣率。很棒的交易吧！」你說這其中必有詐，但你需要再研究研究……

效率市場假說的檢定，常常是很困難的。例如，這項假說的一個意涵是，天下沒有白吃的午餐，賺錢沒有捷徑。然而，明顯違反這個意涵的情況，像是資產價格中的平均值回歸現象，被許多人說成是風險上的變異的證據，因而就符合了效率市場假說。效率市場假說的另一個意涵，是資產價格應該等於它們的內在或是基本面價值，也就是未來現金流量的預期現值。有一位我們認識的財務金融教授，通常會將這個版本的效率市場假說，說成「價格是對的！」當然，要檢定價格是否是對的，非常困難，因為內在價值並不容易觀察。我們在現在這個時候，要如何得知IBM公司未來股利的現值會是多少？

有一類的證券，其內在價值是相對容易衡量的，就是所謂的「封閉型共同基金」（現在的正式說法是公開交易基金〔publicly traded funds〕）。大部分的共同基金是開放型基金，也就是基金隨時可接受更多的錢，且可以讓目前的股東以基金的「淨資產價值」（net asset value）贖回其股份，「淨資產價值」也就是該基金所持有證券的（每股）市場價值。在封閉型基金的例子中，管理階層募集了特定數量的資本，假設為一億美元，去買一個組合的證券，根據基金章程管理這個投資組合，然後發行固定數量的股份，假設為一千萬股。這些股份在組織化的股票市場上交易，包括紐約證券交易所。任何股東想要賣掉股份，必須以市場價格出售。當然，每股價格是由供給與需求決定的，因而會偏離淨資產價值。的確，封閉型基金的股價常常偏離其淨資產價值。以低於其淨資產價值出售的基金，稱為折價交易，而以高於淨資產價值的股價出售的基金，則為溢價售出。例如，1989年間，有可能會找到一些折價售出的基金（折價幅度大於30%），以及其他以很大的溢價出售的基金（其中有一例超過100%）。因此，在封閉型基金的例子中，常常會發現價格是錯的！

四種反常現象

封閉型基金的訂價問題存在很多疑問。以下的四個事實是所有封閉型基金的訂價理論必須討論的。

1. 市場上出現的新基金都有一些規律性可循。新基金傾向於在現有基金溢價出售或是折價很小的時候開始上市（Lee, Shleifer, and Thaler, 1991a）。在新基金釋出後，會以大約7%的手續費出售。這表示投資人必須要付出107美元以取得價值100美元的資產。當它們第一次開始交易時，基金通常會有小幅的溢價。魏斯（Weiss, 1989）、皮威（Peavy, 1988）及賴因（Laing, 1987）都記錄了新上市的封閉型基金績效不佳的驚人證據。例如，魏斯的研究發現，從1985年到1987年，美國股票基金在初次發行的二十天後，交易價格平均溢價幾乎達5%。然而，初次發行後120天，這些基金的交易價格，平均折價超過10%。這表示在這段期間持有這些股票的獲利是-25.1%。所以：在這些基金首次發行時，為何有人要買？

2. 封閉型基金的交易價格，通常是相對於淨資產價值有相當程度的折價。在1965到1985年期間，美國主要的封閉型股票基金的組合，其價值加權平均折扣率為10.1%。雖然折價是常態，但是仍有一些基金（在某些不尋常的期間，大部分的基金）是溢價出售的。最近幾年，對專攻海外投資的基金來說，溢價交易一直是很普遍的。所以，有兩個疑惑：為什麼價格不會等於淨資產價值，還有為什麼折價是常態？

3. 折價（以及溢價）的變異很大，不論是時間或是基金之間的變異。在美國交易的最大股票基金是「三大洲基金」

（Tricontinental Fund, Tricon），該基金持有範圍廣泛的普通股投資組合。過去三十年間三大洲基金的年底價格變動範圍從2.5%的溢價到25%的折價都有。1988年，每個星期的收盤價從6.7%的溢價到17.9%的折價都有。

雖然基金折價隨著時間而變動幅度很大，但它們的變動是正向相關的。李、史列佛及塞勒（Lee, Shleifer, and Thaler, 1991a）研究了1965到1985年間九個最大及發行最久的基金，結果發現折價是高度相關的。個別基金的每月折價相關係數大於0.5。每月的變化也是正向相關的，相關係數通常介於0.2到0.4之間。平均折價也表現出季節性模式，從第十一及第十二章中的證據來看，這並不令人意外。是的，折價幅度在一月份有縮小的傾向。這個結果是相當令人震驚的，因為布奧爾及張（Brauer and Chang, 1989）的研究發現，基金所擁有的資產並未顯示出有一月效應。

折價在基金之間也有很大的差異。有些基金以很大的折價出售，而其他基金則以大幅的溢價售出，這是常常見到的現象。即使在某個專攻領域內的基金，像是分散化國內基金（diversified domestic funds），或單一國家海外基金（single country foreign funds），在同一個時點，其折價的變化也是很大的。所以，為什麼折價會一起變動，以及為什麼在時間上及跨基金之間會有這麼大的不同？

4. 當封閉型基金要結束時，不管是以合併、清算或是

轉換成開放型基金的方式，價格會趨近財報的淨資產價值
（Brauer, 1984; Brickley and Schallheim, 1985）。這個事實應
該不令人困惑。如果一檔基金轉換成開放型基金，或是進行
清算，其資產將會以淨資產價值贖回，所以，價格當然應該
等於結束時的淨資產價值。然而，某些關於封閉型基金訂價
問題的理論，主張財報上的淨資產價值是被錯估的。如果真
是這樣的情況，那麼淨資產價值在基金清算時，就會跌到市
場價格，而不是市場價格上漲到淨資產價值。所以，當基金
成為開放式的，為什麼價格會上升到沒有折價的程度？

　　這四個疑惑提出了財務金融市場運作上的基本問題。價
格是如何脫離基本面價值的？為什麼套利的力量不能將價格
拉回到基本面的價值？這就是這一章要討論的問題。

標準的藉口

　　這些事實在標準的理性預期及效率市場的範疇內，能解
釋到什麼程度？到目前，有兩種解釋被提出來。第一個，是
建立在基金經理人不當作為的基礎上。第二個，是建立在淨
資產價值的不當計算的基礎上。

代理成本

　　光是基金經理人的存在就可以解釋封閉型基金的疑惑

嗎？有兩個可能性值得我們思考。第一個，基金收取管理
費，通常每年收取資產價值的0.5%到2.0%之間的管理費。
其中一個主張是這些費用的存在意味著基金會以均衡價格
的折價出售。想想看，一檔收取1%年費的基金，在折現率
為10%的情形下，這些費用的現值持續不斷累積，就相當於
10%的折價。然而，仔細審思後將會發現這個主張是無法成
立的。大型的封閉型基金，像是三大洲，收取的費用幾乎和
那些大型免佣金（no-load）共同基金差不多。由於兩者提供
類似的服務，似乎兩者應該以同樣價格出售。但是如果封閉
型基金是折價出售的，投資人從中會得到比開放型基金更高
的收益（因為以他們的錢，可以買到更多的資產）。那麼，
費用的存在並不表示基金應該折價銷售[1]。同時也沒有證據顯
示折價與管理費有相關性存在（Malkiel, 1977; Lee, Shleifer,
and Thaler, 1991b）。

　　第二個考慮的觀點是管理上的績效表現。布德羅克斯
（Boudreaux, 1973）的研究指出，淨資產價值代表目前投資
組合的預期獲利，但是因為基金經理人買賣證券，折價可能
反映的是他們在這個任務上表現能力的差異。但是除非有經
理人能夠找出方法，持續地讓自己的績效表現不如市場（當

---

1 這個主張是肯・法蘭區（Ken French）提出的。提摩西・泰勒
　（Timothy Taylor）指出，對於人們願意投資在沒有折價的開放型基
　金這個事實，我們可以換個角度來看，把它當作是反常現象。

然，這本身就是反常現象），否則這並不能解釋為何基金通常會折價交易。如果以相對績效來解釋折價幅度的不同，折價多應該是預測未來績效不好，而溢價應該是預測未來會有超乎尋常的獲利。所以，舉例來說，在基金開始時觀察到的溢價現象，應該是預測到有很高的獲利。相反地，幾個月後觀察到的折價現象，顯示投資人很快就覺悟了，預測績效會低於正常。邏輯顯示，這兩種預測不可能同時都是理性的，實證證據顯示兩種預測都不準。墨基爾（Malkiel, 1977）研究了基金資產的**過去**績效與折價之間的關係，而羅菲特及托特爾（Roenfeldt and Tuttle, 1973）則是研究當時的績效表現。前者發現沒有關係存在，而後者有微弱的關係存在。然而，李、史列佛及塞勒（Lee, Shleifer, and Thaler, 1991b）發現未來的淨資產價值績效與現在的折價之間有微弱的相關，且這個關係有「錯誤」的訊號。也就是說，折價較大的基金，比起折價小的基金，未來的績效反倒有較高的傾向。我們的結論是，代理成本（agency costs）甚至不能解釋其宣稱要處理的基本事實，即折價存在的問題。代理成本在這個難題的其他部分，表現甚至更不好。例如，如果代理成本是正的，那麼只要有無佣金的開放型基金存在，這樣的封閉型基金根本就不應該（溢價）發行。的確，任何溢價發行的基金，在這個架構下都意味代理成本是負的。代理成本同時也不能解釋長時間下的折價變異範圍如此大的現象。管理費

（極為穩定）與對績效的預期，都不可能變動大到可以解釋
我們所觀察到的個別基金折價的時間序列變化，不同基金之
平均折價的變異也不能。唯一與代理成本符合的事實是，基
金結束時折價會消失。

限制性股票

如果淨資產價值不反映基金的真實價值給股東，那麼價
格與淨資產價值有差異就不是一個反常現象了。投資組合
可能被錯誤評價的一個可能是，如果基金握有大量不能在
公開市場上自由出售的股票。封閉型基金握有流動性差的
股票是可以理解的，因為它們和開放型基金不同，不會因
為基金持有人突然的贖回潮被迫清算股份。有些人認為，
這類的股票在計算淨資產價值時被高估了。事實上，墨基
爾（Malkiel, 1977）和李、史列佛及塞勒（Lee, Shleifer, and
Thaler, 1991b）這兩個研究都發現，握有限制性股票也可以
解釋一部分跨部門別的折價差異。然而，握有限制性股票
（restricted stocks）對於封閉性基金的問題，無法解釋太多。
大部分封閉型基金，包括三大洲基金，握有很少或甚至沒有
限制性股票，但還是折價銷售。同時，以時間序列來看，任
何基金持有的限制性股票的數量，並沒有太大變動，所以這
個變數不能解釋折價在時間序列上的變化。最後，也是最基
本面的問題，當基金轉為開放型時，價格會上升到淨資產價

值。如果限制性股票是被高估了，反而應該是淨資產價值會
跌到與價格相同才對。

租稅

　　為甚麼淨資產價值會錯估基金投資組合的真實價值，另
一個理由是資本利得稅。當基金的資本利得實現之時，必須
要向國稅局報告此項所得。租稅責任由基金實現利得之時的
基金持有人負擔。所以如果你今天買一檔基金，而明天就實
現了一大筆的資本利得，你就必須支付租稅，即使你根本就
還沒賺到任何錢。這表示有大筆未實現資本增值的基金，對
既有股東及潛在的股東而言，其價值低於淨資產價值，因此
應該要折價出售。這個解釋，和其他解釋一樣，有一些明顯
的優點，但是未能解釋所有的事實。墨基爾（Malkiel, 1977）
在相當寬鬆的假設下做了計算，租稅對折價的解釋力不超過
6%。顯然，我們所觀察到的折價，有一大部分仍是個謎。
同時，根據租稅說法，折價應該在市場上漲時會增加，因
為未實現資本利得會逐漸累積。李、史列佛及塞勒（Lee,
Shleifer, and Thaler, 1991a）的研究證據卻是與這個推論相反
的。而且，再一次地，在基金清算時價格會上漲到淨資產價
值的事實，顯示出租稅責任並不是很重要。

　　總而言之，在效率市場假說及理性代理人的背景下，有
一大堆理由被提出來解釋封閉型基金的折價現象。在這些因

素中，許多有其優點，但是，這些因素全部加起來也只解釋了折價總變異中的一小部分。

封閉型基金溢價

雖然封閉型基金的研究大部分都聚焦在常見的折價銷售的事實上，但是最讓人疑惑的證據卻是關於封閉型基金的溢價現象。我們之前就提到，在 1980 年代中期，封閉型基金在初次發行時平均溢價 7%，而在 100 個交易日之內變成平均折價 10%。初始投資人的這種龐大且快速的負報酬，讓大家懷疑這些投資人是否夠理性。沒有一種標準的解釋曾經去處理為何會有人溢價購買新發行基金的問題。「初次公開發行」（Initial public offerings, IPOs）並非基金溢價銷售的唯一情況。歷史上有好幾段時間，即使是分散化基金（diversified funds）也溢價銷售，像是 1960 年代晚期，尤其是股市大崩盤之前的 1920 年代晚期。即使中型基金（median fund）是以折價銷售的，有些基金還是溢價銷售。這些溢價對代理成本、租稅及其他說明為何基金應該折價銷售的解釋，提出了不容忽視的挑戰。

我們來看看 1929 年股市大榮景時的情況。迪龍及史列佛（De Long and Shleifer, 1990）發現他們樣本裏的中型基金在 1929 年第三季（正好在大崩盤之前）是以 47% 的溢價銷售。他們也發現在那一季當中，有 19 億美元的封閉型基金發行。經過物價水準及美國經濟規模的調整之後，這個數字大約相當於今日的550億美元——至少比目前流通在外的封閉型基金總價值高出五倍。那個夏天的封閉型基金榮景是不尋常的，從未再發生過。接著發生大崩盤，封閉型基金變成折價出售，而且自那時起就一直維持這樣。不令人意外地，在大崩盤之前的封閉型基金觀察家，從未想過封閉型基金會有折價出售的可能。由於未學過效率市場的相關知識，他們的推理是這樣的：基金的價值包含其資產加上管理技能的價值，因此應該溢價出售。有些觀察家認為50%到100%的溢價是合理的。在這股一頭熱的潮流中，解釋為何封閉型基金應該以折價銷售的理論，並未被提出來。

投資人對基金的這種樂觀態度，在最近幾年已不再普及，除了國家基金是可能的例外。1980年代中期出現了一些國家基金（例如：韓國、西班牙、台灣、巴西及德國）。這些新出來的國家基金，不是舊有的，以很大的溢價銷售。這些基金中有些是投資在禁止無限制外國直接投資的國家，像是韓國及巴西，而其他像是德國及西班牙的基金，則投資在完全開放的市場。這兩種型態的基金在1980年代都以大幅的溢價銷售，有時還超過100%。是什麼因素推動這些國家基金以溢價銷售，尤其是那些開放資本市場的國家基金？將西班牙基金推到超過100%溢價的那些投資人，可以直接將錢投入到西班牙股市的，他們必然是對西班牙基金的管理能力過分樂觀,要不然就是完全不知道還有其他方式可以投資西班牙。許多國家基金的溢價,在新的國家基金進入市場後逐漸地降低了。在幾個月之內,一直以很大的溢價出售的西班牙和德國基金,分別都出現了三支新的國家基金競爭者。在新的基金出現後,發生了兩件有趣的事。第一,原來的基金溢價下降了。第二,新基金的溢價比起原有的基金要來得低。在大部分的經濟市場中,供給增加使價格降低的事實,並不會被視為是反常現象,但是在財務金融市場,價格宣稱是等於價值,而價值與替代品的供給是無關的,因此,這項證據是反常現象。

總而言之,封閉型基金的溢價似乎會發生在投資人對股市的熱頭時刻,像是1920年代晚期或1980年代的晚期,或是在投資人對特定證券(像是國家股票)的熱頭時刻。當我們認為投資人的頭腦應該是冷靜的,以及套利應該會讓價格等於價值,我們就很難理解這些溢價的存在。這引起了下一個疑問:封閉型基金的錯誤訂價,在那些聰明投資人的套利活動之下是如何生存的?

金錢並非萬能

如果封閉型基金的錯誤訂價是那麼明顯,聰明的投資人不能靠這個賺到錢嗎?以溢價銷售的基金為例,為何聰明的投資人不先賣空，然後買基金的投資組合，或與其投資組合類似的東西，當作避險？通常對此有個說法，就是投資於那些對市場有限制的國家的基金，因為人們無法直接買股票，所以無法避險。然而，這不是很有說服力。如果家中有些成員在韓國，有些在美國，為何不在美國賣空，在韓國買投資組合中的股票？除此之外，許多來自無限制國家的基金，像是西班牙及德國，也是以很大的溢價銷售。是什麼阻止了套利的行為？

套利的困難，結果是出在美國這裏。第一，融券通常很困難，所以沒有辦法賣空基金。近來，不管是有限制的市場或是沒有限制的市場的國家基金一直是這樣，而且連封閉型基金初次發行也是一樣。即使投資人可以賣空，收益也無法立刻拿到[2]，提高了這項交易的成本。第二，即使投資人能克服賣空基金及買其投資組合的困難，溢價可能在變小之前先變大，造成賣空部位的損失，經紀商將要求更多資金。如果你在西班牙基金溢價20%時賣空，在溢價上升到100%時你可能就破產了。除非投資人非常有耐性，而且口袋夠深，否則這項套利交易是賺不到錢的。

比較常見的折價出售基金，情況又是如何呢？在這種情

---

2 投資人賣空的收益，扣除成本後，在部位結清時才會支付。融券所創造的信用部位，對投資人而言通常是賺不到利息的。

況下,最明顯的賺錢方式是買下這個基金,然後清算或將之轉換為開放型基金。雖然在理論上這是個好主意,在實務上要買下一檔封閉型基金,有許多的障礙存在。基金經理人對收購的強烈反對,會提高收購者的成本。荷茲菲德(Herzfeld, 1980)的研究指出截至1980年為止,兩家最大的分散式基金——雷曼(Lehman)和三大洲,分別抵擋了四次重整的企圖。在過去十年,許多新基金明白地制定了反收購條款。如果反收購條款沒有效,經理人還可以依靠「證券管理委員會」(Securities and Exchanges Commission),這是規範投資公司的機構,常常造成收購者的成本提高。

即使收購者能夠迴避這項抗拒,葛洛斯曼及哈特(Grossman and Hart, 1980)提出收購的另一個問題。一旦買家在一家公司(包括封閉型基金)中的持股超過5%,買家必須宣布對這家公司的意圖。如果買家宣布打算要清算這檔基金,基金的其他股東就有誘因不要出售股份,等待清算,好實現其全部的淨資產價值。但是如果出價是完全的淨資產價值,收購者除了最原始的5%投資之外,就無利可圖了。所以,不令人意外地,能夠成功進行的標購案,價格通常都是介於淨資產價值的95%到98%之間。凡此總總都表示,收購封閉型基金不像是表面上看來那麼好的交易,這也解釋了為何大幅折價出售的現象仍然存在。

對折價基金有一個更消極的策略,就是買基金,然後

去賣空其投資組合中的股票，這在某種程度上是可行的
（Herzfeld, 1980）。但是問題又來了，會碰到從賣空交易拿到
的只有部分的收益，而卻有折價擴大的風險，可能對時間有
限的聰明投資人造成損失。

顯然地，大家都看得見的「容易錢」策略，並非沒有
成本和風險。然而，有些證據顯示靠封閉型基金的交易，
是可以賺到經過風險調整的超額報酬（excess risk-adjusted
returns）。這些策略的根據，是觀察到折價有回歸平均值的
特性。這表示以最大的折價買基金，希望折價會隨著時間而
縮小。湯普森（Thompson, 1978）的研究是以購買一個投資
組合的折價基金，每檔基金的購買數量按照其折價的比例，
研究這個策略獲利情形。他發現在他32年的樣本期間，這
個策略賺得超過4%的年超額報酬率（annual excess return）[3]。
布奧爾（Brauer, 1988）藉由加入一些變數（這些變數是與
基金成為開放型基金的機率有關），對這項策略做更進一步
的研究。他的策略每年賺得超額的5%。安德森（Anderson,
1986）研究1965到1984年期間，也發現封閉型基金的投資
有顯著的超額報酬。因此，對高折價基金做長期投資，顯然

---

3 就如我們一開始所指出的，像湯普森這類的研究發現有一個問題，
  它們是在訂價模型可以妥適地衡量風險的前提下進行的。在他的結
  論中，湯普森警告說，他的研究結果反而不符合市場效率性和特定
  訂價模型的聯合假說。

提供了賺取超額報酬的一些機會。

投資人的情緒——一個可能的解釋

迪龍、史列佛、桑默斯及華德曼（De Long, Shleifer, Summers, and Waldmann, 1990）和李、史列佛及塞勒（Lee, Shleifer, and Thaler, 1991a）的研究都是根據「雜訊交易人」（noise traders）模型，對封閉型基金的問題尋找一個可能的解釋。此處我們只能對他們的論點做個基本的描述。

迪龍、史列佛、桑默斯及華德曼的模型中有兩種投資人：理性交易人係根據基本面做投資，另一種為雜訊交易人，其投資決定有一部分是根據不理性的因素。理性投資人有不偏誤的預期，而雜訊交易人會犯系統性的預測錯誤。換個說法，雜訊交易人的想法會隨時間而改變——有時候對未來過分樂觀，其他時候則過分悲觀。這種雜訊交易人情緒（sentiment）上的變動性，在他們進行交易的市場上，產生了一種新的風險。最後的假設是理性交易人是風險趨避的，且時間有限，這兩項特性似可用來描述大部分的投資人，即使（或特別是）是那些替別人管理金錢的人。結果，雜訊交易人的投資情緒會變動所產生的風險，嚇阻了理性投資人積極的套利策略。

封閉型基金是很好的示範，可以展現這個模型如何運作。假設：比起關心基金所持有的資產，雜訊交易人的注意力更集中在「持有封閉型基金」的本身。當雜訊交易人對未來的看法成為悲觀時，他們會將封閉型基金的價格，拉到低於淨資產價值之下。理性交易人為何不在這個便宜的價格進去買基金呢？答案是這樣的：買封閉型基金，即使是以折價購買，理性交易人仍必須承擔兩種風險。第一個風險是，基金的淨資產價值可能表現不如市場。第二個風險是，當理性交易人想要賣掉基金時，折價可能已經變大了，因為雜訊交易人已經變得更為悲觀。這項分析顯示理性投資人只有在他們所面對的「雜訊交易人風險」能夠得到補償的情形下，才願意買封閉型基金，也就是說，只有在折價的情形下才會買基金！這是針對有關封閉型基金最特別的現象所做出的雜訊交易人解釋，這個現象就是平均而言，基金都是以淨資產價值打折扣後的價格出售的。我們應該強調的是，這並不是基於雜訊交易人的普遍性悲觀所做出的解釋，而是基於理性投資人的風險趨避。有趣的是，馬丁・茲維格（Martin Zweig, 1973）也強調投資人情緒在封閉型基金訂價中扮演的角色，並在之後，創立了用他自己的名字命名的兩檔封閉型基金。封閉型基金其他部分的問題又是如何呢？要解釋為何投資人最初會以溢價買基金，我們需要有足夠樂觀的雜訊交易人，或說是「笨蛋」，去買價格過高的資產。懂些小竅門是有幫助的。有些近期新成立的，像是茲維格基金，是由知名的投

資組合經理人在經營；其他新的基金，像是國家基金，則標
榜特定的投資策略。成立一般性分散式封閉型基金（generic
diversified closed-end funds）是很稀有的，除了在像是1929
年的泡沫時期。在新基金發行時進去買的那些人，是那些對
基金未來獲利最為樂觀的人。當他們後來嘗試將持份賣給他
人，可能是理性投資人，價格就下跌了。新基金在現有基金
以溢價或很小的折價出售時成立，這樣的現象與理論也是一
致的，因為這些都是投資人的情緒很高昂的時候。

　　折價隨著時間會變動，而且會一起變動，這個事實對這
項理論而言是必需的。折價必須修正，否則將不會有與變動
緊緊相關的風險產生。而折價會一起變動，強化了折價是衡
量投資人情緒的一項指標。基金清算或是轉為開放型基金
時，折價會消失，這項事實也是符合的，因為當這兩種情形
之一發生時，雜訊交易人風險就消除了。

　　雜訊交易人模型做了許多附加的預測，李、史列佛及塞
勒（Lee, Shleifer, and Thaler, 1991a）對這些預測做了檢定。
尤其是，封閉型基金被認為是特定類型的雜訊交易人情緒的
衡量指標，亦即個別投資人的情緒。封閉型基金的持有人幾
乎全都是個別投資人，而不是機構投資人，部分原因是機構
很難向他們的客戶說明，為何要將客戶的錢再委託給其他人
操作，還因而要付兩份管理費。這個模型顯示有某一類有待
訂價的雜訊交易人風險，它一定會影響到其他類型的資產，

否則就是可以分散的（diversifiable）。在這種情形下，會令
人聯想到並可做為參考的就是個人為主要投資者的市場，其
中一個類似的市場是資本額小的股票。投資人情緒的理論預
測，當個別投資人對封閉型基金的看法是悲觀的時候，折價
會擴大，他們也會因為對小型廠商的看法悲觀，而將獲利向
下拉。這個預測在數據資料中得到證實。在 1965 到 1985 年
期間，我們研究紐約證券交易所十個投資組合的每月獲利資
料，這些投資組合是以股票市值排名組成的。最小的 10% 廠
商是第一個十分位投資組合，以此類推。每一個十分位的獲
利，會對紐約證券交易所價值加權指數的獲利，以及封閉型
基金折價的價值加權指數的變動，進行迴歸。我們發現獲利
與每一個分位的價值加權折價，有顯著的關連。較小的九
個十分位都是負向相關——當折價變小時股票價格上漲，然
而，這個關係的幅度與顯著性，在規模增加時會下降。最大
的十分位，關係則是正向相關的。折價的確看起來是反映個
別投資人的情緒。

評論

　　班傑明‧葛拉漢（Benjamin Graham, 1949, p. 242）在
他關於證券分析的重量級著作《智慧型股票投資人》（*The
Intelligent investor*）中，將封閉型基金的折價稱為「為股東

的愚昧及遲鈍所樹立的昂貴紀念碑」。另一位著名的財務金融市場觀察家伯頓‧墨基爾（Burton Malkiel, 1977, p. 857）在他對封閉型基金的觀察與分析中，結論是「市場心理學對折價的結構及程度有重要的影響」。股東的愚昧或是市場心理學怎麼會是重要的呢？在一個有效率的市場中套利者買賣證券，以確保價格不會與其內在價值背離。如果有些投資人偏好在倫敦購買的黃金，甚過在芝加哥購買的，他們的偏好將不會使倫敦的金價上揚，因為其他投資人會很樂意從芝加哥買黃金，而在倫敦賣出。這項分析不適用於封閉型基金。就如以上所討論的，因為沒有機會從事無風險的套利[4]，所以訂價錯誤會發生，而願意與龐大投資人情緒長期對賭的理性投資人，是有限的。

　　從這項分析我們所得到的主要教訓是，證券的需求可以影響價格，即使這項需求是基於不理性的信念。這項分析適用的情況中──包括許多最有趣的財務金融市場──最重要的是要記住，「價格等於內在價值」這句話是可以檢定的命題，不是定理。

---

4 有關套利的限制，更多詳情請見羅素及塞勒（Russell and Thaler, 1985）、史列佛及桑默斯（Shleifer and Summers, 1990）。

第14章

外匯
Foreign Exchange

你的叔叔是你家族中曾經聽過你經濟建議的人,他從事的是進出口業務。前一陣子,他打電話來問有關外匯的問題。他說道,「假設我有一百萬德國馬克的債務,在一個月後要支付,我們有美元可以付這筆錢,所以問題是:我是要現在還是晚一點再將美元換成德國馬克。我認為我們應該將錢放在能賺取最多利息的地方,但是我的財務長,是最夯學校的MBA,她告訴我這並不重要,因為如果德國利率比較高,表示大家預期馬克會貶值。當我問她應該怎麼做時,她說這不重要,她居然說『丟銅板決定』!我付她這麼多錢做什麼?來丟銅板的嗎?」你試著安撫你叔叔,並跟他解釋效率市場的概

本章與肯尼斯・福盧特(Kenneth A. Froot)合著。

編按:肯尼斯・福盧特(Kenneth A. Froot)為加州大學柏克萊分校博士。現為哈佛大學企管學院企業管理André R. Jakurski講座教授。

念，但是沒能說服他。你說，「好吧，如果你認為你能做得更好，為什麼不做個實驗看看？你照你的方式拿一部分的錢做投資，而你的財務長則丟銅板決定，然後看看誰做得比較好。」他認為這是個好主意，並答應會告訴你結果如何。

結果大出你的意料，你叔叔幾個月後打電話回來，聲稱有個策略可以打敗那個丟銅板的財務長。他得意洋洋地說，「我是這樣做的。當利率在其他國家上升時，我把錢放到那個國家去，然後賭那個國家的貨幣不會貶值。另一方面，如果那個國家的利率相對於美國利率是下跌的，我就把錢存在美國。我承認這很簡單，但似乎是有效的。當然，我的財務長認為這只是運氣好，並說她要用歷史資料做檢定，來證明她是對的。好了，她剛才很羞愧地拿著一大疊電腦資料進來我辦公室，同意我的理論打敗了她的丟銅板。聰明的你對此的看法如何呢？」

你感到挫折，決定要讀一讀有關匯率的文獻。

外匯市場是最活躍的金融市場之一。1989年中，經過重複計算調整後，每日平均交易量約為4,300億美元。這個數字有多大呢？我們看看下面兩個數字：美國的國民所得毛額（GNP）每日約為220億美元，而全球商品及勞務的貿易量每日約為110億美元。由於外匯交易在數量上遠大於實質商品及勞務的交易,外匯市場應該是具有高度流動性及有效率的。

　因為交易量龐大,許多研究人員專注在外匯市場的研究,檢視投機的效率問題。其中有一種看法——最初是米爾頓‧傅利曼(Milton Friedman, 1953)所主張——認為因為投機客的買低賣高,他們的活動確保匯率反映出基本面或貨幣價值的長期決定因素。文獻的第二股潮流,通常會回歸到雷格納‧納斯基(Ragnar Nurske, 1944)的研究所探討的問題——認為外匯的投機活動會使外匯市場動盪,且過度的波動會施加很大的成本在生產者及消費者身上,導致生產者和消費者會做出較不效率的配置決策。

　近來,這項辯論有升溫的趨勢,因為在1980年代中期,美元「短暫性」劇烈地升值了65%,兩邊都嘗試要掌握住這個現象。有些人認為美元價值的這些動盪,是因為基本面的變化所致,在這些基本面之下,升值是可預測且適宜的。然而,其他人根據經驗,認為這是美元脫離其正常決定因素的證據,並主張,至少有一部分的美元升值是可以防範的。關於匯率是否「正確訂價」的辯論尤其重要(相較於其他資產訂價的辯論),因為匯率同時影響了所有海外資產、貨品及生產要素的價格。如果納斯基的追隨者是對的,也就是投機活動將價格推離基本面,那麼政府最有理由干預的就是外匯市場。

　在這一章,我們聚焦在外匯市場的效率性。讀者若對更完整的論述有興趣，應該參考穆沙（Mussa, 1979）、里維區（Levich, 1985）、布施及隆沃施（Boothe and Longworth, 1986）、哈德瑞克（Hodrick, 1987）及福盧特（Froot, 1990）。為了盡量簡化（不幸地是，無法完全簡化），以下有關效率性的問題將只用一種型態的檢定的觀點來看：稱為遠期折價偏誤（forward discount bias）的檢定。這項檢定很容易了解，且由於實證檢定結果，強烈否定虛無假設，所以其在統計上的效力不是問題。然後我們也將提到為闡明這個現象的其他解釋所設計的其他的實證研究。

遠期折價偏誤的檢定

如果投資人為風險中立且有理性預期，那麼市場對未來匯率的預測，會內含國際利率上的差異。要了解這一點，我們假設美元一年利率為10%，與之比較的德國馬克利率為7%。美元利率差異（interest differential）因而為3%。風險中立且理性的投資人，必會預期美元在一年內相對於馬克將貶值3%。這個貶值幅度，只是讓美元的預期報酬等於馬克存款的報酬。如果這些投資人是預期美元貶值的幅度為4%，他們會想要借美元，然後貸馬克。結果，美元利率會傾向於上升，而馬克利率會傾向於下降，直到利率差異也變成4%為止。利率差異與預期匯率貶值之間的這個簡單關係,稱為「未拋補的利率平價」(uncovered interest parity,譯注:兩國的利率差異會決定外國通貨的預期升〔貶〕值幅度。當本國利率高於外國利率,外國通貨會呈現預期升值,反之亦然。)(未拋補是因為未利用遠期市場避險)。因此,未拋補利率平價也意味著利率差異隱含有未來匯率會變化的看法。如果預期是理性的,那麼因應利率差異而產生的未來匯率變化的估計,應該是不偏誤的(unbiased)。

不偏誤性通常以匯率變化對利率差異所做的迴歸式來檢定。

(1)　　　$\Delta S_{t+k} = \alpha + \beta (i_t - i_t^*) + \eta_{t+k}$

ΔS_{t+k} 為通貨在第 k 期貶值的百分比(外國貨幣的美元現貨價格的對數上變化),$(i_t - i_t^*)$ 為目前第 k 期美元利率減去第 k 期外國利率。虛無假設為 $\beta = 1$。有些作者將 $\alpha = 0$ 也包含進虛無假設之中。換言之,現貨市場已實現的貶值率,等於利率差異加上純粹的隨機錯誤項 η_{t+k}。

對方程式(1)的第二種說明是以遠期折價(forward discount)取代利率差異,遠期折價為目前遠期與現貨匯率之間的差異(遠期匯率為未來某特定日期實現的外匯,在今天的美元價格)。因為有套利存在,遠期折價率必然等於利率差異。如果不相等,那麼借入外匯將收益轉換為美元,投資這些美元,再於遠期市場出售,這個策略將產生無風險的利潤。大部分的觀察家都認為,市場是尊重這個套利條件的,因為銀行容許遠期匯率以利率差異來設定。在風險中立及理性預期的情形下,遠期折價率應該也是後續匯率變化的不偏估計。的確,像(1)這類的迴歸式未能產生 $\beta=1$ 的估計,通常被視為是遠期折價率的偏誤。

有很多文獻對不偏誤假設做檢定,發現 β 係數小於1是相當可靠的。事實上,β 常常被估計為小於0。在75個已發表的估計中,平均係數為 -0.88(請見 Froot, 1990)。有一些是正值,但是沒有任何一個是等於或大於虛無假設的 $\beta=1$。

接近 -1 的係數很難解釋。它的意涵為,舉例而言,當美國利率超過外國利率一個百分點時,美元隨後會傾向於以每年1%的幅度升值。這與不偏誤假設所述的貶值1%是很明顯的對比。

在文獻中有兩種解讀是很常見的,有些作者主張 $\beta<1$ 是外匯的隨時間變化的風險貼水(time-varying risk premium):當美元利率上升,對美元資產的投資,風險變成相對較高[1]。另一種解釋是,其他的人假設匯率風險是絕對可以分散的,或假設投資人是風險中立的。他們因而將所有的偏誤都解讀為預期錯誤的證據。在以下兩節中,我們要對於這兩種解釋各自的優點進行評價。

---

1 類似地,這也意味著,當外國利率上升(相對於美元利率),對外國資產的投資風險也變得相對較高。

外匯風險貼水

　　如果外匯市場的邊際投資人是風險趨避的（risk averse），且如果外匯風險是不能完全分散的，那麼利率差異或是遠期折價，就無法被解釋為純粹是對未來匯率預期變動的估計。利率差異將會是預期匯率變動加上風險貼水的總和。因此，即使不預期匯率會變動，但如果大家認為美元比外國通貨的風險高時，美元利率就會較高。如果維持理性預期的假設，那麼 β 不等於 1 的結果，就意味著利率變動與風險貼水的變化是相關的。而 β 小於 1 的結果，表示美元利率差異增加 1%，會伴隨著小於 1% 的預期美元價值下跌。由於風險貼水等於利率差異減去預期匯率變動率，這表示美元資產的風險貼水必須隨著利率差異而上升，或相等地，投資外匯所需的報酬必須下降[2]。

---

2 讀者可能會覺得很難了解，當兩種貨幣之間只有單一匯率的情況下，資產以一種貨幣計價怎會比以另一種貨幣計價，風險要來得高？下列的案例可能會有幫助。假設有兩個規模相同的國家，在商品及資產有完全整合的商品及資產貿易。每個國家都各自生產個別的商品，但平均消費兩國所生產的兩種商品，兩國也都各有一項資產以支付未來該國商品的消費。現在假設 A 國的資產代表可以取得 A 國產品的比率，大於 B 國資產代表 B 國商品的比率。換言之，A 國資產流通在外的供給，比 B 國來得大。由於投資人對每種商品的消費量相同，在其他條件相同的情況下，他們會想要將投資組合平均投資在兩國的資產，一國一半。投資人只有從 A 國資產所得的報

很自然地，β為負值的結果就較為極端：利率差異的增加，預期的貶值就會減少（因為美元平均而言會因而升值），因此風險貼水會有更大幅的增加。法馬（Fama, 1984）指出這意味著兩件事：（1）風險貼水的變異數比預期貶值（expected depreciation）和利率差異的變異數都大，及（2）預期貶值和風險貼水的共變異數（covariance）是負值。

就其本身而言，預期貶值與風險貼水的負向關聯會被認為是有道理的：預期美國有較高的通貨膨脹率，可能會很容易與美元貶值擴大和美元資產風險增加聯想在一起（Hodrick and Srivastava, 1986）。例如，預期通貨膨脹率較高，反映出未來貨幣政策的路徑有較大的不確定性。根據風險貼水所做的解釋其實際上的問題在於，它們是否能解釋為何利率變化竟會使得風險貼水的變化幅度更大。至今有三種方法被提出來評價風險貼水解釋的優點——但沒有一項能對這個假說有太多的支持。

第一種方法設定並檢定風險的「統計」模型。它不是去探討風險的基本經濟因素是否能解釋外匯的超額報酬（excess return），而是去檢定貨幣的超額報酬之間或之內的特定型態。雖然這類的檢定對於匯率變動的可預測的構成要

酬相對於B國有溢價時，才會同意持有較高比率的A國資產——因為它們必須是均衡的。在這樣的案例中，我們會說以A國商品計價的資產比以B國商品計價的資產，「風險」要來得高。

素（predictable components），提供了豐富的資訊，但卻未能提供更多的證據支持這些構成要素確實是因風險而產生。另一項統計檢定問的是，可預測的報酬是否可以用未來報酬的預期變異數來解釋。這類的檢定，原則上可能更能區分風險和預期錯誤。然而，實務上沒有證據顯示預期變異數的估計值與遠期折價偏誤是有關的。

外匯風險貼水的檢定，第二股主流是跳過相對資產報酬的本身，而檢視報酬的基本面決定因素。最初由法蘭科（Frankel, 1982）所採用的一個方法，曾提到資本資產訂價模型（CAPM）要求資產的風險貼水須與資產價值占投資組合的比重有關。他的檢定並未能證明所需報酬與匯率的系統性風險，有正向相關性。的確，使用這些模型是無法拒絕系統性風險為零的假設，所謂系統性風險為零的假設是指匯率風險貼水為零的假設。此處並無法證明風險貼水的變動方式，能解釋外匯有可預測的超額報酬（Frankel and Engel, 1984; Hodrick, 1987）。後來的研究檢視了更複雜的時間變動風險（time-varying risk）模型，但結果也很類似。（Engel and Rodrigues, 1989; Giovannini and Jorion, 1989; Mark, 1985; and Obstfeld, 1990）

評估風險貼水解釋的第三種方法，試圖直接衡量預期貶值，因此避免從已實現的貶值做推論。如果可以真正地觀察預期，就有可能將利率差異的偏誤分解為不同的部分，即可歸因於風險貼水的，和可歸因於預期錯誤的。這無法告訴我們風險貼水是如何形成的，但是可告訴我們在解釋偏誤時，風險和市場效率的重要性。

當然，困難在於市場預期是無法觀察的。然而，將預期的獨立估計值（independent measures of expectations）集合在一起，我們或許能有所了解。福盧特及法蘭科（Froot and Frankel, 1989）使用外匯交易員的預期的調查資料，做為預期貶值的獨立估計值。如果所調查出的預期能被接受為預期貶值的估計量，那麼利率差異的偏誤就可分解為風險貼水和預期偏誤兩部分。進行這項分解時，可歸因於風險報酬的成分，就變得很小且與零的差異並不顯著。這不是說這些調查不包括風險貼水，因為如果調查與利率差異總是相等，這就會恆真。實際上，調查所顯示的風險貼水與零是有明顯差異的，且隨時間而變動。然而，調查的風險貼水與遠期折價是沒有相關性。

風險與1980到1985年的美元

最後，我們對於隨時間變化的風險貼水（time-varying risk premium）的另一種假說，做比較不正式的敏感性測試（sensibility check），看看它對1980年代美元前所未見的現象，解釋能力如何。自1980年末到1985年初，美元利率高於外國利率，因此大家都在遠期折價觀點下出售美元，意味著美元的價值將會下跌。然而，美元每年（大約是很穩定地）升值約13%。在風險貼水的情況下，這些事實顯示的是投資人對美元升值的（理性）預期，是強烈正向的（也許高達13%），但是風險貼水也是正向的。因而，根據這個觀點，大家就會覺得以美元計價的資產，比起以其他國家貨幣計價的資產，風險要來得高，與當時將美元的強勢解釋為「安全天堂」（safe-haven）的假說，恰恰相反。

後來美元價值的快速下滑則反向地意味著，風險貼水符號的反轉，在1985年投資人轉而將美元視為相對安全的貨幣。這一定是在貨幣風險基本面的決定因素上，發生了什麼劇烈的變化，才會在美元的價值上產生如此巨大的震盪：在美元升值期間，投資人若要持有「安全的」外國貨幣，必須要放棄每年約16%的獲利（13%來自美元升值，加上3%來自美元的利差），而在後來美元貶值的期間，他們若要持有美元，必須放棄約6%額外的每年獲利（每年平均8%的貶值，減去2%的平均利差）。實在很難只依靠風險貼水的解釋，來解讀1980年代的美元走勢[3]。

---

3 如果辯稱投資人是反覆地受到那段期間基本面上的強勢（及後來的弱勢）所震驚，這些結論將可以較為溫和。理性地預期美元會升值（以及貶值）及對風險貼水的估計就會更接近零，而不是計算出來的大於零。在下一節我們會直接討論這樣的解釋。

預期誤差

另一個主要的假說，是用預期誤差（expectational errors）來解釋遠期外匯的折價和利率差異上的偏誤。在這個假說之下，風險貼水是固定的（或至少與遠期折價沒有相關性）。然後，利率差異的增加是伴隨著預期貶值等量的增加。如果預期貶值增加是理性的，那麼利率差異增加1%，就會伴隨著美元貶值1%。然而，對上述係數所做的估計，顯示出當利率差異減少1%，現貨市場上匯率平均升值近1%。這些預期誤差如何發生的，它們又怎麼能持續下去？

即使這種預期誤差，以事後（ex post）看來在研究的期間是具有經濟上的顯著性，但並不暗示事先（ex ante）的市場不效率性或未開發的獲利機會。也許所研究的期間不具代表性，因此以這個例子來看，常用的統計推論方法反而可能導致不正確的結論。對於正在學習浮動匯率或其他制度性變動的投資人而言，這也許是一種「不具代表性」的匯率變動。路易斯（Lewis, 1989）就探討了這類的解釋是否可以解釋1980到1985年間美元的持續升值。她呈現出的證據為，對於美國貨幣供給過程未被觀察到的變動，投資人學習得很慢，這可以解釋隱含在遠期匯率中預期錯誤的原因的一半。然而，如同路易斯所述，錯誤似乎不會隨著時間而消逝，這是與僅此一次（once-and-for-all）制度變動的學習模型不同的證據。

「披索問題」（peso problems）是從迴歸式產生誤導推論的另一個例子。這個名詞是從1955年到1975年期間的墨西哥披索所衍生出來的，那段期間墨西哥政府將披索與美元的兌換率採取固定匯率，而披索在遠期市場一直被折價出售。當然，投資人明顯預期的披索會大幅貶值，最後終於發生了，證實了對利率及遠期市場的預期——但是單從1955年到1975年的例子，我們事前是無法猜測到的（Rogoff, 1979）。在這些以及其他沒那麼極端的經濟情況中，披索問題將會使得標準的統計推論程序變得無效。

麥可‧穆沙（Michael Mussa, 1979）曾提出為何披索問題被預期到會對上述討論的迴歸方法造成困擾。他的主張是，通貨膨脹率的分配是偏斜的（skewed）：通貨膨脹大部分都發生在限定的範圍內，但是偶爾會爆發超級通貨膨脹（hyperinflation）。在沒有超級通貨膨脹發生的期間，預期通貨膨脹的增加，都會高估實際上所發生的通貨膨脹率。因為這類預期通貨膨脹的增加，很可能與名目利率上升及預期的匯率貶值擴大有關，因此迴歸式樣本中有超過一半以上的 β 係數會小於1。

我們可以用一個類似穆沙提出的偏斜的論點，來評估披索問題是否可以合理解釋1980年代早期的美元走勢。在1980到1985年期間，美元平均高出1980年的水平約33%，然後

每年約以13%升值。假設美元如果升值的話，市場的確預期
美元每年以13%升值，但是另一個可能是預期崩盤跌回1980
年的水準。預期貶值的機率等於：崩盤的機率π，乘上預期崩
盤的規模33%，減去升值的機率$1-\pi$乘上升值的幅度13%。
如果我們假設在既定的利率差異下，預期貶值3%，那麼任
何一年的崩盤機率為：$\pi = \$(13+3)/(13+33) = 35\%$。這表
示匯率五年內不崩盤的機率為0.65的五次方，也就是0.12。
如果我們認真看待這個計算，結果告訴我們，披索問題假說
不可能是真的，雖然在標準的統計顯著水準之下，我們無法
拒絕這個假說。

利率差異與長期匯率變化

在某些特定類型的利率波動中，利差上的偏誤看來是比
較不嚴重的。超級通貨膨脹醞釀期間，名目利率從小變成很
大，這段期間偏誤的檢定，呈現出β為正值，且接近1。除
此之外，較不正式的跨部門檢視，也證明利率差異會導出這
樣合理的預測：高通貨膨脹的國家，像是義大利，通常名目
利率會比美國高，且他們的貨幣也的確有長期貶值的傾向。
而其相反也是真的，在低通貨膨脹的國家，例如西德，其利
率則相對低。換言之，利率差異的平均水準，指出了預測長
期匯率變動的正確方向，雖然在預測短期匯率變動上，短期
的相關性通常是指向錯誤的方向。

　　這個證據可以視為是支持偏誤的緩慢學習或披索問題的解釋的，因為兩種解釋都預測，平均而言，利率差異正確地預測長期匯率變動（即使看起來在短期預測上有偏誤）。然而，以相同的邏輯，這些解釋應該也會引導我們預期 β 的估計平均而言應該等於1。同時，如果緩慢學習是偏誤的原因之一，我們應該看到估計的係數在後來的次樣本中愈來愈靠近1，但是卻沒有這類演化的跡象存在。

　　β 小於1的強烈證據普遍出現在不同次樣本、貨幣、預測區間、資產市場，再加上披索問題的解釋對1980年代早期美元行為的解釋能力幾近於被否定，為學習緩慢及披索問題的有效性蒙上懷疑的陰影。為了維持這些解釋的完整，必須主張這許多 β 估計之間的獨立性很小。或許，可能有些重要事件還沒有發生——像是完全核爆毀滅——會對投資人的預期產生制約，因而產生偏誤。然而，當時間序列及跨部門統計樣本規模持續增加，這類的主張就會顯得愈來愈牽強。

一個可能的解釋

　　到目前為止，我們所得到的結論一直是負面的：理性效率市場的典範無法為觀察到的結果提供令人滿意的解釋。有一件事是可以嘗試去做的，就是提供簡單而粗略的解釋，這樣的解釋具備其他可檢定的限制條件，但是不要求所有投資人都是完全理性。舉例而言,至少有些投資人在面對利率差異變化時反應是緩慢的,像是這樣的假設。這些投資人可能需要一些時間思考才能採取行動,或是他們只是無法對最近的資訊很快地做出反應。這些投資人也可以視為是「中央銀行」,在利率上升時「反向操作」以減緩貨幣升值。這個模型中的其他投資人則是完全理性的,雖然他們是風險趨避及有流動性限制的,且可能利用前述這些人的緩慢行動[4]來獲利。

　　一個簡單的說法或許可以調和上述事實。首先,只要某些名目利率差異的變動也能反映出實質利率差異的變動,它的 β 係數估計就會是負值。雖然名目利率差異的變動在不同匯率模型中對匯率有不同的即時效果,但是這些模型大部分都預測美元實質利率的上升(其他情況不變),應該會導致美元立即升值。如果這個升值只有一部分是立即發生,其他部分則需要一些時間,那麼我們預期在利率差異擴大之後一段期間,匯率會升值。因此短期利率變動與匯率變動之間,就有可能有負向的相關性。第二,這個假設也可以解釋跨部門與超級通貨膨脹的結果,那些結果是利率差異正確地預言長期匯率的變動。一些投資人在反應上的短時間落後,將不會影響利率差異及匯率變動之間的長期關係。檢定這個假說

4　這類模型的例子,請見Cutler, Poterba, and Summers(1990)。

的方法，是以其所隱含的另一個意涵為基礎，亦即遠期外匯折價的過去（不只是現在）水準，應該能幫助預測匯率的變動。事實上，這個假設顯示出，如果將利率差異的過去水準加入方程式（1），估計的係數應該是正值且接近 1。福盧特（Froot, 1990）所呈現的證據是支持後面這個意涵的。

如果你有這麼聰明的話⋯⋯

這樣的解釋（強調缺乏「效率性」）似乎頗符合事實，但是有一個明顯嚴重的缺失：難道在即時利率變動時做交易，賺不到錢嗎？比爾森（Bilson, 1981）對外匯市場的不效率性做過一個強有力的實證研究。他認為 $\beta < 1$ 的研究結果暗示著一個投機法則（買利率相對高的國家的貨幣），而且他主張這個投機法則真的可以提供預期利潤，並且不用負擔很多風險。據說他使用這個策略真的賺到不少錢[5]。

都利及沙佛（Dooley and Shafer, 1983）及史威尼（Sweeney, 1986）也檢視了好幾種「過濾規則」（filter rules）──以現貨匯率的過去走勢來啟動的交易策略。一個典型的過濾規則可能會設定如果美元在過去 24 小時內已經升值超過 2%，則投資人應該賣空美元。這樣的規則看來是可以獲

---

5 Hodrick and Srivastava（1984）使用比爾森（Bilson, 1981）的資料，研究結果得到的是較不利的風險—報酬抵換的結果。

利的,雖然利潤不具統計上的顯著性。同樣地,史爾麥斯特(Schulmeister, 1987)、坎比及摩戴斯特(Cumby and Modest, 1987)研究了從「技術分析」所衍生出的一些交易規則,發現這些規則產生具統計上顯著性的獲利。

　　無論是否真正可以從外匯市場的明顯不效率賺到錢,此處都應該再強調一次:單一貨幣的風險—報酬抵換(risk-return trade-off)並不是非常有吸引力的。方程式(1)的迴歸估計,其年化標準誤差(annualized standard error)約有36%。這表示要產生1美元預期利潤的策略,會伴隨著15美元的利潤標準差(standard deviation)。要了解這一點,請注意當 β 為 -1,美元利率上升1個百分點,會附帶著美元資產相對於外國資產,每年高出2個百分點的額外獲利。而以月為基礎來看,不以複利計算,500美元的投資因而可產生約1美元的預期獲利,(500×0.02)$/12\approx\$1$。那麼獲利的標準誤差為($500\times0.36$)$/12=\$15$。在有交易成本的情況下,風險—報酬抵換甚至更不利。雖然這些策略中的風險有許多可能在原則上是可以分散掉的,但是更複雜的分散化策略可能是成本更高、更不可靠或更難執行。

評論

　　經濟學家常常用某些風險理論來解釋金融市場中的反常

現象。例如，投資小型廠商比大型廠商賺得更高獲利的現象，被說成是風險較大，雖然傳統的風險指標像是資本資產訂價模型（CAPM）的 β 並沒有高到足以解釋獲利上的差異。類似地，資產價格中的回歸平均值現象常常被歸因於所謂的隨時間變化的風險貼水（time-varying risk premia）——投資人願意承受的風險數量，被說成隨時間而變動，並以一種可以解釋報酬型態的形式呈現。這類的解釋常常被認為有決定性的辯論優勢：不可檢定（untestability）。既然風險貼水無法直接觀察到，要如何反駁這些解釋呢？這類型的思維，可能導致錯誤的安全感，因為聰明的研究者常常會想出各種方法來檢定這類不可檢定的命題。另一個類似的是效用最大化的觀念，常常被認為是不可檢定的同義反複（tautology）。然而，就如在第七章偏好反轉的討論，人們在面對同樣問題的兩種不同版本時，會被引導做出相互矛盾的選擇，而當然這兩種答案不可能都符合效用最大化原則。

就如我們在這一章所看到的，外匯市場的研究者一直都很擅長設計檢定方法，來檢定風險是否可以解釋反常現象。我們從這些已完成的檢定所得到的結論是，沒有肯定的證據顯示遠期外匯折價的偏誤是因為風險造成的（相對於預期誤差）。從經濟學家的資產訂價模型導出的風險貼水，與計量經濟學家的迴歸式所導出的可預測超額報酬（predictable excess returns），兩者之間並無跡象顯示有系統性的關聯。

　　此外，也有肯定的證據顯示出相反的狀況：偏誤可歸因於預期誤差，而不是因為風險。使用匯率預期的調查資料，企圖將遠期外匯折價分成預期貶值和風險貼水，結果顯示出偏誤完全是因為預期誤差造成的，沒有可歸因於隨時間而變化的風險。然而這樣的解構，其本身無法解釋預期誤差是否因學習、披索問題或市場不效率而產生，學習和披索問題似乎都不能對這些事實提供完整的解釋。總而言之，這些證據建議我們，應該認真地研究那些考慮到市場不效率之可能性的解釋。

　　外匯市場的明顯不效率，其政策意涵為何？因為不效率性的證據是含糊不清的，且因為沒有好的外匯一般均衡模型，對於匯率波動是否成本高到需要政府介入，我們不能多說什麼。雖然上述所討論的這類不效率性，會造成匯率水準很大的扭曲，政府干預像是交易稅或固定匯率等，也涉及造成福利上的成本。未來的研究也許可以協助確定如果使用這類政策工具，對消費者或生產者所造成的影響。

第15章

結語

Epilogue

我們要怎麼看待這些反常現象呢？它們加在一起是否造成了經濟理論的終結呢？答案是否定的，理由有幾個。第一，雖然標準的經濟學典範有其限制及弱點，但是到目前為止並沒有好的替代品。在許多領域，經濟學家是唯一有在做研究的社會科學家。看看股票市場。我的經驗是，心理因素會對財務金融市場有重大影響，華爾街的專業人士對於這樣的概念，抱持非常開放的態度。然而，最多只有一雙手可以數得出來的經濟學家以外的社會科學家有在認真地研究財務金融市場，而且對於資本資產訂價模型並沒有更貼近人類行為的替代模型。如果有這樣的模型出現，比較有可能是從行為導向的經濟學家而來，而不是從心理學家或社會學家。改變必須來自專業內部。

新類型的經濟理論應該是什麼呢？我最想看到的重大進步是，在「規範性理論」（normative theories）及「描述性理論」（descriptive theories）之間有清楚的區別。利潤最大化、預期效用最大化、賽局理論等等，是描述最適行為的理論。將價格設定在邊際成本等於邊際收益，是如何使利潤最大化的解答。廠商是否這樣做是另一回事。我嘗試教導MBA班上的學生，應該要避免「贏家的詛咒」以及要讓機會成本等於現金支出（out-of-pocket）成本，但我同時也告訴他們，大多數的人不是這樣的。我還告訴他們合作常常是好的策略，即使經濟理論建議的是背叛。我認為它能幫助你成為好的經理人，如果你對於你自己和你的員工、客戶及競爭者可能犯的錯誤類型，以及他們可能會合作的意外方式都能了解的話。這是不會有爭議的。我同時也認為人類本性方面的知識，對於想要解釋及預測行為的經濟學家是有幫助的。我不認為這應該有爭議，但是卻有爭議。那麼，如果我們能將「規範性理論」與「描述性理論」的區別做好，我們就可以開始做「指示性理論」（prescriptive theories），像是如何與其他人進行一場賽局。在缺乏這類指示性理論的情況下，在個人參與最後通牒賽局（ultimatum game）或拍賣投標方面，經濟學能給的建議非常少。

　　此處我們學到的主要課題，對經濟理論家而言，無可否認是令人沮喪的，亦即經濟理論家的工作比我們先前所想的還要困難許多。寫一個理性行為模型然後跑模型，這可能是不夠的，而寫一個不是完全理性行為的好模型，是非常困難的,理由有二。第一,不去蒐集數據資料而能建立好的描述性模型,通常是不可能的,而許多理論家都聲稱對數據資料有強烈的過敏反應。第二,理性模型都傾向於簡單且優雅地精確預測,然而行為模型傾向於複雜、混亂、預測較模稜。但是,我們可以這樣看待這件事:你想要優雅且精確的錯誤,還是混亂且模稜的正確?

參考書目

ABRAMS, BURTRAN A., and MARK A. SCHMITZ (1978). "The Crowding Out Effect of Government Transfers on Private Charitable Contributions." *Public Choice,* 33, 29-39.

ABRAMS, BURTRAN A., and MARK A. SCHMITZ (1984). The Crowding Out Effect of Government Transfers on Private Charitable Contributions: Cross Sectional Evidence." *National Tax Journal,* 37, 563-68.

AINSLIE, GEORGE (1975). Specious Reward: A Behavioral Theory of Impulsiveness and Impulse Control." *Psychological Bulletin,* 82, 463-509.

AINSLLE, GEORGE (forthcoming). *Picoeconomics: The Interaction of Successive Motivational States within the Individual.* Cambridge, U.K.: Cambridge University Press.

AKERLOF, GEORGE A. (1982). "Labor Contracts as Partial Gift Exchange." *Quarterly Journal of Economics,* 87, November, 543-69.

AKERLOF, GEORGE A. (1984). "Gift Exchange and Efficiency Wages: Four Views." *American Economic Review,* 73, 79-83.

AKERLOF, GEORGE A., ANDREW ROSE, and JANET YELLEN (forthcoming). "Job Switching and Job Satisfaction in the U.S. Labor Market." *Brookings Papers on Economic Activity.*

AKERLOF, GEORGE A., and JANET YELLEN (1988). "The Fair Wage/ Effort Hypothesis and Unemployment." Unpublished, Department of Economics, University of California, Berkeley.

313

ALI, MUKHTAR M. (1977). "Probability and Utility Estimates for Racetrack Bettors." *Journal of Political Economy,* 85, 803-15.

ALI, MUKHTAR M. (1979). "Some Evidence of the Efficiency of a Speculative Market." *Econometrica,* 47, 387-92.

ANDERSON, S. C. (1986). "Closed-end Funds versus Market Efficiency." *Journal of Portfolio Management,* Fall, 63-65.

ANDREONI, JAMES (1988). "Why Free Ride? Strategies and Learning in Public Goods Experiments." *Journal of Public Economics,* 37, 291-304.

ANDREONI, JAMES (1990). "Impure Altruism and Donations to Public Goods: A Theory of Warm-Glow Giving." *Economic Journal,* June.

ARIEL, ROBERT A. (1985). "High Stock Returns Before Holidays." Unpublished Working Paper, Department of Finance, MIT.

ARIEL, ROBERT A. (1987). A Monthly Effect in Stock Returns." *Journal of Financial Economics,* 18, March, 161-74.

ARROW, KENNETH A. (1986). "Rationality of Self and Others in an Economic System." *Journal of Business,* 59, October, S385-s400.

ASCH, PETER, BURTON G. MALKIEL, and RICHARD E. QUANDT (1982). "Racetrack Betting and Informed Behavior." *Journal of Financial Economics,* 10, 187-94.

ASCH, PETER, BURTON G. MALKIEL, and RICHARD E. QUANDT (1984). "Market Efficiency in Racetrack Betting." *Journal of Business, 57,* 65-75.

ASCH, PETER, BURTON G. MALKIEL, and RICHARD E. QUANDT (1986). "Market Efficiency in Racetrack Betting: Further Evidence and a Correction." *Journal of Business,* 59, 157-60.

ASCH, PETER, and RICHARD E. QUANDT (1986). *Racetrack Betting:*

The Professors' Guide to Strategies. Dover, Mass.: Auburn House.

ASCH, PETER, and RICHARD E. QUANDT (1987). "Efficiency and Profitability in Exotic Bets." *Economica,* 59, August, 278-98.

ASQUITH, P. (1983). "Merger Bids, Uncertainty, and Stockholder Returns." *Journal of Financial Economics,* 11, 51-83.

AXELROD, ROBERT (1984). *The Evolution of Cooperation.* New York: Basic Books.

BANZ, ROLf, W. (1981). "The Relationship between Return and Market Value of Common Stocks." *Journal of Financial Economics,* 9, 3-18.

BARRO, ROBERT (1978). *The Impact of Social Security on Private Saving.* Washington, D.C.: American Enterprise Institute.

BARRO, ROBERT (1989). "The Ricardian Approach to Budget Deficits." *Journal of Economic Perspectives,* 3, 37-54.

BASU, SANJOY (1977). "Investment Performance of Common Stocks in Relation to Their Price-Earnings Ratios: A Test of the Efficient Market Hypothesis." *Journal of Finance,* 33, June, 663-82.

BASU, SANJOY (1978). "The Effect of Earnings Yield on Assessments of the Association between Annual Accounting Income Numbers and Security Prices." *Accounting Review,* 53, July, 599-625.

BAZERMAN, MAX H., and WILLIAM F. SAMUELSON (1983). "I Won the Auction But Don't Want the Prize." *Journal of Conflict Resolution,* 27, December, 618-34.

BECKER, GORDON M., MORRIS H. DEGROOT, and JACOB MARSCHAK (1964). "Measuring Utility by a Single-Response Sequential Method." *Behavioral Science, 9,* July, 226-32.

BELL, DAVID, HOWARD RAIFFA, and AMOS TVERSKY, (1988).

"Descriptive, Normative, and Prescriptive Interactions in Decision Making." In David Bell, Howard Raiffa, and Amos Tversky, eds., *Decision Making: Descriptive, Normative, and Prescriptive Interactions.* New York: Cambridge University Press.

BENZION, URI, AMNON RAPOPORT, and JOSEPH YAGIL (1989). "Discount Rates Inferred from Decisions: An Experimental Study." *Management Science,* 35, March, 270-84.

BERGES, A., J. J. MCCONNELL, and G. G. SCHLARBAUM (1984). "An Investigation of the Turn-of-the-Year Effect, the Small Firm Effect and the Tax-Loss-Selling-Pressure Hypothesis in Canadian Stock Returns." *Journal of Finance,* 39, March, 185-92.

BERGSTROM, THEODORE, LAWRENCE F. BLUME, and HAL VARIAN (1986). "On the Private Provision of Public Goods." *Journal of Public Economics,* 29, 25-49.

BILSON, JOHN (1981). "The Speculative Efficiency Hypothesis." *Journal of Business,* 54, 433-451.

BINMORE, KEN, AVNER SHAKED, and JOHN SUTTON (1985). "Testing Noncooperative Bargaining Theory: A Preliminary Study." *American Economic Review,* 75, 1178-80.

BLACKBURN, MCKINLEY, and DAVID NEUMARK (1987). "Efficiency Wages, Inter-Industry Wage Differentials, and the Returns to Ability." Unpublished, Finance and Economics Discussion Series, Federal Reserve Board.

BOOTHE, PAUL, and DAVID LONGWORTH (1986). "Foreign Exchange Market Efficiency Tests: Implications of Recent Findings." *Journal of International Money and Finance,* 5, 135-52.

BOSTIC, RAPHAEL, RICHARD J. HERRNSTEIN, and R. DUNCAN LUCE (1990). "The Effect on the Preference-Reversal Phenomenon of Using Choice Indifferences." *Journal of Economic Behavior and Organization,* 13, 2, March, 193-212.

BOUDREAUX, K. J. (1973). "Discounts and Premiums on Closed-end Mutual Funds: A Study in Valuation." *Journal of Finance,* May.

BRAUER, GREGORY A. (1984). "Open-ending Closed-end Funds." *Journal of Financial Economics,* 13.

BRAUER, GREGORY A. (1988). "Closed-End Fund Shares' Abnormal Returns and the Information Content of Discounts and Premiums." *Journal of Finance,* March.

BRAUER, GREGORY, A., and ERIC CHANG (1989). "Return Seasonality in Stocks and Their Underlying Assets: Tax Loss Selling Versus Information Explanations." Working Paper, University of Washington and University of Maryland.

BREALEY, RICHARD A., and STEWART C. MYERS (1988). *Principles of Corporate Finance,* 3rd edition. New York: McGraw-Hill.

BREMER, M. A., and RICHARD J. SWEENEY (1991). "The Information Content of Extreme Negative Rates of Return." *Journal of Finance,* March.

BRICKLEY, JAMES A., STEVE MANASTER, and JAMES S. SCHALLHEIM (1989). "The Tax Timing Option and the Discounts on Closed-End Investment Companies." Working Paper, Graduate School of Business, University of Utah.

BRICKLEY, JAMES A., and JAMES S. SCHALLHETM (1985). "Lifting the Lid on Closed-end Investment Companies: A Case of Abnormal Returns."

Journal of Financial and Quantitative Analysis, 20, 1, March.

BROWN, CHARLES, and JAMES MEDOFF (forthcoming). "The Employer Size Wage Effect." *Journal of Political Economy.*

BROWN, KEITH (1974). "A Note on the Apparent Bias of Net Revenue Estimates for Capital Investment Projects." *Journal of Finance,* 29, 1215-16.

BROWN, KEITH C., and W. VAN HARLOW (1988). "Market Overreaction: Magnitude and Intensity." *Journal of Portfolio Management,* Winter, 6-13.

BROWN, KEITH C., W. VAN HARLOW, and SEHA M. TINIC (1988). "Risk Aversion, Uncertain Information, and Market Efficiency." Working Paper, University of Texas at Austin, January.

CAGAN, PHILIP (1965). *The Effect of Pension Plans on Aggregate Savings.* New York: National Bureau of Economic Research.

CAMPBELL, JOHN, and ANGUS DEATON (1987). "Is Consumption Too Smooth?" Working Paper, Department of Economics, Princeton University.

CAMPBELL, JOHN Y., and N. GREGORY MANKIW (1989). "Consumption, Income, and Interest Rates: Reinterpreting the Time Series Evidence." National Bureau of Economic Research, Working Paper #2924.

CAMPBELL, JOHN Y., and ROBERT J. SHILLER (1988). "Stock Prices, Earnings, and Expected Dividends." *Journal of Finance,* 43, July 661-76.

CAPEN, E. C., R. V. CLAPP, and W. M. CAMPBELL (1971). "Competitive Bidding in High-Risk Situations." *Journal of Petroleum Technology,* 23, June, 641-53.

CARROLL, CHRIS, and LAWRENCE H. SUMMERS (1987). "Why Have Private Savings Rates in the United States and Canada Diverged?" *Journal of Monetary Economics,* 20, 249-79.

CARROLL, CHRIS, and LAWRENCE H. SUMMERS (1989). "Consumption Growth Parallels Income Growth: Some New Evidence." Department of Economics, Harvard University.

CASSING, JAMES, and RICHARD W. DOUGLAS (1980). "Implications of the Auction Mechanism in Baseball's Free Agent Draft." *Southern Economic Journal,* 47, July, 110-21.

CHAN, K. C. (1988). "On the Return of the Contrarian Investment Strategy." *Journal of Business,* 61, 147-63.

CHERNOFF, HERMAN (1980). "An Analysis of the Massachusetts Numbers Game." Department of Mathematics, MIT, Technical Report No. 23, November.

CLOTFELTER, CHARLES T. (1985). *Federal Tax Policy and Charitable Giving.* Chicago: The University of Chicago Press.

COHEN, DAVID, and JACK L. KNETSCH (1990). "Judicial choice and Disparities between Measures of Economic Values." Working Paper, 19 Department of Economics, Simon Fraser University.

CONSTANTINIDES, GEORGE (1988). "Habit Formation: A Resolution of the Equity Premium Puzzle." Unpublished Working Paper, Graduate School of Business, University of Chicago.

COURANT, PAUL, EDWARD GRAMLICH, and JOHN LAITNER (1986). "A Dynamic Micro Estimate of the Life Cycle Model," In Henry G. Aaron and Gary Burtless, eds., *Retirement and Economic Behavior.* Washington D.C.: Brookings Institution.

COURSEY, DONALD L., and EDWARD A. DYL (1986). "Price Effects of Trading Interruptions in an Experimental Market." Unpublished Working Paper, Department of Economics, University of Wyoming, March.

COURSEY, DONALD L., JOHN L. HOVIS, and WILLIAM D. SCHULZE (1987). "The Disparity between Willingness to Accept and Willingness to Pay Measures of Value." *The Quarterly Journal of Economics,* 102, 679-90.

COX, JAMES C. and R. M. ISAAC (1984). "In Search of the Winner's Curse." *Economic Inquiry,* 22, 579-92.

CROSS, FRANK (1973). "The Behavior of Stock Prices on Fridays and Mondays." *Financial Analysts Journal,* November-December, 67-69.

CUMBY, ROBERT, and DAVID MODEST (1987). "Testing for Market Timing Ability: A Framework for Forecast Evaluation." *Journal of Financial Economics,* 169-89.

CUMMINGS, RONALD G., DAVID S. BROOKSHIRE, and WILLIAM D. SCHULZE, eds. (1986). *Valuing Environmental Goods.* Totowa, N.J.: Rowman and Allanheld.

CUTLER, DAVID M., JAMES M. POTERBA, LAWRENCE H. SUMMERS (1990). "Speculative Dynamics and the Role of Feedback Traders." *American Economic Review,* 80, May, 63-68.

DARK, F. H., and K. KATO (1986). "Stock Market Overreaction in the Japanese Stock Market." Working Paper, Department of Economics, Iowa State University.

DAWES, ROBYN M., JOHN M. ORBELL, RANDY T. SIMMONS, and ALPHONS J. C. VAN DE KRAGT (1986). "Organizing Groups for Collective Action," *American Political Science Review,* 80, 1171-85.

DAWES, ROBYN M., and RICHARD H. THALER (1988). "Cooperation." *Journal of Economic Perspectives,* 2, Summer, 187-97.

DE BONDT, WERNER F. M. (forthcoming). "Stock Price Reversals and Overreaction to New Events: A Survey of Theory and Evidence." In S. J. Taylor, B. G. Kingsman, and R. M. C. Guimaraes (eds.), *A Reappraisal of the Efficiency of Financial Markets.* Heidelberg: Springer-Verlag.

DE BONDT, WERNER F. M., and RICHARD H. THALER (1985). "Does the Stock Market Overreact?" *Journal of Finance,* 40, July, 793-805.

DE BONDT, WERNER F. M., and RICHARD H. THALER (1987). "Further Evidence on Investor Overreaction and Stock Market Seasonality." *Journal of Finance,* 42, July, 557-81.

DE LONG, J. BRADFORD, ANDREI SHLEIFER, LAWRENCE H. SUMMERS, and ROBERT J. WALDMANN (1990). "Noise Trader Risk in Financial Markets." *Journal of Political Economy,* 98, August, 703-38.

DEATON, ANGUS (1987). "Life-cycle Models of Consumption: Is the Evidence Consistent with the Theory?" In Truman F. Bewley, *Advances in Econometrics: 5th World Congress,* Vol. II. New York: Cambridge University Press, 121-48.

DEATON, ANGUS (1989). "Saving in Developing Countries: Theory and Review." Working Paper, Department of Economics, Princeton University.

DESSAUER, JOHN P. (1981). *Book Publishing.* New York: Bowker.

DICKENS, WILLIAM T. (1986). "Wages, Employment and the Threat of Collective Action by Workers." Unpublished, University of California, Berkeley.

DICKENS, WILLIAM T., and LAWRENCE F. KATZ (1987a). "Inter-Industry Wage Differences and Industry Characteristics." In Kevin Lang and Jonathan S. Leonard, eds., *Unemployment and the Structure of Labor Markets.* Oxford: Basil Blackwell.

DICKENS, WILLIAM T., and LAWRENCE F. KATZ (1987b). "Inter-Industry Wage Differences and Theories of Wage Determination." National Bureau of Economic Research, Working Paper #2271.

DOMOWITZ, IAN, and CRAIG HAKKIO (1985). "Conditional Variance and the Risk Premium in the Foreign Exchange Market." *Journal of International Economics,* 19, 47-66.

DOOLEY, MICHAEL P., and JEFF SHAFER (1983). "Analysis of Short-Run Exchange Rate Behavior: March 1983 to November 1981." In D. Bigman and T. Taya, eds., *Exchange Rate and Trade Instability: Causes, Consequences, and Remedies.* Cambridge, Mass.: Ballinger.

DYER, DOUGLAS, JOHN KAGEL, and DAN LEVIN (1987). "The Winner's Curse in Low Price Auctions." Unpublished manuscript, Department of Economics, University of Houston.

DYL, EDWARD A., and KENNETH MAXFIELD (1987). "Does the Stock Market Overreact? Additional Evidence." Working Paper, Department of Economics, University of Arizona, June.

ELSTER, JON (1979). *Ulysses and the Sirens.* New York, Cambridge University Press.

ELSTER, JON (1986). "The Market and the Forum: Three Varieties of Political Theory." In Jon Elster and Aanund Hylland, eds., *Foundations of Social Choice Theory: Studies in Rationality and Social Change.* Cambridge, U.K.: Cambridge University Press, 103-132.

ELTON, E., M. GRUBER, and J. RENTZLER (1982). "Intra Day Tests of the Efficiency of the Treasury Bills Futures Market." Working Paper No. CSFM-38, Columbia University Business School, October.

ENGEL, CHARLES M., and JAMES HAMILTON (1990). "Long Swings in the Foreign Exchange Market: Are They There, and Do Investors Know It?" National Bureau of Economic Research, Working Paper, *American Economic Review.*

ENGEL, CHARLES M., and ANTHONY P. RODRIGUES (1989). "Tests of International CAPM with Time-Varying Covariances." *Journal of Applied Econometrics,* 4 119-38.

EVANS, GEORGE W. (1986). "A Test for Speculative Bubbles in the Sterling-Dollar Exchange Rate: 1981-84." *American Economic Review*, 76, Ssptember, 621-36.

FAMA, EUGENE F. (1965). "The Behavior of Stock Market Prices." *Journal of Business*, 38, January, 34-105.

FAMA, EUGENE F. (1984). "Forward and Spot Exchange Rates." *Journal of Monetary Economics,* 36, 697-703.

FAMA, EUGENE F., and KENNETH R. FRENCH (1986). "Common Factors in the Serial Correlation of Stock Returns." Working Paper, Graduate School of Business, University of Chicago, October.

FAMA, EUGENE F., and KENNETH R. FRENCH (1988). "Permanent and Temporary Components of Stock Prices." *Journal of Political Economy,* 98, April, 246-74.

FAMA, EUGENE F., and KENNETH R. FRENCH (forthcoming). "Dividend Yields and Expected Stock Returns." *Journal of Financial Economics.*

FEENBERG, DANIEL, and JONATHAN SKINNER (1989). "Sources of

IRA Saving." In Lawrence Summers, ed., *Tax Policy and the Economy,* Vol. 3. Cambridge: MIT Press, 25-46.

FEINSTEIN, JONATHAN, and DANIEL MCFADDEN (1987). "The Dynamics of Housing Demand by the Elderly: Wealth, Cash Flow, and Demographic Effects." National Bureau of Economic Research, Working Paper #2471.

FIELDS, M. J. (1931). "Stock Prices: A Problem in Verification." *Journal of Business,*

FIELDS, M. J. (1934). "Security Prices and Stock Exchange Holidays in Relation to Short Selling." *Journal of Business,* 328-38.

FISHBURN, PETER C. (1985). "Nontransitive Preference Theory and the Preference Reversal Phenomenon." *Rivista Internazionale di Scienze Economiche e Commerciali,* 32, January, 39-50.

FISHER, IRVING (1930). *The Theory of Interest.* London: Macmillan.

FLAVIN, MARJORIE (1981). "The Adjustment of Consumption to Changing Expectations about Future Income." *Journal of Political Economy,* 89, 974-1009.

FORSYTHE, ROBERT, THOMAS R. PALFREY, and CHARLES R. PLOTT (1982). "Asset Valuation in an Experimental Market." *Econometrica,* 50, May, 537-67.

FORSYTHE, ROBERT, THOMAS R. PALFREY, and CHARLES R. PLOTT (1984). "Futures Markets and Informational Efficiency: A Laboratory Examination." *Journal of Finance,* 39, September, 55-69.

FRANK, ROBERT (1987). "If *Homo Economicus* Could Choose His Own Utility Function, Would He Want One with a Conscience?" *American Economic Review, 77,* September, 593-605.

FRANK, ROBERT, and ROBERT HUTCHENS (1990). "Feeling Better vs. Feeling Good: A Life-Cycle Theory of Wages." Working Paper, Department of Economics, Cornell University.

FRANKEL, JEFFREY A. (1982). "A Test of Perfect Substitutability in the Foreign Exchange Market." *Southern Economic Journal,* 48, 406-16 (a).

FRANKEL, JEFFREY A., and CHARLES M. ENGEL (1984). "Do Asset Demand Functions Optimize over the Mean and Variance of Real Returns? A Six Currency Test." *Journal of International Economics,* 17, 309-23.

FRANKEL, JEFFREY A., and KENNETH A. FROOT (1987). "Using Survey Data to Test Standard Propositions on Exchange Rate Expectations." *American Economic Review, 77,* March, 133-53.

FREEMAN, RICHARD B., and JAMES L. MEDOFF (1984). *What Do Unions Do?* New York: Basic Books.

FRENCH, KENNETH (1980). "Stock Returns and the Weekend Effect." *Journal of Financial Economics,* 8, March, 55-69.

FRENCH, KENNETH R., and RICHARD ROLL (1986). "Stock Return Variances: The Arrival of Information and the Reaction of Traders." *Journal of Financial Economics,* 17, September, 5-26.

FRIEDMAN, MILTON (1953). "The Case for Flexible Exchange Rates." In his *Essays in Positive Economics.* Chicago: University of Chicago Press, 157-203.

FRIEDMAN, MILTON (1957). *A Theory of the Consumption Function.* Princeton: Princeton University Press.

FRIEDMAN, MILTON, and L. J. SAVAGE (1948). "The Utility Analysis of Choices Involving Risk." *Journal of Political Economy,* 56, August, 279-304.

FROOT, KENNETH A. (1990). "Short Rates and Expected Asset Returns." National Bureau of Economic Research Working Paper, #3247, January.

FROOT, KENNETH A., and JEFFREY A. FRANKEL (1989). "Forward Discount Bias: Is it an Exchange Risk Premium?" *Quarterly Journal of Economics,* 416, February, 139-61.

GATELY, DERMOT (1980). "Individual Discount Rates and the Purchase and Utilization of Energy-using Durables: Comment." *Bell Journal of Economics,* 11, 1, 373-74.

GIBBONS, MICHAEL, and PATRICK HESS (1981). "Day of the Week Effects and Asset Returns." *Journal of Business,* 54, October, 579-96.

GIBBONS, ROBERT S., and LAWRENCE F. KATZ (1987). "Learning, Mobility, and Inter-Industry Wage Differences." Unpublished Working Paper, MIT.

GILOVICH, THOMAS, ROBERT VALLONE, and AMOS TVERSKY (1985). "The Hot Hand in Basketball: On the Misperceptions of Random Sequences." *Cognitive Psychology,* 17, 295-314.

GIOVANNINI, ALBERTO, and PHILLIPE JORION (1989). "The Time-Variation of Risk and Return in the Foreign Exchange and Stock Markets." *Journal of Finance,* 44, 2.

GOETZE, DAVID, and JOHN M. ORBELL (forthcoming). "Understanding and Cooperation." *Public Choice.*

GOLDSTEIN, WILLIAM M., and HILLEL J. EINHORN (1987). "Expression Theory and the Preference Reversal Phenomena." *Psychological Review,* 94, April, 236-54.

GRAHAM, BENJAMIN (1949). *The Intelligent Investor: A Book of Practical Counsel.* New York: Harper and Brothers.

GREEN, FRANCIS (1981). "The Effect of Occupational Pension Schemes on Saving in the United Kingdom: A Test of the Life Cycle Hypothesis." *Economic Journal,* 91, March, 136-44.

GRETHER, DAVID M. (1980). "Bayes' Rule as a Descriptive Model: The Representativeness Heuristic." *Quarterly Journal of Economics,* 95, November, 537-57.

GRETHER, DAVID M., and CHARLES PLOTT(1979). "Economic Theory of Choice and the Preference Reversal Phenomenon." *American Economic Review,* 75, 623-38.

GROSHEN, ERICAL. (1988). "Sources of Wage Dispersion: The Contribution of Interemployer Differentials within Industry." Unpublished, Federal Reserve Bank of Cleveland.

GROSSMAN, SANFORD J., and OLIVER D. HART (1980). "Takeover Bids, the Free-rider Problem, and the Theory of the Corporation." *Bell Journal of Economics and Management Science,* Spring, 42-64.

GULTEKIN, MUSTAFA N., and N. BULENT GULTEKIN (1983). "Stock Market Seasonality: International Evidence." *Journal of Financial Economics,* 12, 469-81.

GÜTH, WERNER, ROLF SCHMITTBERGER, and BERND SCHWARZE (1982). "An Experimental Analysis of Ultimatum Bargaining." *Journal of Economic Behavior and Organization,* 3, 367-88.

GÜTH, WERNER, and REINHARD TIETZ (1987). "Ultimatum Bargaining for a Shrinking Cake: An Experimental Analysis." Unpublished, J. W. Goethe-Universität.

HALL, ROBERT (1988). "Intertemporal Substitution in Consumption." *Journal of Political Economy,* 86, 339-57.

HALL, ROBERT, and FREDRICK MISHKIN (1982). "The Sensitivity of Consumption to Transitory Income: Estimates from Panel Data on Households." *Econometrica,* 50, 461-81.

HARRIS, LAWRENCE (1986a). "A Transaction Data Study of Weekly and Intradaily Patterns in Stock Returns." *Journal of Financial Economics,* 16, 99-117.

HARRIS, LAWRENCE (1986b). "A Day-End Transaction Price Anomaly." Unpublished Working Paper, Department of Finance, University of Southern California, March.

HARRIS, LAWRENCE, and EITAN GUREL (1986). "Price and Volume Effects Associated with Changes in the S&P 500 List: New Evidence for the Existence of Price Pressures." *Journal of Finance,* 41, September, 815-29.

HARRISON, J. R., and J. G. MARCH (1984). "Decision Making and Post-decision Surprises." *Administrative Science Quarterly,* March, 26-42.

HARTMAN, RAYMOND, MICHAEL J. DOANE, and CHI-KEUNG WOO (forthcoming). "Consumer Rationality and the Status Quo." *Quarterly Journal of Economics.*

HARVILLE, DAVID A. (1973). "Assigning Probabilities to the Outcomes of Multi-Entry Competitions." *Journal of the American Statistical Association,* 68, 312-16.

HATSOPOULOS, GEORGE N., PAUL R. KRUGMAN, and JAMES M. POTERBA (1989). "Overconsumption: The Challenge to U.S. Economic Policy." American Business Conference.

HAUGEN, ROBERT A., and JOSEF LAKONISHOK (1986). *Only in January. An Investor's Guide to the Unsolved Mystery of the Stock Market.*

The Incredible January Effect. Unpublished manuscript, University of Illinois, Urbana-Champaign.

HAUSCH, DONALD B., and WILLIAM T. ZIEMBA (1985). "Transactions Costs, Extent of Inefficiencies, Entries and Multiple Wagers in a Racetrack Betting Model." *Management Science,* 31, 381-94.

HAUSCH, DONALD B., and WILLIAM T. ZIEMBA (1987). "Cross Track Betting on Major Stakes Races." Working Paper No. 975, Faculty of Commerce, University of British Columbia, Vancouver, June.

HAUSCH, DONALD B., WILLIAM T. ZIEMBA, and MARK RUBINSTEIN (1981). "Efficiency of the Market for Racetrack Betting." *Management Science,* 27, 1435-52.

HAUSMAN, JERRY (1979). "Individual Discount Rates and the Purchase and Utilization of Energy-Using Durables." *Bell Journal of Economics,* 10, 33-54.

HAYASHI, FUMIO (1985). "The Effect of Liquidity Constraints on Consumption: A Cross-Sectional Analysis." *Quarterly Journal of Economics,* 100, 183-206.

HENDRICKS, KENNETH, ROBERT H. PORTER, and BRYAN BOUDREAU (1987). "Information, Returns, and Bidding Behavior in OCS Auctions: 1954-1969." *Journal of Industrial Economics,* 35, 517-42.

HERRNSTEIN, RICHARD J. (1961). "Relative and Absolute Strength of Response as a Function of Frequency of Reinforcement." *Journal of Experimental Analysis of Behavior.* 4, 267-72.

HERSHEY, JOHN, ERIC JOHNSON, JACQUELINE MESZAROS, and MATTHEW ROBINSON (1990). "What Is the Right to Sue Worth?"

Unpublished paper, Wharton School, University of Pennsylvania, June.

HERSHEY, JOHN C., and PAUL J. H. SCHOEMAKER (1985). "Probability versus Certainty Equivalence Methods in Utility Measurement: Are They Equivalent?" *Management Science,* 31, October, 1213-31.

HERZFELD, THOMAS J. (1980). *The Investor's Guide to Closed-end Funds.* New York: McGraw-Hill.

HIRSHLEIFER, JACK (1985). "The Expanding Domain of Economics." *American Economic Review,* 75, 6, December, 53-70.

HODRICK, ROBERT J. (1987). "The Empirical Evidence on the Efficiency of Forward and Futures Foreign Exchange Markets." In Jacques Lesourne, Hugo Sonnenstein ed., *Fundamentals of Pure and Applied Economics,* #24 Chur, Switzerland: Harwood Academic Publishers.

HODRICK, ROBERT J., and SANJAY SRIVASTAVA (1984). "An Investigation of Risk and Return in Forward Foreign Exchange." *Journal of International Money and Finance,* 3, April 5-30.

HODRICK, ROBERT J., and SANJAY SRIVASTAVA (1986). "The Covariation of Risk Premiums and Expected Future Spot Rates." *Journal of International Money and Finance,* 5, S5-S22.

HOFFMAN, ELIZABETH, and MATTHEW L. SPITZER (1982). "The Coase Theorem: Some Experimental Tests." *Journal of Law and Economics,* 25, 73-98.

HOFFMAN, ELIZABETH, and MATTHEW L. SPITZER (1985). "Entitlements, Rights and Fairness: An Experimental Examination of Subjects' Concepts of Distributive Justice." *Journal of Legal Studies,* 14, 259-97.

HOFSTEADTER, DOUGLAS (1983). "Metamagical Themas." *Scientific*

American, 248, 14-28.

HOLCOMB, JOHN H., and PAUL S. NELSON (1989). "An Experimental Investigation of Individual Time Preference." Unpublished Working Paper, Department of Economics, University of Texas at El Paso.

HOLMES, OLIVER WENDELL (1897). "The Path of the Law." *Harvard Law Review.* 10, 457-78.

HOLT, CHARLES A. (1986). "Preference Reversals and the Independence Axiom." *The American Economic Review,* 76, June, 508-15.

HOROWITZ, JOHN K. (1988). "Discounting Money Payoffs: An Experimental Analysis." Working Paper, Department of Agricultural and Resource Economics, University of Maryland.

HOWE, JOHN S. (1986). "Evidence on Stock Market Overreaction." *Financial Analysts Journal,* July/August, 74-77.

ISAAC, R. MARK, KENNETH F. MCCUE, and CHARLES PLOTT (1985). "Public Goods Provision in an Experimental Environment." *Journal of Public Economics,* 26, 51-74.

ISAAC, R. MARK, and JAMES M. WALKER (forthcoming). "Group Size Effects in Public Goods Provision: The Voluntary Contributions Mechanism." *Quarterly Journal of Economics.*

ISAAC, R. MARK, JAMES M. WALKER, and SUSAN H. THOMAS (1984). "Divergent Evidence on Free Riding: An Experimental Examination of Possible Explanations." *Public Choice,* 43, 113-49.

ISHIKAWA, TSUNEO, and KAZUO UEDA (1984). "The Bonus Payment System and Japanese Personal Savings." In Masahiko Aoki, ed., *The Economic Analysis of the Japanese Firm.* Amsterdam: North-Holland.

JEGADEESH, NARASIMHAN (1987). "Evidence of Predictable Behavior of Security Returns." Working Paper, Columbia University, May.

KAGEL, JOHN H., and DAN LEVIN (1986). "The Winner's Curse and Public Information in Common Value Auctions." *The American Economic Review,* 76, December, 894-920.

KAGEL, JOHN H., DAN LEVIN, and RONALD M. HARSTAD (1987). "Judgment, Evaluation and Information Procession in Second-Price Common Value Auctions." Unpublished manuscript, Department of Economics, University of Houston.

KAHNEMAN, DANIEL, JACK KNETSCH, and RICHARD H. THALER (1986a). "Fairness as a Constraint on Profit Seeking: Entitlements in the Market." *American Economic Review,* 76, September, 728-41.

KAHNEMAN, DANIEL, JACK L. KNETSCH, and RICHARD H. THALER (1986b). "Fairness and the Assumptions of Economics." *Journal of Business,* 59, S285-S300.

KAHNEMAN, DANIEL, JACK L. KNETSCH, and RICHARD THALER (1990). "Experimental Tests of the Endowment Effect and the Coase Theorem." *Journal of Political Economy,* 98, December, 1325-48.

KAHNEMAN, DANIEL, and AMOS TVERSKY (1973). "On the Psychology of Prediction." *Psychological Review,* 80, 237-51.

KAHNEMAN, DANIEL, and AMOS TVERSKY (1979). "Prospect Theory: An Analysis of Decision under Risk." *Econometrica,* 47, 2 363-91.

KAHNEMAN, DANIEL, and AMOS TVERSKY (1984). "Choices, Values and Frames." *American Psychologist,* 39, April, 341-50.

KARNI, EDI, and ZVI SAFRA (1987). "'Preference Reversal' and the Observability of Preferences by Experimental Methods." *Econometrica,* 55, May, 675-85.

KATO, KIYOSHI, and JAMES S. SCHALLHEIM (1985). "Seasonal and Size Anomalies in the Japanese Stock Market." *Journal of Financial and Quantitative Analysis,* 20, June, 107-18.

KATONA, GEORGE (1965). *Private Pensions and Individual Saving.* Ann Arbor: University of Michigan.

KATZ, LAWRENCE F. (1986). "Efficiency Wage Theories: A Partial Evaluation." *National Bureau of Economics Research Macroeconomics Annual,* 1, 235-76.

KATZ, LAWRENCE F., and LAWRENCE H. SUMMERS (forthcoming). "Industry Rents and Industrial Policy" *Brookings Papers on Economic Activity.*

KEIM, DONALD B. (1983). "Size-Related Anomalies and Stock Return Seasonality: Further Empirical Evidence." *Journal of Financial Economics,* June, 13-32.

KEIM, DONALD B. (1985). "Dividend Yields and Stock Returns: Implications of Abnormal January Returns." *Journal of Financial Economics,* 14, 473-89.

KEIM, DONALD B. (1986a). "Dividend Yield and the January Effect." *The Journal of Portfolio Management,* Winter, 54-60.

KEIM, DONALD B. (1986b). "The CAPM and Equity Return Regularities." *Financial Analysts Journal,* May-June, 19-34.

KEIM, DONALD B., and ROBERT F. STAMBAUGH (1984). "A Further Investigation of the Weekend Effect in Stock Returns." *Journal of Finance,* 39, 3 July, 819-40.

KEYNES, JOHN M. (1936). *The General Theory of Employment, Interest and Money.* London: Harcourt Bruce Jovanovich.

KIM, OLIVER, and MARK WALKER (1984). "The Free Rider Problem: Experimental Evidence." *Public Choice,* 43, 3-24.

KLEIDON, ALLAN W. (1986). "Anomalies in Financial Economics." *Journal of Business,* 59, Supplement, December.

KNETSCH, JACK L. (1989). "The Endowment Effect and Evidence of Nonreversible Indifference Curves." *The American Economic Review,* 79, 1277-84.

KNETSCH, JACK L. (1990). "Derived Indifference Curves." Working Paper, Department of Economics, Simon Fraser University.

KNETSCH, JACK L., and J. A. SINDEN (1984). "Willingness to Pay and Compensation Demanded: Experimental Evidence of an Unexpected Disparity in Measures of Value." *Quarterly Journal of Economics,* 99, 507-21.

KNETSCH, JACK L., and J. A. SINDEN (1987). "The Persistence of Evaluation Disparities." *Quarterly Journal of Economics,* 99, 691-95.

KNEZ, PETER, VERNON SMITH, and ARLINGTON W. WILLIAMS (1985). "Individual Rationality, Market Rationality, and Value Estimation." *American Economic Review,* 75, May, 397-402.

KOTLIKOFF, LAWRENCE J., and LAWRENCE H. SUMMERS (1981). "The Role of Intergenerational Transfers in Aggregate Capital Formation." *Journal of Political Economy,* 89, 706-32.

KRAMER, R. M., and MARILYN BREWER (1986). "Social Group Identity and the Emergence of Cooperation in Resource Conservation Dilemmas." In H. Wilke, D. Messick, and C. Rutte, eds, *Psychology of Decision and Conflict* Vol. 3, *Experimental Social Dilemmas.* Frankfurt am Main: Verlag Peter Lang, 205-30.

KREPS, DAVID, PAUL MILGROM, JOHN ROBERTS, and ROBERT WILSON (1982). "Rational Cooperation in Finitely Repeated Prisoner's Dilemmas." *Journal of Economic Theory,* 27, 245-52.

KRUEGER, ALAN B., and LAWRENCE H. SUMMERS (1987). "Reflections on the Inter-Industry Wage Structure." In Kevin Lang and Jonathan S. Leonard, eds., *Unemployment and the Structure of Labor Markets.* Oxford: Basil Blackwell.

KRUEGER, ALAN B., and LAWRENCE H. SUMMERS (1988). "Efficiency Wages and the Inter-Industry Wage Structure." *Econometrica,* 56, March, 259-93.

KRUGMAN, PAUL R. (1989). *Exchange Rate Instability.* Cambridge, Mass.: MIT Press.

KRUMM, RONALD, and NANCY MILLER (1986). "Household Savings, Homeownership, and Tenure Duration." Office of Real Estate, Research Paper #38.

KUNREUTHER, HOWARD, DOUGLAS EASTERLING, WILLIAM DESVOUSGES, and PAUL SLOVIC (forthcoming). "Public Attitudes toward Citing a High Level Nuclear Waste Depository in Nevada." *Risk Analysis.*

LAING, JOHNATHAN R. (1987). "Burnt Offerings: Closed-end Funds Bring No Blessings to Shareholders." *Barron's,* 10, August, 6-7, 32-36.

LAKONISHOK, JOSEF, and MAURICE LEVI (1982). "Weekend Effects on Stock Returns." *Journal of Finance,* 37, 883-89.

LAKONISHOK, JOSEF, and SEYMOUR SMIDT (1984). "Volume and Turn of the Year Behavior." *Journal of Financial Economics,* September, 435-55.

LAKONISHOK, JOSEF, and SEYMOUR SMIDT (1987). "Are Seasonal Anomalies Real? A Ninety-Year Perspective." Unpublished Working Paper, Department of Finance, Cornell University.

LANDSBERGER, MICHAEL (1966). "Windfall Income and Consumption: Comment." *American Economic Review,* 56, June, 534-39.

LANGER, ELLEN J. (1975). "The Illusion of Control." *Journal of Personality and Social Psychology,* 32, 311-28.

LAWRENCE, COLIN, and ROBERT Z. LAWRENCE (1985). "Manufacturing Wage Dispersion: An End Game Interpretation." *Brookings Papers on Economic Activity,* 47-106.

LAZEAR, EDWARD (1981). "Agency, Earnings Profiles, Productivity, and Hours Restrictions." *American Economic Review,* 61, 606-20.

LEE, CHARLES, ANDREI SHLEIFER, and RICHARD THALER (1991a). "Investor Sentiment and the Closed-end Fund Puzzle." *Journal of Finance,* 46, 75-110.

LEE, CHARLES, ANDREI SHLEIFER, and RICHARD THALER (1991b). "Explaining Closed-end Fund Discounts: A Cross-Examination of the Evidence." Unpublished manuscript, Johnson School of Management, Cornell University, June.

LEHMANN, BRUCE N. (1988). "Fads, Martingales, and Market Efficiency." Working Paper, Hoover Institution, Stanford University, January.

LEVICH, RICHARD (1985). "Empirical Studies of Exchange Rates: Price Behavior, Rate Determination and Market Efficiency." In R. W. Jones and P. B. Kenen, eds., *Handbook of International Economics,* Vol. 2. Amsterdam: North-Holland.

LEWIS, KAREN K. (1989). "Changing Beliefs and Systematic Rational

Forecast Errors with Evidence from Foreign Exchange." *American Economic Review,* 79, September, 621-36.

LICHTENSTEIN, SARAH, and PAUL SLOVIC (1971). "Reversals of Preference between Bids and Choices in Gambling Decisions." *Journal of Experimental Psychology,* 89, January, 46-55.

LICHTENSTEIN, SARAH, and PAUL SLOVIC (1973). "Response-induced Reversals of Preference in Gambling: An Extended Replication in Las Vegas." *Journal of Experimental Psychology,* 101, November, 16-20.

LIND, ROBERT (forthcoming). "Reassessing the Government's Discount Rate Policy in Light of New Theory and Data in a World Economy with a High Degree of Capital Mobility," *Journal of Environmental Economics and Management.*

LINDBECK, ASSAR, and DENNIS SNOWER (1988). "Cooperation, Harassment, and Involuntary Unemployment: An Insider-Outsider Approach." *American Economic Review,* 78, March, 167-88.

LO, ANDREW W., and A. CRAIG MACKINLAY (1988). "Stock Prices Do Not Follow Random Walks: Evidence from a Simple Specification Test." *Review of Financial Studies,* 1, 1, 41-66.

LOEWENSTEIN, GEORGE (1987). "Anticipation and the Valuation of Delayed Consumption." *Economic Journal,* 97, 666-84.

LOEWENSTEIN, GEORGE (1988). "Frames of Mind in Intertemporal Choice." *Management Science,* 34, 200-214.

LOEWENSTEIN, GEORGE, and DANIEL KAHNEMAN (1991). "Explaining the Endowment Effect." Working Paper, Department of Social and Decision Sciences, Carnegie-Mellon University.

LOEWENSTEIN, GEORGE, and DRAZEN PRELEC (1989a). "Anomalies

in Intertemporal Choice: Evidence and Interpretation." Working Paper, Russell Sage Foundation.

LOEWENSTEIN, GEORGE, and DRAZEN PRELEC (1989b). "Decision Making over Time and under Uncertainty: A Common Approach." Working Paper, Center for Decision Research, University of Chicago.

LOEWENSTEIN, GEORGE, and NACHUM SICHERMAN (1989). "Do Workers Prefer Increasing Wage Profiles?" Unpublished Working Paper, Graduate School of Business, University of Chicago.

LOOMES, GRAHAM, and ROBERT SUGDEN (1983). "A Rationale for Preference Reversal." *American Economic Review,* 73, June, 428-32.

MACLEAN, LEONARD, WILLIAM T. ZIEMBA, and GEORGE BLAZENKO (1987). "Growth versus Security in Dynamic Investment Analysis." Mimeo, Faculty of Commerce and Business Administration, University of British Columbia, 1987.

MALKIEL, BURTON G. (1977). "The Valuation of Closed-end Investment Company Shares." *Journal of Finance,* June.

MALKIEL, BURTON G. (1985). *A Random Walk Down Wall Street.* New York: Norton.

MANCHESTER, JOYCE M., and JAMES M. PORTERBA (1989). "Second Mortgages and Household Saving." *Regional Science and Urban Economics,* 19, 2, May, 325-46.

MARK, NELSON C. (1985). "On Time Varying Risk Premia in the Foreign Exchange Market: An Econometric Analysis." *Journal of Monetary Economics,* 16, 3-18.

MARKOWITZ, HARRY (1952). "The Utility of Wealth." *Journal of Political Economy,* 60, 151-58.

MARSH, T. A., and R. C. MERTON (1986). "Dividend Variability and Variance Bounds Tests for the Rationality of Stock Market Prices." *American Economic Review,* 76, June, 483-98.

MARSHALL, ALFRED (1891). *Principles of Economics,* 2nd ed. London: Macmillian.

MARWELL, GERALD, and RUTH AMES (1981). "Economists Free Ride, Does Anyone Else?" *Journal of Public Economics,* 15, 295-310.

MCAFEE, R. PRESTON, and JOHN MCMILLAN (1987). "Auctions and Bidding." *Journal of Economic Literature,* 25, June, 699-738.

MCGLOTHLIN, WILLIAM H. (1956). "Stability of Choices among Uncertain Alternatives." *American Journal of Psychology,* 69, 604-15.

MEAD, WALTER J., ASBJORN MOSEIDJORD, and PHILIP E. SORENSEN (1983). "The Rate of Return Earned by Lessees under Cash Bonus Bidding of OCS Oil and Gas Leases." *The Energy Journal,* 4, 37-52.

MEDOFF, JOHN, and KATHRINE ABRAHAM (1980). "Experience, Performance, and Earnings." *Quarterly Journal of Economics,* 94, 703-36.

MILGROM, PAUL R., and R. J. WEBER (1982). "A Theory of Auctions and Competitive Bidding." *Econometrica,* 50, 1089-1122.

MILLER, E. M. (1977). "Risk, Uncertainty, and Divergence of Opinion." *Journal of Finance,* 32, September, 1151-68.

MILLER, MERTON H. (1986). "Behavioral Rationality in Finance: The Case of Dividends." *Journal of Business,* 59, October, S451-S468.

MITCHELL, DICK (1987). *A Winning Thoroughbred Strategy.* Los Angeles: Cynthia Publishing.

MODIGLIANI, FRANCO (1988). "The Role of Intergenerational Transfers and Life Cycle Saving in the Accumulation of Wealth." *Journal of Economic Perspectives,* 2, Spring, 15-40.

MURPHY, KEVIN M., and ROBERT H. TOPEL (1987). "Unemployment, Risk, and Earnings: Testing for Equalizing Wage Differences in the Labor Market." In Kevin Lang and Jonathan S. Leonard, eds., *Unemployment and the Structure of Labor Markets.* Oxford: Basil Blackwell.

MUSSA, MICHAEL (1979). "Empirical Regularities in the Behavior of Exchange Rates and Theories of the Foreign Exchange Market." In K. Brunner and A. H. Meltzer, eds., *Policies for Employment Prices and Exchange Rates,* Vol. 11. Carnegie-Rochester Conference Series on Public Policy, supplement to the *Journal of Monetary Economics,* 9-57.

NEELIN, JANET, HUGO SONNENSCHEIN, and MATTHEW SPIEGEL (1987). "A Further Test of Bargaining Theory." Unpublished manuscript, Department of Economics, Princeton University.

NURKSE, RAGNAR (1944). *International Currency Experience.* Geneva: League of Nations.

OBSTFELD, MAURICE (1990). "The Effectiveness of Foreign-Exchange Intervention: Recent Experience 1985-1988." In W. Branson, J, Frenkel, and M. Goldstein, eds., *International Policy Coordination and Exchange Rate Determination.* Chicago: University of Chicago Press.

OCHS, JACK, and ALVIN E. ROTH (1988). "An Experimental Study of Sequential Bargaining." Unpublished, Department of Economics, University of Pittsburgh.

ORBELL, JOHN M., ROBYN M. DAWES, and ALPHONS J. C. VAN DE KRAGT (forthcoming). "Explaining Discussion Induced Cooperation." *Journal of Personality and Social Psychology.*

PEAVY, JOHN W. (1988)1 "Closed-end Fund New Issues: Pricing and Aftermarket Trading Considerations." Working Paper 88-8, CSFIM, Southern Methodist University.

PLOTT, CHARLES R., and SHYAM SUNDER (1982). "Efficiency of Experimental Security Markets with Insider Information: An Application of Rational Expectation Models." *Journal of Political Economy,* 90, August, 663-98.

POTERBA, JAMES M., and LAWRENCE H. SUMMERS (forthcoming). "Mean Reversion in Stock Prices: Evidence and Implications." *Journal of Financial Economics.*

PRATT, JOHN W., DAVID WISE, and RICHARD ZECKHAUSER (1979). "Price Differences in Almost Competitive Markets." *Quarterly Journal of Economics,* 93, 189-211.

QUANDT, RICHARD E. (1986). "Betting and Equilibrium." *Quarterly Journal of Economics,* 101, 201-7.

QUINN, JAMES (1987). *The Best of Thoroughbred Handicapping: 1965-1986.* New York: Morrow.

QUIRIN, WILLIAM L. (1979). *Winning at the Races: Computer Discoveries in Thoroughbred Handicapping.* New York: Morrow.

RAFF, DANIEL M. G., and LAWRENCE H. SUMMERS (1987). "Did Henry Ford Pay Efficiency Wages?" *Journal of Labor Economics,* 5, S57-S86.

RAPOPORT, ANATOL, and A. M. CHAMMAH (1965). *Prisoner's Dilemma.* Ann Arbor: University of Michigan Press.

REINGANUM, MARC R. (1983). "The Anomalous Stock Market Behavior of Small Firms in January: Empirical Tests for Tax-loss Selling Effects."

Journal of Financial Economics, June, 89-104.

REINGANUM, MARC R. (1984). "Discussion." *Journal of Finance,* 39, July, 837-40.

RITOV, RITA, and JONATHAN BARON (forthcoming). "Status-quo and Omission Biases." *Journal of Risk and Uncertainty.*

RITTER, JAY R. (1987). "An Explanation of the Turn of the Year Effect." Working Paper, Graduate School of Business Administration, University of Michigan.

ROENFELDT, RODNEY L., and DONALD L. TUTTLE (1973). "An Examination of the Discounts and Premiums of Closed-end Investment Companies." *Journal of Business Research,* Fall.

ROGALSKI, RICHARD (1984). "New Findings Regarding Day-of-the-Week Returns over Trading and Non-Trading Periods: A Note." *Journal of Finance,* 34, 5, December, 1603-14.

ROGOFF, KENNETH (1979). "Essays on Expectations and Exchange Rate Volatility." Ph.D. dissertation, Massachusetts Institute of Technology.

ROLL, RICHARD (1983). "Vas ist Das? The Turn-of-the-Year Effect and the Return Premia of Small Firms." *Journal of Portfolio Management,* Winter, 18-28.

ROLL, RICHARD (1986). "The Hubris Hypothesis of Corporate Takeovers." *Journal of Business,* 59, April, 197-216.

ROSEN, SHERWIN (1986). "The Theory of Equalizing Differences." In Orley Ashefelter and Richard Layard, eds., *Handbook of Labor Economics,* Vol. 1. New York: Elsevier Science Publishers BV.

ROSENBERG, BARR, KENNETH REID, and RONALD LANSTEIN (1985). "Persuasive Evidence of Market Inefficiency." *Journal of Portfolio*

Management, 11, Spring, 9-16.

ROSETT, RICHARD N. (1965). "Gambling and Rationality." *Journal of Political Economy,* 73, 595-607.

ROTH, ALVIN E. (1987). "Bargaining Phenomena and Bargaining Theory." In A. E. Roth, ed., *Laboratory Experimentation in Economics: Six Points of View.* New York: Cambridge University Press.

ROZEFF, MICHAEL S., and WILLIAM R. KINNEY, JR. (1976). "Capital Market Seasonality: The Case of Stock Returns." *Journal of Financial Economics,* 3, 379-402.

RUBINSTEIN, ARIEL (1982). "Perfect Equilibrium in a Bargaining Model." *Econometrica,* 50, 97-109.

RUDERMAN, HENRY, MARK LEVINE, and JAMES MCMAHON (1986). "Energy-Efficiency Choice in the Purchase of Residential Appliances." In Wilett Kempton and Max Neiman, eds., *Energy Efficiency: Perspectives on Individual Behavior.* Washington, D.C.: American Council for an Energy Efficient Economy.

RUSSELL, THOMAS, and RICHARD H. THALER (1985). "The Relevance of Quasi Rationality in Competitive Markets." *American Economic Review,* 75, December, 1071-82.

RUSSO, J. EDWARD, and PAUL J. H. SCHOEMAKER (1979). *Decision Traps.* New York: Doubleday.

SALOP, STEVEN C. (1979). "A Model of the Natural Rate of Unemployment." *American Economic Review,* 69, March, 117-25.

SAMUELSON, WILLIAM F., and MAX H. BAZERMAN (1985). "The Winner's Curse in Bilateral Negotiations." *Research in Experimental Economics,* 3, 105-37.

SAMUELSON, WILLIAM, and RICHARD ZECKHAUSER (1988). "Status Quo Bias in Decision Making." *Journal of Risk and Uncertainty,* 1, 7-59.

SCHELLING, THOMAS (1984). "Self-command in Practice, in Policy, and in a Theory of Rational Choice." *American Economic Review,* 74, 2, 1-11.

SCHKADE, DAVID A., and ERIC J. JOHNSON (1989). "Cognitive Processes in Preference Reversals." *Organization Behavior and Human Performance,* 44, June, 203-31.

SCHULMEISTER, STEPHAN (1987). "An Essay on Exchange Rate Dynamics." WZB, Berlin Discussion Paper No. 87-8, July.

SEGAL, UZI (1988). "Does the Preference Reversal Phenomenon Necessarily Contradict the Independence Axiom?" *The American Economic Review,* 78, March, 233-36.

SEN, AMARTYA K. (1977). "Rational Fools: A Critique of the Behavioral Foundations of Economics Theory." *Journal of Philosophy and Public Affairs,* 6, 317-44.

SHAPIRO, CARL, and JOSEPH E. STIGLITZ (1984). "Equilibrium Unemployment as a Worker Discipline Device." *American Economic Review,* 74, 433-44.

SHEFRIN, HERSH, and MEIR STATMAN (1988)."Noise Trading and Efficiency in Behavioral Finance." Working Paper, Leavey School of Business, Santa Clara University, August.

SHEFRIN, HERSH, and RICHARD H. THALER (1988). "The Behavioral Life-Cycle Hypothesis." *Economic Inquiry,* 26, October, 609-43.

SHILLER, ROBERT J. (1981). "Do Stock Prices Move Too Much to be Justified by Subsequent Changes in Dividends?" *American Economic*

Review, 71, June, 421-36.

SHILLER, ROBERT J. (1984). "Stock Prices and Social Dynamics," *Brookings Papers on Economic Activity,* 457-510.

SHLEIFER, ANDREI (1986). "Do Demand Curves for Stocks Slope Down?" *Journal of Finance,* 41, July, 579-89.

SHLEIFER, ANDREI, and LAWRENCE SUMMERS (1990). "The Noise Trader Approach." *Journal of Economic Perspectives,* 4, 19-34.

SKINNER, JONATHAN (1989). "Housing Wealth and Aggregate Saving." *Regional Science and Urban Economics,* 19, 2, May, 305-24.

SLICHTER, SUMMER (1950). "Notes on the Structure of Wages." *Review of Economics and Statistics,* 32, 80-91.

SLOVIC, PAUL (1972). "Psychological Study of Human Judgment: Implications for Investment Decision Making." *Journal of Finance,* 27, 779-99.

SLOVIC, PAUL, BARUCH FISCHHOFF, and SARAH LICHTENSTEIN (1982). "Facts versus Fears: Understanding Perceived Risk." In Daniel Kahneman, Paul Slovic, and Amos Tversky, eds., *Judgment under Uncertainty: Heuristics and Biases.* Cambridge, U.K.: Cambridge University Press.

SLOVIC, PAUL, DALE GRIFFIN, and AMOS TVERSKY (1990). "Compatibility Effects in Judgment and Choice." In Robin M. Hogarth, ed., *Insights in Decision Making: Theory and Applications.* Chicago: The University of Chicago Press.

SLOVIC, PAUL, and SARAH LICHTENSTEIN (1968). "The Relative Importance of Probabilities and Payoffs in Risk-Taking." *Journal of Experimental Psychology Monograph Supplement,* 78, November, Part

2, 1-18.

SLOVIC, PAUL and SARAH LICHTENSTEIN (1983). "Preference Reversals: A Broader Perspective." *American Economic Review,* 73, September, 596-605.

SMIRLOCK, MICHAEL, and LAURA STARKS (1986). "Day of the Week and Intraday Effects in Stock Returns." *Journal of Financial Economics,* 17, 197-210.

SMITH, ADAM (1976). *The Theory of Moral Sentiments.* Oxford: Clarendon Press. (Originally published in 1759.)

SNYDER, WAYNE W. (1978). "Horse Racing: Testing the Efficient Markets Model." *Journal of Finance,* 33, 1109-18.

SOLOW, ROBERT M. (1979). "Another Possible Source of Wage Stickiness." *Journal of Macroeconomics,* 1, 79-82.

STAHL, INGOLF (1972). *Bargaining Theory.* Economic Research Institute, Stockholm.

STERN, HAL (1987). "Gamma Processes, Paired Comparisons and Ranking." Ph.D. dissertation, Department of Statistics, Stanford University, August.

STIGLITZ, JOSEPH E. (1974). "Alternative Theories of Wage Determination and Unemployment in L.C.D.'s: The Labor Turnover Model." *Quarterly Journal of Economics,* 88, May, 194-227.

STIGLITZ, JOSEPH E. (1976). "Prices and Queues as Screening Devices in Competitive Markets." IMSSS Technical Report No. 212, Stanford University, August.

STIGLITZ, JOSEPH E. (1987). "The Causes and Consequences of the Dependence of Quality on Price." *Journal of Economic Literature,* 25, March, 1-48.

STROTZ, ROBERT H. (1955). "Myopia and Inconsistency in Dynamic Utility Maximization." *Review of Economic Studies,* 23, 165-80.

STULZ, RENE (1986). "An Equilibrium Model of Exchange Rate Determination and Asset Pricing with Non-Traded Goods and Imperfect Information." Mimeo, Ohio State University.

SUMMERS, LAWRENCE (1986a). "Reply to Galper and Byce." *Tax Notes,* 9 June, 1014-16.

SUMMERS, LAWRENCE H. (1986b). "Does the Stock Market Rationally Reflect Fundamental Values?" *Journal of Finance,* 41, July, 591-601.

SUMMERS, LAWRENCE, and CHRIS CARROLL (1987). "Why Is the U.S. Saving Rate So Low?" *Brookings Papers on Economic Activity,* 607-35.

SWEENEY, R. J. (1986). "Beating the Foreign Exchange Market." *Journal of Finance,* 41, 163-82.

TAJFEL, HENRI, and JOHN C. TURNER (1979). "An Integrative Theory of Intergroup Conflict." In W. Austin and S. Worchel, eds., *The Social Psychology of Intergroup Relations.* Montery, Calif.: Brooks/Cole, 33-47.

THALER, RICHARD H. (1980). "Toward a Positive Theory of Consumer Choice." *Journal of Economic Behavior and Organization,* 1, 39-60.

THALER, RICHARD H. (1981). "Some Empirical Evidence on Dynamic Inconsistency." *Economics Letters,* 8, 201-7.

THALER, RICHARD H. (1985). "Mental Accounting and Consumer Choice." *Marketing Science,* 4, Summer, 199-214.

THALER, RICHARD H. (1988). "The Ultimatum Game." *Journal of Economic Perspectives,* 2, Fall, 195-206.

THALER, RICHARD H., and ERIC JOHNSON (1990). "Gambling with the

House Money and Trying to Break Even: Effects of Prior Outcomes on Risky Choice." *Management Science,* 36, June, 643-60.

THALER, RICHARD H., and HERSH M. SHEFRIN (1981). "An Economic Theory of Self-Control." *Journal of Political Economy,* 89, 392-410.

THOMPSON, REX (1978). "The Information Content of Discounts and Premiums on Closed-end Fund Shares." *Journal of Financial Economics,* 6.

TINIC, SEHA M., and RICHARD R. WEST (1984). "Risk and Return: January and the Rest of the Year." *Journal of Financial Economics,* 13, 561-74.

TURNER, JOHN C., and HOWARD GILES (1981). *Intergroup Behavior.* Chicago: University of Chicago Press.

TVERSKY, AMOS, and DANIEL KAHNEMAN (forthcoming). "Loss Aversion and Riskless Choice: A Reference Dependent Model." *Quarterly Journal of Economics.*

TVERSKY, AMOS, SHMUEL SATTATH, and PAUL SLOVIC (1988). "Contingent weighting in judgment and choice." *Psychological Review,* 95, July, 371-84.

TVERSKY, AMOS, PAUL SLOVIC, and DANIEL KAHNEMAN (1990). "The Causes of Preference Reversal." *American Economic Review,* 80, March.

TVERSKY, AMOS, and RICHARD H. THALER (1990). "Anomalies: Preference Reversals." *Journal of Economic Perspectives,* Spring, 4, 201-11 (收錄為本書第7章).

VAN DE KRAGT, ALPHONS J. C., JOHN M. ORBELL, and ROBYN M. DAWES (1983). "The Minimal Contributing Set as a Solution to Public

Goods Problems." *American Political Science Review, 77,* 112-22.

VAN DE KRAGT, ALPHONS J. C., JOHN M. ORBELL, and ROBYN M. DAWES, with SANFORD L. BRAVER and L. A. WILSON, II(1986). "Doing Well and Doing Good as Ways of Resolving Social Dilemmas." In H. Wilke, D. Messick, and C. Rutte, eds., *Psychology of Decision and Conflict,* Vol. 3, *Experimental Social Dilemmas.* Frankfurt am Main: Verlag Peter Lang, 177-203.

VENTI, STEVEN F., and DAVID A. WISE (1987). "Have IRAs Increased U.S. Saving?: Evidence from Consumer Expenditures Surveys." National Bureau of Economic Research, Working Paper #2217.

VENTI, STEVEN F., and DAVID A. WISE (1989). "But They Don't Want to Reduce Housing Equity." National Bureau of Economic Research, Working Paper #2859.

VERMAELEN, THEO, and MARC VERSTRINGE (1986). "Do Belgians Overreact?" Working Paper, Catholic University of Louvain, Belgium, November.

VISCUSI, W. KIP, WESLEY A. MAGAT, and JOEL HUBER (1987). "An Investigation of the Rationality of Consumer Valuations of Multiple Health Risks." *Rand Journal of Economics,* 18, 465-79.

WARSHAWSKY, MARK (1987). "Sensitivity to Market Incentives: The Case of Policy Loans." *Review of Economics and Statistics,* 286-95.

WASON, P. C. (1968). "Reasoning about a Rule." *Quarterly Journal of Experimental Psychology,* 20, 273-81.

WEINER, SHERYL, MAX BAZERMAN, and JOHN CARROLL (1987). "An Evaluation of Learning in the Bilateral Winner's Curse." Unpublished manuscript, Kellogg School of Management, Northwestern University.

WEISENBERGER, A. (1960-1986). *Investment Companies Services,* Various years. New York: Warren, Gorham and Lamont.

WEISS, ANDREW (1980). "Job Queues and Layoffs in Labor Markets with Flexible Wages." *Journal of Political Economy,* 88, June, 526-38.

WEISS, KATHLEEN (1989). "The Post-Offering Price Performance of Closed-End Funds." *Financial Management,* Autumn, 57-67.

WEITZMAN, MARTIN (1965). "Utility Analysis and Group Behavior: An Empirical Study." *Journal of Political Economy,* 73, 18-26.

WEST, KENNETH D. (1988). "Bubbles, Fads and Stock Price Volatility Tests: A Partial Evaluation." *Journal of Finance,* 43, July, 639-55.

WILCOX, DAVID W. (1989). "Social Security Benefits, Consumption Expenditure, and the Life Cycle Hypothesis." *Journal of Political Economy,* 97, 288-304.

WILLIAMS, JOHN B. (1956). *The Theory of Investment Value.* Amsterdam: North-Holland. (Reprint of 1938 edition.)

WILSON, ROBERT (1977). "A Bidding Model of Perfect Competition." *Review of Economic Studies,* 44, 511-18.

WINSTON, GORDON (1980). "Addiction and Backsliding." *Journal of Economic Behavior and Organization,* 1, December, 295-324.

YAARI, M., and MAYA BAR-HILLEL (1984). "On Dividing Justly." *Social Choice and Welfare,* 1, 1-24.

YELLEN, JANET (1984). "Efficiency Wage Models of Unemployment." *American Economic Review,* 74, 200-205.

ZAROWIN, PAUL (1988). "Size, Seasonality, and Stock Market Overreaction." Working Paper, Graduate School of Business Administration, New York University, January.

ZELDES, STEPHEN P. (1989). "Consumption and Liquidity Constraints: An Empirical Investigation." *Journal of Political Economy,* 97, 305-46.

ZIEMBA, WILLIAM T., SHELBY L. BRUMELLE, ANTOINE CAUTIER, and SANDRA L. SCHWARTZ (1986). *Dr. Z's 6/49 Lotto Guidebook.* Vancouver and Los Angeles: Dr. Z. Investments, Inc., June.

ZIEMBA, WILLIAM T., and DONALD B. HAUSCH (1986). *Betting at the Racetrack.* Vancouver and Los Angeles: Dr. Z. Investments, Inc.

ZIEMBA, WILLIAM T., and DONALD B. HAUSCH (1973). *Dr. Z's Beat the Racetrack.* New York: William Morrow, 1987.

ZWEIG, MARTIN E. (1973). "An Investor Expectations Stock Price Predictive Model Using Closed-end Fund Premiums." *Journal of Finance,*28, 67-87.

國家圖書館出版品預行編目（CIP）資料

贏家的詛咒：不理性的行為，如何影響決策？／理查‧
塞勒（Richard H. Thaler）著；高翠霜譯. -- 二版. --
臺北市：經濟新潮社出版：英屬蓋曼群島商家庭傳媒
股份有限公司城邦分公司發行, 2023.06
　　面；　公分. --（經濟趨勢；39）
經典紀念版
譯自：The winner's curse: paradoxes and anomalies of
economic life
　ISBN 978-626-7195-32-1（平裝）

　1. CST：經濟學　2. CST：悖論

550　　　　　　　　　　　　　　　　　　112007448